도그냥의 스몰톡

IT 비즈니스의 세계

도그냥의 스몰톡
IT 비즈니스의 세계

초판 1쇄 발행 2024년 8월 30일

지은이 이미준(도그냥)

기획편집 도은주, 류정화
마케팅 이수정

펴낸이 윤주용
펴낸곳 초록비공방

출판등록 제2013-000130
주소 서울시 마포구 동교로27길 53 308호
전화 0505-566-5522 **팩스** 02-6008-1777

메일 greenrainbooks@naver.com
인스타 @greenrainbooks @greenrain_1318
블로그 http://blog.naver.com/greenrainbooks

ISBN 979-11-93296-58-5 (03320)

어려운 것은 쉽게 쉬운 것은 깊게 깊은 것은 유쾌하게
초록비책공방은 여러분의 소중한 의견을 기다리고 있습니다.
원고 투고, 오탈자 제보, 제휴 제안은 greenrainbooks@naver.com으로 보내주세요.

도그냥의 스몰톡

IT 비즈니스의 세계

이미준
(도그냥)
지음

현업자에게만 보이는
IT 지식 쉽게 풀어드림

초록비책공방

IT판에서 일하는 현업자의 검증된 수다

IT 업에 종사하는 대다수의 사람들이 거의 다 한 번쯤은 거쳐 간다는 판교. 금요일 저녁 6시에 판교의 오피스가 잔뜩 모인 삼평동 쪽에 나가본 적이 있나요? 이른바 테크기업들이 빼곡히 들어선 거대 복합 오피스에서 빠져나온 사람들이 한 주의 고단함을 털어내기 위해 삼삼오오 모여서 삼평동의 유스페이스 1층의 고깃집에 둘러앉아 즐겁게 한잔하는 모습을 쉽게 찾아볼 수 있습니다.

언젠가 약속한 누군가를 기다리느라 그 한가운데에서 조용히 혼자 서 있었던 적이 있는데요. 그날따라 여기저기에서 술 한 잔 들이켜며 나누는 이야기들이 귀에 꽂히더군요. IT 하는 사람들에게는 소위 '공장 이야기'라고 할 만한 업계인들만 보이는 것들에 관한 이야기가 끊임없이 이어졌죠. 어떤 이야기에는 나도 모르게 고개가 끄덕여지고, 어떤 이야기에는 새로운 시각에 감탄이 나오기도 했습니다. 그러면서 바로 이 책이 이런 느낌이 되겠구나, 하는 생각이 들었어요.

IT 스타트업 전문 언론매체인 〈아웃스탠딩〉에 기고를 시작한 것은 2019년입니다. 서비스 기획자로서 '도그냥'이라는 필명으로 브런치에 글을 쓸 당시 〈아웃스탠딩〉으로부터 기고 제안을 받았죠. IT 서비스에 대해 현직자의 시각으로 볼 수 있는 것에 대해서 작성하기로 했던 6편의 파일럿 기고는 이후 3주 단위의 정기 기고로 굳어져 벌써 6년째 이어져 오고 있습니다.

IT 업계인들끼리 술자리에서나 나눌 법한 이야기들이 여러 조사와 검증을 거쳐 기고 글로 바뀌는 과정은 저에게는 꽤 큰 성장의 과정이었는데요. 한 기고 당 A4 용지로 여섯 장 정도의 글을 써야 하는 과정은 고통스러웠지만 생각이 휘발되지 않고 누군가에게 유용하게 전달될 수 있다는 생각에 보람을 느끼기도 했습니다. 그리고 저에겐 익숙한 IT 종사자들의 시각이 누군가에게는 신선하게 보일 수 있다는 건 '인기 글'이라는 태그가 붙는 것을 통해 느낄 수 있었어요. 그럴 때면 더욱 신이 나서 다음 글을 준비했죠.

이 책은 그렇게 6년간 쓴 70여 개의 글에서 지금 누가 다시 읽어도 신선한 시각으로 보일 수 있는 글들만 모아서 엮었습니다. 6년이나 지난 글부터 최근에 기고한 글까지 모여 있다 보니, 다시 엮는 과정에서 시의성이 떨어지는 부분은 수정 과정에서 지우고 업데이트 하는 과정을 거쳤습니다. 현재 상황과 다소 다른 경우에는 글의 맥락을 수정하기보다는, 원문의 흐름은 대부분 그대로 두고 추가 조사자료를 덧붙여서 원문의 말맛이 훼손되지 않도록 했습니다. 그 말맛이 바로 IT를 좀 아는 현직자 생각의 흐름이니까요.

어느덧 스마트폰뿐만 아니라 키오스크, 간편결제, AI 등 IT 서비스가 너무 일상으로 쑥 들어와 있는데요. 사용자의 입장에서는 볼 수 없는 업자의 이야기도 한번 들어보면 어때요? 시간 가는 줄 모르고 떠드는 판교역의 저녁 시간대처럼 저와 한바탕 수다, 시작하겠습니다.

PS. 항상 〈아웃스탠딩〉에 기고되는 글의 균형감을 잡아주시는 류호성 편집장님, 오랜 기간에 퍼진 기고글을 모아 생명을 불어넣어 주신 초록비책공방 윤주용 대표님께 특히 감사드립니다.

프로덕트를 기획하는 일을 하며
서비스 기획자, 프로덕트오너, 프로덕트매니저⋯
다양한 이름으로 불리는 저자 이미준

차 례

Chapter 01

IT 좀 아는 사람에게만 보이는 것들

이커머스 플랫폼 좀 아는 사람

IT 좀 아는 사람에게만 보이는 것들

IT Business World

'넷플릭스-볼-거-없어-병'의
기원을 찾아서

금요일 밤이면 어느새 넷플릭스를 뒤적이고 있습니다. 그냥 잠들기 아쉬운 마음에 페이지를 이리저리 넘겨보지만 막상 클릭하는 것은 없습니다. 1분짜리 짤만 유심히 보다가 이내 다시 목록을 휘리릭 넘겨버리기를 반복하죠. 맞습니다. 저는 병에 걸렸습니다. 바로 요즘 급속히 퍼지고 있다는 '넷플릭스 볼 거 없어' 병입니다.

그 시작은 '한 달 무료 체험'이었습니다. 무료 기간에 다들 재미있다는 〈굿플레이스〉 시즌 세 개를 정주행했습니다. 한 회당 20분 정도로 길지 않다 보니 눈 깜짝할 사이에 다 보게 되더라고요. 〈킹덤〉도 보고 〈산타 클라리타 다이어트〉도 봤어요. 과거 한국 드라마도 제법 올라와 있어서 〈뷰티 인사이드〉도 정주행했지요. 넷플릭스는 정주행해도 시즌 종료 느낌 없이 휘리릭 넘어가다 보니 나도 모르게 신나서 다음 시즌을 찾게 되더라고요.

그러다 어느 순간 볼 만한 새로운 영상을 찾기 어려운 순간이 와 버렸습니다. 영상을 보는 시간보다 넷플릭스의 까만 배경을 이리저리 배회하는 시간이 더 많아졌어요. 어떻게든 새로운 걸 찾아서 보고 싶은데 어쩐지 올라와 있는 추천 리스트에는 맨날 그저 그런 콘텐츠만 보입니다.

왜 그런 것일까요? 최고의 큐레이션으로 항상 최선의 영상을 제공하는 넷플릭스를 사례로 머신러닝을 활용한 큐레이션에 대해 생각해 보기로 했습니다.

넷플릭스의 복합적인 큐레이션 알고리즘

• • • • • • • • • •

넷플릭스의 추천 시스템은 독보적이라는 말을 많이 듣습니다. 이미 수많은 글에서 다루었듯이 넷플릭스는 사용자의 특성을 고려해 콘텐츠를 추천하는 매치메이커로서 노력을 해왔습니다. 추천 방식은 '협업 필터링Collaborative filtering'과 내용 기반 필터링 방식을 혼용한 '모델 기반 협업 필터링Content-based filtering'○ 입니다.

협업 필터링이란 동일한 행동 패턴을 보인 사람들을 프로파일링

○ 머신러닝을 가장 잘 활용한 추천 알고리즘의 일종으로 주어진 데이터를 활용해 모델을 학습하는 방식입니다. 항목 간 유사성보다 데이터의 패턴을 학습하며 유저의 선호 취향을 파악하는 데 쓰입니다.

그룹으로 묶어 이들이 공통적으로 시청한 콘텐츠를 추천하는 방식입니다. 이커머스에서는 동일한 상품을 구매한 사람이나 동일한 상품을 클릭한 사람들을 하나의 그룹으로 묶어 상품 상세 하단에 '추천 상품' 영역을 채웁니다.

하지만 넷플릭스는 협업 필터링에서 한발 더 나아갑니다. 동일한 영상을 본 사람들이 비슷한 행동 패턴을 보였다면 같은 프로파일링 그룹으로 묶일 수 있습니다. 예를 들어 〈킹덤〉을 켜긴 했는데 2화까지만 보고 두 사람이 종료했다면 이 둘을 비슷한 패턴으로 묶는 식입니다. 이런 방식이라면 인도에 사는 어린아이와 아일랜드에 사는 할아버지가 같은 프로파일링 그룹으로 묶일 수 있습니다.°

이런 협업 필터링에 포함되는 항목에는 콘텐츠, 찾는 속도, 집요도, 재시청률, 사용 기기, 데이터 환경, 좋아요/싫어요, 중간 정지 여부, 별점, 영화 고르는 방식, 요일, 날짜, 시간, 재생 중 일단정지/되돌리기/앞으로 빨리 가기 지점 등 다양합니다. 그리고 이렇게 만들어놓은 협업 필터링의 프로파일링 그룹 중 다섯 개를 골라 개인화된 화면으로 배경을 채워줍니다. 어쨌거나 보고 싶은 거 하나는 걸릴 거로 생각하는 거죠.

여기서 끝이 아닙니다. 넷플릭스는 협업 필터링 방식에 내용 기반 필터링 방식을 섞어 적용합니다. 이미 수많은 영상을 태그로 정의하기 위해 대규모의 인력을 동원하여 영화의 메타 데이터를 태깅

° 2018년 1월 넷플릭스가 국내에서 개최했던 행사에서 케이틀린 스몰우드 사이언스 및 애널리틱스 부사장이 말한 것을 인용한 것입니다.

해 놓았습니다. 태깅 작업에 필요한 매뉴얼만 36쪽에 달하며 영상의 분위기를 묘사하는 형용사부터 국가나 지역, 일반적인 장르, 시대적 배경, 스토리 출처(실화 여부) 등등 다양한 태그를 만들어놓고 그 조합을 만들었죠.

'넷플릭스 카테고리'라는 이름으로 우리에게 친숙한 '마이크로 카테고리' 또는 '알트 장르'라고 불리는 '그 번호'입니다. 넷플릭스는 개인이 본 콘텐츠의 태그들을 분석해 그들이 왜 이 영화들을 봤는지 추론합니다. 〈백투더퓨처〉를 똑같이 봤어도 이 영화를 선택한 이유는 다를 수 있습니다. 1980년대 배경이 좋아 볼 수도 있고 미래 이야기라는 소재에 흥미를 느껴 볼 수도 있겠죠. 넷플릭스는 바로 그 취향을 구분해 협력적 필터링 프로파일링 그룹을 만들 때 세세한 기준을 적용합니다. 개인화 화면에는 단순히 '코미디'로 뜨지만 사실은 1990년대 코미디인지, 여자를 주인공으로 한 코미디인지 구분한 뒤 프로파일링 그룹의 속성을 부여해 24시간에 한 번씩 카테고리를 갱신합니다.

여기에 '같은 값이면 다홍치마' 전략까지 구사합니다. 바로 영상 아이콘 이미지까지 개인화하는 거지요. 하나의 영상에 하나의 이미지를 만드는 것이 아니라 여러 종류의 이미지 아트워크^{Artwork}를 만들어 놓아 개인이 선호하는 취향의 이미지 형태를 사용할 수 있습니다. 전 세계를 대상으로 한 서비스인 만큼 문화권과 개인의 성향에 따라 가장 효과적인 이미지를 사용하게 함으로써 계속 영상을 소비하게 하는 것이죠.[1]

UX planet, 〈언브레이커블 키미 슈미트〉의 여러 버전 이미지

이쯤 되면 우리가 보는 넷플릭스 메인 화면은 완벽한 추천 시스템으로 돌아가고 있다고 볼 수 있습니다. 그런데 왜 우리는 항상 볼게 없다고 그러는 걸까요? 왜 우리는 오늘도 검은 화면을 이리저리 배회하고만 있을까요? 볼 게 없다면서도 정작 넷플릭스를 해지하지는 않습니다. 오히려 하나라도 더 보려고 네이버에 '넷플릭스 코드'를 검색합니다. 아까 말한 그 넷플릭스의 마이크로 장르를 정리한 표들을 찾아서 비밀 URL에 직접 코드를 입력하고 영화를 찾아다닙니다. 혹시 보고 싶은 게 있는데 내 메인에는 뜨지 않는 그 영화들을 찾아서 말이죠.°

° 이 글을 쓸 당시인 2019년 넷플릭스는 검색이 불편해 PC로 보는 사람이 많았기 때문에 넷플릭스 영상 코드를 검색해서 직접 URL로 조회하여 보기도 했습니다. 그게 바로 넷플릭스 코드입니다.

알고리즘의 문제이거나 그 밖의 다른 문제
• • • • • • • • • •

넷플릭스 메인에는 볼 게 없습니다. '알고리즘의 문제' 아니면 그 밖의 다른 이유가 있어서겠죠. 만약 알고리즘의 문제라면 협업 필터링의 고질적인 단점인 '콜드 스타트'°와 '롱테일 문제'가 있을 수 있습니다.

'콜드 스타트'는 협업 필터링을 할 데이터가 충분치 않을 때 생깁니다. 국내에 있는 이용자들의 이용 기간이 짧다 보니(당시 2019년 기준) 한국 유저들에 대한 데이터가 부족했죠. 이 문제는 시간이 지나면 개선될 테니 '볼 거 없다'는 병도 자연히 치유될 것입니다. 하지만 '롱테일 문제'일 가능성도 높습니다.

롱테일 문제란 대부분의 유저가 특정 인기 콘텐츠만 계속 시청하게 되면서 추천 대상이 비대칭적으로 쏠리는 현상을 말합니다. 이에 따라 사용자들의 관심이 저조한 항목은 정보가 부족해 추천되지 않는 거죠. 다행히 이 문제라고 해도 우리에겐 언제나 '아웃사이더'들이 많으니 점차 해결되리라 생각합니다. 원래 협업 필터링은 특이점을 중심으로 프로파일링 그룹을 형성시키니까요. 그런데 만약 알고리즘의 문제가 아니라면 어떡하죠? 이제 서비스의 면면을 살펴보며 알고리즘 외에 있을 법한 이유들을 추론해 보겠습니다.

넷플릭스는 2019년 1월 '넷플릭스 오리지널'을 보급하기 위해 투

○ 협업 필터링 알고리즘을 사용하기 위해서는 어느 정도 데이터가 필요한데 아무런 행동이 기록되지 않은 신규 사용자에게는 어떠한 아이템도 추천할 수 없는 문제를 뜻합니다.

자비가 많이 필요하다는 이유에서 전 세계적으로 1달러 정도 요금을 인상했습니다. 2019년 아카데미 시상식에는 넷플릭스 오리지널 영화인 〈로마〉가 작품상을 받으면서 영상 시장의 판도를 바꾸고 있죠. 오리지널이 이렇게나 무섭습니다. 원래 유통 경제에서 독점 판매만큼 무서운 건 없습니다. 넷플릭스는 한 해에만 수백 개의 오리지널 무비를 배출하고 있습니다. 한 해에만 수백 개의 오리지널 무비를 배출하고 있는 이 독점 판매야말로 빛이고 소금이에요. 그리고 이를 이해하려면 영상 스트리밍 시장의 구조를 이해해야 합니다.

넷플릭스 오리지널이 없던 시절부터 생각해 보죠. 각 스튜디오에서 영상 콘텐츠들이 만들어져 영화관에 걸리거나 본 방송으로 나갈 때는 단가가 높습니다. 하지만 시간이 지날수록 영상 가치는 떨어지게 마련입니다. IPTV에서 3주된 TV 방송 다시 보기가 무료인 이유도 바로 이 때문입니다. IPTV가 건당 스트리밍 비용을 청구한다면 무제한 서비스인 넷플릭스는 기간 단위로 라이선스 계약을 합니다. 당연히 시장 논리에 따라 희소한 콘텐츠는 가격이 올라가고 흔한 콘텐츠는 가격이 내려가죠. 즉 저작권이 거의 풀리다시피 한 오래된 영상은 라이선스 비용이 적을 것이고 넷플릭스 외에 다른 영상 서비스 업체에 입점시킨 영상도 당연히 라이선스 비용이 적겠죠.

하지만 데이터 수집의 왕 넷플릭스잖아요. 처음에 라이선스를 1, 3, 5년 단위로 계약하고 갱신 시점에는 데이터를 이용한 협상을 한다고 해요. 이용자가 많지 않으면 아예 목록에서 지우기도 하고요. 처음 콘텐츠를 제공할 때 갑이었던 스튜디오는 시간이 지나면서 가

치가 점점 떨어지고 갱신 시점에는 한없이 작아집니다.[2]

그런데 여기에 '오리지널'이 생긴 것입니다. 오리지널 영상은 독점 구도를 만드는 동시에 스트리밍 자체로부터 비용이 아닌 이익을 얻을 수 있는 구조입니다. 심지어 오리지널은 철저히 기존 콘텐츠를 교체하기 위한 작업이기도 합니다. 넷플릭스 오리지널에는 새로운 콘텐츠뿐만 아니라 기존에 유명했던 미드 전 시즌을 사들여 독점화한 것도 있고, 기존 미드를 리메이크한 작품도 있습니다. 〈사브리나〉 시리즈라든가 〈유성화원〉은 기존에 인기 있던 것을 리메이크해서 독점화한 것입니다. 2024년 현재 넷플릭스 오리지널로 제작된 〈독전 2〉나 〈기생수: 더 그레이〉 모두 유명했던 전작의 후광을 받아 넷플릭스 오리지널로 보유 목록을 바꾼 사례죠. 여전히 동일한 전략을 사용하고 있습니다.

과연 이런 오리지널 제작이 고객의 여가 시간과 구독 비용을 배려해 만들어졌을까요? 이는 철저히 수익을 창출하기 위한 넷플릭스의 전략입니다. 물론 초기에는 이익보다는 투자비가 많이 들겠죠. 오리지널 영상을 만들기 위한 스튜디오와 영상 자체를 찍기 위한 투자 비용이 드니까요. 하지만 장기적으로는 수십 배의 이익을 만들어낼 수 있습니다. 멋진 오리지널 무비를 보유하는 것만으로도 투자 비용을 상쇄할 만큼의 구독자를 끌어모을 수 있게 되는 것이죠. 또한 구조적으로 오리지널이 아닌 영상 수를 줄임으로써 라이선스 협상력을 갖추게 할 수 있습니다. 실제로 넷플릭스의 공동 대표인 테드 사란도스는 앞으로 50퍼센트의 영상을 오리지널로 바꾸겠다는

포부를 밝힌 바 있습니다.[3]

조금 더 단도직입적으로 말해보겠습니다. 이쯤 되면 우리가 넷플릭스를 이용하는 것이 아니라, 넷플릭스가 우리의 취향을 장악하고 있다고 하는 것이 더 정확해 보입니다. 메인은 추천 영상들로 채워져 있고, 검색이 있긴 있지만 검색한 결과조차 추천에 가깝습니다('휴 그랜트'를 검색해도 온갖 로맨틱 무비가 나오죠). 손익분기점을 넘겨야 하는 신작 오리지널 영상은 어디서든 계속 노출됩니다. 영상을 보고 나면 바로 다음 예고 영상이 나오고 어떤 검색을 해도 오리지널 무비가 먼저 뜹니다. 메인의 첫 번째 영역은 내 취향과 관계없이 넷플릭스 오리지널로 채워져 있습니다. 메인의 다섯 프로파일링 위치 중 하나는 무조건 넷플릭스 오리지널 영역이기까지 합니다. 손익분기점을 넘기는 것이 그리 어렵지 않겠죠. 이런 상황이다 보니 넷플릭스가 오리지널 제작 투자비를 위해 고객의 구독 비용을 높이는 것은 당연한 수순입니다.

그래서 우리는 오늘도 어찌 된 일인지 검은 화면 속에서 눈에 익은 작품들만 맴맴 돕니다. 계속 신작이 나오고 있긴 하지만 다음 신작이 나올 때까지 항상 볼 게 없다며 리스트만 새로고침합니다. 이게 꼭 대한민국의 문제만은 아닐 겁니다. 왜냐하면 몇 년 지난 지금은 이런 이유로 넷플릭스를 해지한 사람도 많으니까요. 물론 이러한 추론은 저의 시청 경험과 구조를 분석하여 생각해 본 합리적 '추론'일 뿐입니다.

머신러닝 추천의 공정성에 대한 문제
· · · · · · · · · ·

기업이 자신의 비즈니스 모델을 위해 시스템의 프로세스를 관리하는 일은 자연스러운 일입니다. 게다가 플랫폼이 매치메이커가 되어 공급자와 수요자 간 양면 시장을 장악하는 것 또한 익숙한 모습이죠. 결국 영상 제작 시장도 이러한 온라인 플랫폼에 의해 시장의 판도가 바뀌고 있습니다.

하지만 넷플릭스 추천 영역이 넷플릭스 오리지널 위주로만 돌아간다면 이것이 과연 올바른 머신러닝 영역인가를 생각해 봐야 합니다. 아마존의 바이박스 영역을 생각해 봅시다. 아마존은 제삼자 입점 업체3P들이 아마존의 물류창고인 FBA^{Fulfillment by Amazon}에 상품을 보관하게 하여 재고와 판매량 추이를 빅데이터로 계속 지켜봅니다. 그러다 괜찮은 상품이다 싶으면 이를 직매입해 판매하죠. 직매입으로 판매되는 상품은 수수료 이익보다 높은 마진을 내며 카탈로그 상품 내에서 바이박스를 차지하게 됩니다. 이때 원래 잘 팔고 있던 업체는 당연히 더 이상 아마존에서 아마존보다 더 잘 팔 수가 없습니다.

2018년은 큐레이션 서비스를 할 수 있는 빅데이터 컨시어지 서비스가 핫한 이슈였습니다. 컨시어지 서비스에 대해 고객은 처음에는 반신반의하지만 계속 사용하다 보면 신뢰가 쌓이고 익숙해집니다. 어느 정도의 신뢰가 쌓인 뒤에는 익숙함 너머로 의심이 사라집니다. 그러면 고객들은 머신러닝의 추천 결과를 액면 그대로 받아들이겠지요. 이런 상황에서 기업이 머신러닝 큐레이션의 헤게모니를 이용하여 돈을 벌겠다고 마음만 먹으면 광고비를 받은 콘텐츠나 자사의 이익이 되는 상품을 먼저 노출하거나 추천할 수 있습니다. 고객은 큐레이션 결과를 신뢰하고 있으니 자연히 기업이 원하는 대로 움직일 것입니다.

물론 'FAT 인공지능'이라는 개념이 있습니다. 인공지능을 개발하는 기업에 윤리적인 책임을 묻는 사회적인 운동으로 공정성Fairness, 책임성Accountability, 투명성Transparency을 강조합니다. 또한 우리나라는 추천 영역으로 강조하려면 추천의 근거 로직을 표시하게 되어 있고, 추천이라는 단어가 쓰인 영역 안에는 광고를 넣을 수 없도록 법적으로 보호 조항을 만들어놓았습니다. 하지만 넷플릭스는 해외 서비스이기 때문에 여기서 예외입니다. 이런 상황에서 인공지능에 의한 컨시어지 서비스를 표방하면서 자사의 이익만을 강조한다면 과연 우리는 넷플릭스의 큐레이션을 신뢰할 수 있을까요? 하여튼 전 오늘 밤도 넷플릭스 탐험을 해보려고 합니다. 이제 제발 다른 것 좀 추천해 주면 좋겠어요.

2024년 현재는 플랫폼 데이터의 추천과 데이터 수집을 활용한 '감시 자본주의'에 대한 위기감이 훨씬 더 올라간 상태입니다. 2023년 베스트셀러로 떠올랐던 『도둑맞은 집중력』에서는 플랫폼의 데이터를 활용한 서비스와 알고리즘의 편향성을 더 크게 지적하기도 했고요.

유튜브에서는 왜 반복 재생 기능이 쉽게 안 보이는 걸까?

어느샌가 사람들의 일상에 깊숙이 파고든 서비스가 있습니다. 바로 유튜브입니다. 옛 젊은 층들의 '시작페이지'가 네이버였다면, 지금 십 대들의 시작페이지는 단연 '유튜브'입니다. 물론 모바일에서는 시작페이지라는 개념 자체가 없긴 하지만요. 저 역시 하루 두 시간은 꼬박 유튜브를 보는 것 같은데요. 최근 유튜브 댓글에서 특이한 현상을 발견했습니다. 소위 '알림을 울려주세요' 현상입니다.

커뮤니티가 되어가는 유튜브?

저는 유튜브에서 홈트용 영상이나 댄스 튜토리얼 거울 모드 영상, 강아지 등 동물 영상을 주로 보는데요. 오른쪽 이미지와 같은 댓글이 홈트 영상에서 급격히 늘고 있습니다.

소율 1 week ago (edited)
0:55 저도 보면 알림 울려주세용 ㅠㅠ
1/23 🖤
1/24 🖤
1/25 🖤
Read more
👍 23 👎 REPLY

▲ Hide 3 replies

뿌. 3 days ago
오늘!
👍 👎 REPLY

햄햄찌 15 hours ago
오세여
👍 👎 REPLY

M K 10 hours ago
출석
👍 1 👎 REPLY

'추추피트니스'의 목주름을 없애는 운동 관련 영상 댓글

댓글의 대댓글이 오면 알림이 오는 기본 기능을 활용해 서로 매일 운동할 수 있게 상부상조하고, 댓글을 수정해서 자신이 운동한 것을 기록으로 남기는 현상이었죠. 마치 커뮤니티에서 일어날 법한 상호 교류 현상 아닌가요? 이를 본 순간 댓글 알림 기능을 활용해서 정보를 지속적으로 수집하는 'ㅇㄷ' 댓글 현상을 이해했을 때보다도 훨씬 놀라웠습니다.[4]

'ㅇㄷ'란 게임에서 이야기하는 '와드'를 의미하는데, 원래는 게임 안에서 필드 내 특정 지역을 감시하는 데 쓰이는 설치형 도구입니다. 현재 온라인에서는 타인의 답변을 알림으로 받아볼 수 있게 일부러 쓰는 댓글을 의미합니다. 보통은 다시 보고 싶은 글이나 영상 같은 것이 있을 때 '와드를 박는다'고 표현합니다.

유튜브는 분명 커뮤니티가 아닙니다. 동영상 제공자와 이를 보는 사람 간의 상호작용이 일어나고, 커뮤니티 탭이 존재하고, 커뮤니케이션도 일어나지만 서비스 특성 자체가 제공자와 수용자로 구분되기 때문에 일반적인 커뮤니티와는 다소 차이가 있습니다. 커뮤니티라는 것은 서로 동등한 관계에서 제공자와 수용자가 뒤섞여 있으니까요. 대표적인 커뮤니티 사이트인 'DC 인사이드 갤러리'나 '뽐뿌'처럼 커뮤니티가 추구하는 방식은 인플루언서와 구독자들과의 관계와는 차이가 있죠. 그런데 이번에 눈에 띈 '알림을 울려주세요' 현상은 구독자들 사이에서 일어나는 커뮤니케이션에 해당합니다. 알림이 울리도록 댓글을 달아주는 사람이 인플루언서는 아니니까요.

자, 그러면 이 현상을 어떻게 바라봐야 할까요? 이 현상은 사용자 입장에서 지속 가능한 알림이 필요하다는 것이니 유튜버가 이용자들의 커뮤니케이션이 활성화될 수 있도록 글을 쓰는 커뮤니티 영역을 만들어주거나, 반복 청취를 위한 알림 세팅 기능을 만들어주면 되지 않을까 싶기도 한데요. 과연 유튜브가 그런 기능을 만들려고 할까요? 이러한 서비스 기능이 유튜브가 지향하는 바와 맞을까요? 서비스 기획자로서 이 문제를 좀 더 들여다봐야겠다는 생각이 들었습니다.

사용자와 인플루언서의 니즈
· · · · · · · · · ·

여기서 핵심은 '반복 시청'입니다. 동영상을 보는 사람들은 어떤 방식으로든 이 영상을 계속 보려고 합니다. 가령 홈트 동영상은 꾸준함이 중요하니까요. 사실 유튜브 외에도 대안은 얼마든지 있습니다. 구글 캘린더에도 '목표' 달성 기록 기능이 있어서 얼마든지 데일리 알림을 설정할 수 있고, 유명한 목표 달성 어플인 '챌린저스'는 아예 이것을 목표로 만들어졌죠. 챌린저스를 벤치마킹한 것인지는 모르겠지만 2020년에는 네이버밴드가 작심 3일 프로젝트를 통해 젊은 이용자를 많이 끌어들였습니다.

그럼 여기서 의문이 생깁니다. 이분들은 왜 굳이 유튜브에서 이러고들 있는 걸까요? 저런 앱들을 몰라서 그러는 걸까요? 사실 위의 서비스들은 문제가 하나 있습니다.

구글 캘린더는 혼자 의지로 하는 것이다 보니 알림을 쉽게 무시해 버릴 수 있습니다. 네이버밴드나 챌린저스는 사람을 모으는 데 시간이 소요되기 때문에 바로 시작하기가 어렵죠. 반면 유튜브에서 댓글로 알림을 받으면 동영상으로 연결되는 경로도 최소화되고, 같은 영상을 보는 사람들끼리 동질감도 형성됩니다. 댓글을 보다 보면 원하는 일자만큼 성공했을 때 후기를 달아놓은 것도 볼 수 있습니다. 이보다 명확한 커뮤니케이션이 없죠.

그럼 동영상을 올리는 유튜버에게 이런 댓글은 어떤 효과를 줄까요? 유튜브를 통해 수익을 내는 사람들에게는 공통점이 있습니다. 그렇게들 강조하는 '구독'과 '좋아요'가 많은 것도 사실이지만, 무엇보다 영상 시청 시간 자체가 압도적으로 높다는 점이죠. 소셜블레이드와 녹스인플루언서의 자료를 토대로 국내 유튜버 순위를 보면 최상위권에는 키즈 콘텐츠와 음악 콘텐츠가 압도적으로 많은데요. 이 영상들의 특징은 '반복 시청'이 많다는 점입니다. 특히 어린 애들은 자신이 좋아하는 영상을 외울 정도로 반복해서 보는데 이런 현상은 국내에만 국한되지 않습니다. 유튜브에서 2019년 한 해 동안 가장 많은 수익을 벌어들인 유튜버도 아동이었습니다.

자, 다시 본론으로 돌아가 볼까요? 운동 영상이든 명상 영상이든 콘텐츠를 올리는 유튜버 입장에서 반복 시청은 쌍수를 들고 반겨야 할 일입니다. 많은 사람이 서로 도와가며 자신이 만든 영상을 봐준 다는데 이 얼마나 감사한 일인가요. 정리하면 이렇습니다.

○ 시청자의 니즈 : 상호작용이 가능한 지속적인 알림이 필요하다.
○ 유튜버의 입장 : 지속적인 콘텐츠 시청은 수익에 도움이 된다.

유튜브엔 도움이 될까?

유튜브 구독자들의 니즈가 있고 채널 운영자에게도 이익이 되는 이 알림 기능이 과연 유튜브 입장에서도 도움이 될까요? 이 부분을 파악하려면 유튜브의 수익 구조와 시스템을 생각해 봐야 합니다.

사실 유튜브에서 한때 가장 유행이었던 댓글은 따로 있습니다. 바로 "알 수 없는 유튜브의 알고리즘이 날 여기까지 데려왔다"입니다. 한 방송에서 모 아이돌 그룹이 부른 노래가 화제가 되면서 여자 아이돌의 조상 격이었던 '브라운아이드걸스'의 과거 영상들이 재

조명되고, 이후 이들이 성공적으로 컴백할 수 있었던 것도 유튜브의 알고리즘이 한몫했죠. 심지어 브레이브걸스는 유튜브 알고리즘을 통해 완벽하게 역주행한 성공 사례이기도 하고요.

그렇습니다. 유튜브의 핵심은 알고리즘입니다. 하지만 유튜브는 이 알고리즘을 공개하지 않습니다. 이 알고리즘이 광고 수익과 직결되는 핵심 프로세스이기 때문입니다. 알고리즘을 통해서 영상을 적절하게 추천하는 사이사이에 광고 영상을 넣으니까요.

한국언론진흥재단은 이러한 유튜브 알고리즘에 대한 리포트를 발행했는데요. 리포트에 따르면 유튜브 알고리즘은 크게 추천할 영상의 후보군 목록을 만드는 알고리즘과 그 목록에서 우선순위를 정하는 알고리즘으로 구성된다고 합니다. 이렇게 후보군을 추리고 랭킹을 정하는 과정에서 이용자의 행동 패턴 데이터를 활용합니다. 클릭 후 시청 시간이 짧은 영상은 걸러내고, '좋아요'가 많은 영상을 상위에 올리는 것이죠.

알고리즘은 당연히 어떤 방향을 갖고 움직입니다. 유튜브 알고리즘은 분명 이용자들이 영상을 선택하는 데 편의를 제공하기도 하지만 동시에 취향을 분석해 적절한 광고를 접할 수 있도록 이용자들을 파악하려고 합니다. 이를 위해 유튜브는 중간중간 방향성이 다른 영상을 끼워 넣어 다른 카테고리에 대한 이용자의 호감도를 파악합니다. 일종의 후킹°이라고 할까요? 그리고 이러한 알고리즘

° 광고나 콘텐츠에 노출된 대중의 행동을 유도하기 위해 사용하는 자극적인 멘트나 이미지, 섬네일 등을 의미합니다.

은 당연히 모수(모집단의 특성을 나타내는 값)가 많을수록 유리합니다. 몇 개의 영상만 시청하는 사람과 다양하게 많은 영상을 보는 사람이 있다면 단연 많은 영상을 시청하는 사람이 더 분석하기 쉽겠죠.

유튜브는 왜 반복 재생 기능을 숨겨놓았을까?

생각해 보면 유튜브는 단순 반복 시청도 좋아하지 않습니다.

"유튜브에는 왜 반복 재생 기능이 없나요?"

서비스 기획 강의를 듣던 한 수강생이 이런 질문을 한 적이 있는데요. 기술적인 문제로 만들지 못하는 건 아닐 거예요. 사실 PC 버전에는 오른쪽 마우스를 누르면 나오는 영역에 숨어 있고, 모바일에서는 그나마도 찾기 힘듭니다. 유튜브 뮤직에서만 별도로 제공하죠. 눈에 띄게 만들지 않는 이유는 명확합니다. 반복 재생 기능은 이용자들이 다양한 영상을 시청할 기회를 빼앗으면서 알고리즘을 만들기 위한 모수의 확대를 방해합니다. 그뿐만 아니라 반복 재생 영상이 많아질수록 양질의 영상 추천 후보군을 만드는 데도 영향을 끼쳐 알고리즘 편향성이 커집니다. 오히려 유튜브는 자동 재생 기능을 통해 추천 영상을 자동으로 랜딩시키는 기능을 더 중요하게 보고 있습니다. 서비스는 결국 수익 구조와 시스템을 따라가게 되어 있습니다.

자, 그러면 이제 결론을 내봐야 할 것 같네요. 시청자들은 분명 반복 재생 기능을 원하고 있고 이는 인플루언서 등 유튜브 채널 운영자에게도 도움이 되는 일입니다. 하지만 수익 구조상 인위적인 반복 재생은 유튜브 입장에서 보면 좋을 게 없습니다. 그렇다면 처음 제안한 반복 시청을 위한 알림 기능도 마찬가지겠죠. 제가 서비스 제공자라도 반복 알림 기능을 따로 만들 것 같진 않습니다. 하나의 기능은 결국 서비스의 전체 생태계 속에서 조화롭게 움직일 때 의미가 있으니까요. 물론 이런 기능을 만들 수도 있겠죠. 기존의 알고리즘과 수익 구조에 방해가 되지 않는 방법을 찾는다면요.

또 반복 시청, 알림, 커뮤니티 등 현재 유튜브 이용자들이 목말라 하는 기능을 갖춘 강력한 경쟁자가 등장한다면 유튜브 역시 당장의 수익 구조보다는 생존을 위해 이용자들이 원하는 기능을 넣을 수밖에 없을 것입니다. 하지만 현재로서는 그럴 가능성은 작아 보입니다. 하지만 또 누가 압니까. 새로운 서비스는 계속 등장하고, 이용자들은 언제나 변덕스러우니까요.

개인형 클라우드 서비스의
'배신'이 계속되는 이유

결국 이런 날이 오고야 말았습니다. 벌써 몇 시간째, 저는 클라우드에 올려놨던 사진을 PC에 내려받고 있어요. 인터넷이 느린 것도 아닌데 다운로드 속도는 왜 이렇게 느린지 무려 2014년부터 자동 백업된 휴대폰 사진만 32GB. 앞으로 며칠 뒤면 지원되지 않을 거라는 PC 다운로드 기능으로 내려받고 있습니다. 왜냐고요? 제가 이용 중이던 유플러스박스^{U⁺box} 개인 클라우드 서비스가 12월을 기점으로 사실상 서비스 종료에 들어가거든요.°

아마도 요즘 이런 모습이 낯설지 않을 거예요. 상황은 다르지만 몇 년 전에 SK텔레콤이 운영하던 T클라우드가 종료되어 클라우드

° 2020년 12월 기점으로 종료했고 이 글은 종료 직전에 쓰였습니다.

베리로 전환되고, 삼성클라우드도 2021년 종료를 앞두고 원드라이브로 이관하라는 안내를 했죠. 가장 크게 뒤통수 맞은 사례는 아무래도 '구글포토'의 유료화 선언을 들 수 있습니다. 15GB 이상 저장한 뒤 2년간 구글 ID로 로그인하지 않을 경우 삭제 조치한다는 의미는 사실상 '무제한 무료 사진 저장' 서비스를 종료한다는 것이나 다름없었죠.5

일단 가장 먼저 드는 생각은 억울함이었습니다. 제가 언제 먼저 쓰겠다고 했나요? 스마트폰이나 통신사를 바꿀 때마다 앞다퉈 제 갤러리를 자동 백업하겠다며 자꾸 동의 버튼을 누르라고 할 땐 언제고 이제 와서 종료하겠다니요. 제가 몇 년간 자동 백업을 하고 매달 8,000원씩 결제도 해왔는데 이제 와서 '기존 사용자는 유지는 되겠지만 서비스는 종료됩니다'라는 말로 사실상 안녕을 고하다니, 이건 마치 건물은 철거에 들어가지만 살고 싶으면 계속 살라는 말이나 다름없는 소리죠. 제 개인형 클라우드에 철거 명령과 함께 시한부 선고가 내려졌다고 봐야겠죠.

클라우드 사업, 왜 자꾸 문을 닫을까
· · · · · · · · · ·

클라우드 서비스가 신사업으로 떠 오르면서 가장 먼저 성공한 것은 바로 드롭박스Dropbox였습니다. USB 저장 장치의 명성을 땅에 떨어뜨리며 급성장했죠. '빅데이터' 시대를 맞아 국내에서도 우후죽

순 생겨났습니다. 앞에서도 말했지만 앞다퉈서 용량을 나눠주기에 바빴어요. 그런데 이제 와서 왜 그럴까요?

구글포토를 보면 사업을 시작한 이유도, 그만둔 이유도 모두 명확합니다. 기존에 구글포토는 원본이 아닌 고화질 옵션으로 올리면 무료 용량을 차감하지 않고 무제한으로 백업할 수 있었습니다. 이유는 약관에서 밝히고 있듯이 구글의 머신러닝 기술을 개발하는 데 사용되었기 때문이죠. 텐서플로^{TensorFlow}(구글 리서치 산하의 딥러닝 팀이 오픈 소스로 공개한 기계 학습 라이브러리)를 포함하여 구글의 이미지 AI 기술은 굉장히 수준이 높습니다. 이를 위해 정말 양적으로 방대한 이미지 자료가 필요했겠죠? 특히나 구글포토는 위치 정보나 지역 정보도 많이 모았습니다. 구글포토는 이런 방식으로 2020년까지 4조 개 이상의 사진을 저장했고, 매주 280억 개의 새로운 사진과 비디오를 업로드했습니다. 전 세계 사용자만 10억 명이죠. 이제 유료화로 전환하겠다는 것은 더 이상 무료로 제공할 필요가 없어졌다는 것을 뜻합니다. 딥러닝 학습에 필요한 사진을 충족했으니 더 이상 공간을 무료로 줄 이유가 없어진 것입니다. 이젠 사업 유지하려면 개인의 결제가 필요해졌고 유료화를 끌어내기 위해 기존에 저장된 개인의 사진을 인질로 삼은 셈입니다.

네, 그렇습니다. 결론적으로 말하면 개인 클라우드 사업은 엄청난 가능성에 비해 사업성이 하루가 다르게 떨어지고 있습니다. SK텔레콤이 2016년 T클라우드를 클라우드베리 사업으로 전환한 것도 비슷한 이유죠. SK텔레콤 사용자만 대상으로 하는 서비스로는 미래 전략이 약했기 때문에 통신사와 관계없이 모두가 이용할 수 있게 바꾼 것입니다. 하지만 그마저도 2021년에 종료했습니다. 개인 클라우드 서비스는 더 많은 사업성, 더 많은 고객을 필요로 하는 상황입니다. 국내 상황만 그런 것도 아닙니다. 〈포브스〉는 개인형 클라우드 서비스의 원조라고 할 수 있는 드롭박스에 대해 어두운 평가를 내렸습니다. 기업 공개[IPO]를 한 2016년 이후 연간 수익 성장률이 40퍼센트에서 18퍼센트로 계속 줄어들었고, 2016년 33퍼센트에 달하던 유료 결제 사용자 증가율도 2018년 이후 급격하게 줄어 10퍼센트대 초반까지 떨어진 상황입니다. 물론 여러 가지 프로모션을 통해 이익을 만들어내고는 있지만, 다른 서비스와 결합한 상품을 제공하는 경쟁자들과 비교해 보면 장래가 그다지 밝아 보이지는 않습니다.[6]

여기서 다른 서비스와 결합한 클라우드라고 하면 어떤 것들이 있을까요? 대표적으로는 구글 독스[docs]와 연계된 구글 드라이브가 있습니다. 기업형 슈트[Suite] 서비스에 오피스를 대체할 수 있는 강력한 협업 툴, 캘린더 등과 연결되는 편의성을 보면 자연스럽게 구글 드라이브를 사용할 수밖에 없죠. 마이크로소프트 오피스 365 서비스의 원드라이브도 마찬가지입니다. 저는 주로 마이크로소프트 워드를 이용해서 글을 쓰고 있어 이 글도 원드라이브에 저장하고 있습니다. 마지막으로 네이버 마이박스(구 네이버 N드라이브, 구 네이버 클라우드)도 있죠. 메일을 쓰다 보면 나도 모르게 대용량 첨부파일이 되면서 클라우드 서비스를 쓰게 됩니다.

사용자 입장에서 본다면 이렇게 상품도 많은 데다 나도 모르게 생기는 클라우드들의 용량도 15GB, 20GB 정도씩 되니, 무료 제공 분만 모아도 금방 100GB는 됩니다. 사진이야 마음먹으면 1T짜리 외장하드에 저장할 수 있으니 개인용으로 굳이 유료 결제를 할 일은 많지 않습니다. 사업성이 없다는 말이 절로 체감이 되죠. 오죽하면 네이버에서 마이박스의 용량을 네이버 메일로 전환하는 일을 강화하고 있을까요. 그거야말로 사용자에게도 유용하고 네이버 입장에서도 유휴 용량을 활용할 수 있는 길이거든요.

클라우드 속 내 자료 어떻게 지킬까?

업체 입장이야 어찌 됐든, 서비스를 이용하던 사용자 입장에서 억울한 마음이 드는 것은 사실입니다. 안전하게 보관하겠다고 클라우드에 저장해왔는데 이제 문 닫을 거니까 다시 데이터를 가져가라니요. 10년 장기 임대인 줄 알고 들어갔는데 주인 마음이 바뀌었으니 이제 나가라는 것밖에 안 되는 거죠. 그렇다고 왜 내 개인 정보를 마음대로 지우냐고 항의할 수도 없는 노릇입니다. 약관에 명시돼 있으니 사용자 입장에서는 방 빼라고 하면 쫓겨나는 수밖에 없습니다.

이쯤에서 하나 떠오르는 서비스가 있는데요. 바로 싸이월드입니다. 클라우드나 SNS가 지금처럼 활성화되기 전, 전 국민의 온라인 사진첩은 다름 아닌 싸이월드였습니다. 싸이월드는 몇 년간 숨만 붙어 있는 수준으로 연명하다가 정말로 사라졌습니다. 그럼에도 매번 문을 닫으려고 할 때마다 사람들이 '내 사진 어쩔 거냐!'고 목소리를 높여 몇 번이나 되살아났죠. 하지만 돈을 내서라도 사이트를 지킬 거냐고 물으면 또 그렇지는 않습니다. 유예기간을 주면 백업을 까먹고는 또다시 '내 추억 어쩌냐!'며 안타까워하죠. 그럴 때마다 실시간 검색어에 오르고요. 싸이월드 운영자 입장에서는 '수요가 있는 것인지 없는 것인지' 혼란스러울 만도 합니다.

클라우드의 사진이나 자료는 대부분 비슷합니다. 기업 입장에서는 이 자료들을 계속 갖고 있으려면 그럴 만한 가치가 있어야 하는데, 아쉽지만 돈을 내고 싶진 않은 수준의 자료라고 한다면 사실상 '가비지 데이터garbage data'라고 봐야 합니다. 사용자들이 로그인해서 계속 들여다보는 것도 아닐 테니까요.

생각해 보면 이런 종류의 데이터는 온라인상에 무궁무진합니다. 대학생 때 조 모임을 하기 위해서 만든 네이버 카페, 사망한 회원의 계정, 스팸으로 꽉 차서 메일함으로서 가치를 상실한 이메일 계정 등등. 현실에서 가치를 상실한 이런 데이터들은 기업 입장에서는 유지 비용만 드는 '쓰레기 더미'일 뿐입니다. '데이터 금광'으로서의 가치를 증명하지 못한다면 그 안의 자료는 언제든지 '삭제 선고'를 받을 수 있습니다. 그때 가서 부랴부랴 정리하려고 하면 지금 저처럼 짜증 나는 상황에 부닥치게 되는 것입니다.

상황은 더더욱 클라우드에 의존적으로 변해가고 있습니다. 우리는 종종 페이스북의 'N년 전 사진 보기'를 통해 잠시 잊고 있던 추억을 소환해 우수에 젖기도 하는데요. 이마저도 시간이 지나면 사라지지 않는다고 장담할 수 없죠. 최근 상황이 영 좋지 않다는 '에버노트'를 부랴부랴 '노션Notion'으로 백업하고 있는 사람들도 있지만 노션이라고 영원할 수 있을까요? 제 많은 글이 담겨 있는 '브런치'는 또 어떨까요? 네이버 '블로그'는 안전할까요?

문득 김영하 작가의 말이 생각납니다. 글을 저장할 때는 하드에도 이메일로도, 클라우드에도, USB에도 복사해 두라는 말이죠. 이유는 다르겠지만 각자에게 중요한 정보는 확실히 소유하는 자신만의 방법을 생각해야 할 것도 같습니다.

안 읽은 메일, 전력 사용량,
탄소 배출량은 무슨 관계가 있는 걸까?

얼마 전 현업자분들이 모여
있던 단톡방에 글이 하나 올라
왔습니다. 네이버 메일에 뜨는
이 안내 문구가 의미하는 바
를 잘 모르겠다는 의견이었는
데요. '안 읽은 메일'이 '전력

안 읽은 메일을 정리해 보세요

메일을 정리하면 전력사용량이 감소하고
탄소배출량이 줄어들어 환경을 보호할 수 있습니다.

메일 정리하기 >

다음에 할게요

메일 정리를 촉구하는 네이버 알림 문구

사용량' 그리고 '탄소 배출량'과 무슨 연관이 있을까요? 네, 아는 분
은 금방 눈치챘겠지만 여기엔 'IDC', 즉 서버 등을 관리하는 데이터
센터와 비용 문제가 복잡하게 얽혀 있습니다. 위 팝업을 가만히 들
여다보니 IT 기업의 비용에 관한 문제이자 앞으로 더더욱 고민하게
될 환경 문제라는 생각이 들어 다뤄보도록 하겠습니다.

데이터센터와 전력, 그리고 탄소 배출

. . . .

2022년 서울에 폭우가 쏟아지면서 일부 회사의 '서버실'이 정전되거나 물에 잠기는 등 큰 사고를 겪은 회사들이 있었습니다. 특히 한 기업은 전산실에 물이 차면서 서비스 자체가 중단되기도 했죠. 일부 기업에서도 서버실이 정전되어 기업 내 인트라넷이 마비되는 일도 있었고요. 여기서 말하는 서버란 간단히 말해 온라인상에서 네트워크로 접속하는 컴퓨터 시스템을 말합니다. 게임에서도 서버라는 말을 쓰잖아요. 하나의 게임 서버에 접속할 수 있는 사람 수가 제한되어 있는 것처럼 온라인 서버에 있는 서비스에 접속할 수 있는 사람의 수도 제한되어 있습니다. 동시에 접속하는 사람 수가 많다면 서버의 대수도 많아야 하죠. 여기서 두 가지 문제가 일어납니다. 여러 대의 서버를 어떻게 동일한 상태로 균질하게 관리하느냐와 서버를 관리하기 위한 환경을 어떻게 설정하느냐의 문제입니다. 오늘의 주제는 후자에 더 가깝습니다.

만약 여러분 PC를 하루 종일 24시간 가동시키면 어떤 일이 벌어질까요? 특히 7, 8월의 한여름이라면요? 발열 때문에 컴퓨터에 문제가 생길 수 있습니다. 혹시 회사에 있는 서버실에 한 번이라도 들어가 봤다면 24시간 365일 가동되는 에어컨을 봤을 겁니다. 서버실 담당자들은 그 안에 점퍼를 상비해 둘 정도로 낮은 온도를 유지하는데요. 그러자니 서버를 작동시키기 위한 전력 비용과 환경을 유지하기 위한 전력 비용 모두 많이 들 수밖에 없습니다.

그래서 온라인 서비스를 운영하는 대부분의 기업은 전문적으로 서버와 DB를 맡아서 관리해 주는 데이터센터에서 DB와 서버를 임대하여 사용하거나 관리까지 위탁하여 운영합니다.

데이터센터를 세우고 운영하는 데 드는 비용이 실로 막대하게 듭니다. 앞서 얘기했듯 서버실은 차가운 실내 온도를 유지해야 하는데 온도 기준이 생각보다 까다로워요. 데이터센터 내부 온도는 18~27도(평균 22.5도)로, 만약 내부 온도가 3도만 높아져도 서버, 네트워크 등 내부 장비 고장률이 두 배 가까이 치솟는다고 합니다.

데이터센터의 모습을 조금 더 상상해 보면 얼마나 비용이 많이 드는지 짐작해 볼 수 있습니다. 먼저 장비나 설비를 설치할 수 있는 공간인 '상면'이 메인 통로의 좌우로 길게 늘어서 있고 서버, 스토리지, 관리 시스템 등 네트워크 장비가 랙rack에 담겨 케이블로 연결되어 있습니다. 그리고 이런 공간을 운영하기 위한 거대한 전기실과 발전기실, UPSUninterruptible Power Supply, 발열을 냉각하는 공조 설비 등이 있죠. 데이터센터는 규모나 안정 설비에 따른 등급이 있는데 좋은 등급을 받으려면 실제 서버가 놓여 있는 공간보다 4~6배는 넓게 구성되어야 한다고 합니다. 그리고 이 공간들을 운영하려면 필요시 업그레이드와 수리를 책임질 인력 또한 필요하죠.[7] 거대하고 서늘하며 철저하게 관리·보완되는 공간이어야 하니 여기에 들어가는 비용은 여러분의 상상에 맡기도록 할게요.

이러한 전력 소비의 문제는 탄소 배출 문제로도 직결됩니다. 수많은 전기가 만들어지는 과정에서 탄소 배출을 피할 수 없기 때문입니다. 탄소 배출권이 비용으로 처리되는 순간부터 기업의 재무 건전성에도 문제가 생기겠죠. 〈한국일보〉에서 조사한 바에 따르면 담당 기자의 네이버 메일 3,400여 통의 0.078GB에서 하루 375킬로그램의 탄소가 발생한다고 말합니다. 저장된 DB의 데이터 1MB당 11그램의 탄소가 배출되는 거죠. 이는 다른 생활에서 발생하는 탄소량보다 평균 세 배가 높은 수치입니다.[8]

이런 이유로 해외 굴지 기업들은 데이터센터를 직접 짓기도 하는데요. 메타(구 페이스북)는 북극 인근에 데이터센터가 있고, 마이크로소프트는 바닷속에 데이터센터를 구축했습니다. 구글은 탄소 배출에 집중해 재생에너지로 만든 전력을 사용하는 쪽으로 방향을 틀었습니다. 하지만 데이터센터가 전력을 많이 소비한다는 사실에는 변함이 없죠.[9] 그런데 이 문제를 슬기롭게 풀어 사업과 수익을 만들어낸 기업이 있습니다. 바로 클라우드의 선발주자인 아마존웹서비스AWS를 만든 아마존입니다. 아마존은 개인화를 위한 데이터 축적량이 많고 시즌에 따라 접속량이 매번 달라집니다. 블랙프라이데이 시즌에는 엄청난 트래픽이 생기므로 데이터센터를 크게 운영할 수밖에 없지만 평소에는 모든 서버를 100퍼센트 가동할 필요가 없어 이 유휴 자원을 임대하는 클라우드 서비스를 만들어낸 것이죠.

덕분에 평소 큰 서버가 필요 없는 작은 기업들은 아마존웹서비스와 같은 클라우드 서비스를 활용할 수 있어 창업 비용을 줄일 수 있었습니다. 10년 전 IT 서비스를 창업한 분들 이야기를 들어보면 서버 설치도 직접 해야 했지만, 혹시라도 창업이 실패하면 구매했던 서버 때문에 큰 손실을 봤다고 하는데요. 서버의 클라우드화 덕분에 지금의 IT 서비스 창업이 수월해졌다는 의견도 있습니다. 그렇다면 클라우드로만 넘어가면 비용 문제는 모두 해결될까요? 그렇지도 않습니다.

빅데이터에 대한 집착 : 원유인가 폐유인가
· · · · · · · · · ·

2017년 이후 국내에서도 클라우드로의 전환이 유행처럼 번졌습니다. 앞서 말한 클라우드의 장점은 분명했지만, 클라우드 전환 후 예상치 못한 비용 문제를 겪는 경우도 많았습니다. 하지만 그보다 더 큰 문제는 이즈음부터 모든 기업에서 중요하게 다뤄진 '빅데이터' 때문이기도 합니다.

흔히 빅데이터를 '미래 산업의 원유'라고 말합니다. 데이터가 많으면 이를 활용하여 더 많은 사업을 만들어낼 가능성이 커지죠. 과거 메타의 과도한 개인 정보 수집 동의가 문제 된 적이 있는데, 반대로 말하면 그만큼 빅데이터를 모으는 것이 기업 입장에서는 득이 된다고 판단한 것입니다. 특히 무의식중에 움직이는 행동 등을 모으는 로그 정보는 모두가 열띤 경쟁을 벌이며 모으는 정보이죠. 제가 일하는 프로덕트 세계에서는 이 로그 정보를 수집하고 잘 분석하는 능력을 데이터 능력이라고 말하기도 합니다.

오픈뱅킹 서비스를 통해 서로 금융 정보를 저장할 수 있게 된 은행 앱들은 너도나도 오픈뱅킹과 마이데이터 등록을 홍보하는 이벤트를 엽니다. 마이데이터 서비스를 통해 고객의 전체 금융거래에 대한 정보를 모을 수 있고 심지어 퍼져 있는 포인트 충전액까지 모아서 볼 수 있기 때문이죠. 하지만 그 정보를 실제로 얼마나 잘 활용하고 있을까요?

한번 살펴볼까요? A은행, B은행, C은행 각각의 마이데이터 서비스에 가입했다고 가정해봅시다. 그러면 금융거래 정보에 대한 기록은 이 세 개 은행의 데이터베이스에 모두 저장되게 됩니다. 우리가 탄소를 배출하면서 전력을 만들어서 저장시키는 데이터가 순식간에 3배수가 되죠. 만약 은행들이 적절한 활용 계획 없이 단순히 마이데이터를 모으는 것에만 집중하고 있다면 이 데이터센터에서 낭비되는 전력과 유지 비용은 어떤 의미가 있을까요?

은행은 돈이 많은 곳이니 그래도 상관없이 않냐고 생각할 수 있으니, 상대적으로 돈이 적은 IT 서비스로 시선을 돌려보겠습니다. 개인 정보 활용 동의를 체크할 때를 생각해 보세요. IT 서비스들은 개인화를 위해서 또 서비스의 개선을 위해서 개인의 로그데이터를 수집하고 저장합니다. 이커머스의 경우 법적으로 주문 데이터의 경우 5년을 유지하고, 상담 기록은 3년간 저장하게 되어 있습니다. 만약 1년간 접속하지 않은 휴면 회원이 있다면 그 고객의 정보는 분리 보관하고 활용하지 않아야 합니다.°

° 2024년 현재 휴면 회원 DB 분리 보관에 대한 법적 근거가 바뀌면서 아예 휴면 회원 관리도 사라졌습니다.

그런데 1년 이상 방문하지 않은 고객의 데이터를 전부 가지고 있어야 한다면 그 데이터의 활용 가치가 분명해야 하지 않을까요? 계획 없이 일단 쌓아만 놓고 활용되지 않은 채 뒤죽박죽된 '다크데이터dark data'('가비지 데이터'라고도 합니다.)가 환경 오염의 주범이라는 이야기는 이처럼 데이터센터와 같은 맥락에서 나온 이야기라고 할 수 있습니다. 물론 맨 처음 거론된 '네이버 메일'에 뜨는 안내 문구는 서비스의 특성상 문제가 있습니다. 네이버 메일은 처음부터 데이터 공간을 제공해 주는 서비스이기 때문입니다. 메일을 기반으로 여러 서비스를 연결하고 포털의 모든 서비스를 연결해 주는 기반 서비스이기에 메일을 함부로 삭제할 수 없으므로 네이버는 메일 공간과 개인 클라우드 서비스 간 공간을 공유하거나 유료 서비스로 전환하는 등의 방법으로 개인에게 제공했던 무료 공간을 줄여 보려고 하고 있습니다.

자꾸만 없어지는 무료 개인 클라우드 서비스와 2000년대 초반에 유행했던 무료 홈페이지 공간들이 사라진 것도 바로 이러한 데이터 비용 때문입니다. 결국 무료 서비스에는 한계가 있습니다.

오늘 이야기는 네이버의 안 읽은 메일 삭제의 안내 메시지에서 출발했는데요. 안 읽은 메일을 읽고 삭제하지 않아도 마찬가지 아니냐고 물을 수도 있지만, 적어도 클릭 한 번으로 활용이라도 하는 게 그저 안 읽은 메일로 남아 있는 것보다는 유지 비용이 덜 아깝지 않을까요? 물론 기업과 개인과 환경을 위해 제일 좋은 건 '안 읽은 메일'을 확인하고 지워주는 것이겠죠.

프로덕트 개발에서 문제를
제대로 정의하지 않으면 벌어지는 일

유튜브를 볼 때면 짧은 콘텐츠에 시선을 빼앗기기도 하지만, 가끔 시사 프로그램을 즐겨보기도 합니다. 그중 〈KBS 시사직격〉 채널에서 본 '마약을 처방해 드립니다'는 충격 그 자체였습니다. 방송은 '펜타닐'이라는 마약 성분의 진통제를 복용한 청소년들과 힙합 가수의 사례를 다루었는데, 이러한 마약성 진통제가 모두 합법적인 절차를 통해 병원에서 처방된다는 내용이었어요. 중독 경험이 있는 제보자들은 여러 병원을 돌며 동일한 약물을 여러 차례 구할 수 있었다고 했습니다. 이를 일컬어 '의료 쇼핑'이라고 하더군요. 한국을 마약 청정국으로만 알고 있던 저로서는 정말 놀라웠죠.

원인은 병원에서 이러한 약물을 처방해 줄 때 정해진 절차를 따르지 않기 때문이라고 합니다. 식품의약품안전처(이하 식약처)는 개인의 마약성 약물 구매 이력 전체를 조회할 수 있는 '마약류 의료 쇼핑 방지 정보망'을 구축하고 관련 웹사이트data.nims.or.kr를 만들었습니다. 하지만 병원에서 이미 사용하고 있던 처방 프로그램이 마약성 약물 조회 시스템과 분리되어 있다 보니 유명무실하다는 지적이 많았죠. 2022년 10월 열린 국정감사(이하 국감)에서 이 시스템의 사용률이 낮다는 지적이 나왔지만 식약처는 각 병원 의사들의 인식 개선이 먼저 필요하다는 답변을 내놓았을 뿐입니다.

소프트웨어 프로덕트를 만드는 사람으로서 저는 이 부분이 굉장히 의아하게 느껴졌습니다. 이 심각하고 중대한 사안을 과연 개별 의사라는 '사용자'의 인식 문제로 봐야 하는 것인지, '프로덕트적 해결 방법'은 없는지 고민해 보게 된 것이죠. (여기서 프로덕트란 사용자가 업무를 해결하는 데 필요한 기능을 제공하는 시스템을 의미합니다. 그러니까 제가 프로덕트 오너로 일하면서 만들어내는 최종 산출물들 같은 것들이죠.)

의료 처방 시스템과 마약류 의료 쇼핑 방지 정보망의 구성
• • • • • • • • • •

우선 방송은 처방 프로그램의 불편함을 자세히 보여주었습니다. 영상에 나온 프로그램 UI를 바탕으로 찾아보니 '의사랑'을 사용하는 것으로 보였습니다. '의사랑'은 유비케어에서 만든 EDI(건강보험 분야 전자민원서비스) 청구 소프트웨어입니다. 2013년 조사에 따르면 국내 의원을 포함한 병원의 60퍼센트 이상이 이 프로그램을 사용한다고 합니다. 2019년에는 의료 소프트웨어[SW] 업계에서 처음으로 연 매출 1,000억 원을 달성하기도 했습니다. 이용료가 비싸다는 평도 있지만 대체재가 없을 만큼 압도적인 지지를 받고 있습니다.[10]

방송에서는 기존 환자에게 처방된 약 정보를 확인하는 의사랑의 프로세스를 보여주는데 이 절차가 꽤 복잡합니다.

- ○ 1단계 : 처방 서비스에서 오른쪽 마우스를 눌러 '사용자 부가 기능'에서 '개인 투약 이력 조회' 메뉴 클릭
- ○ 2단계 : 팝업창에서 환자 주민등록번호, 의·약사 면허 번호 입력해 조회
- ○ 3단계 : 의약품 안전 사용 서비스를 통한 '내가 먹는 약! 한눈에' 메뉴 팝업에서 '내가 먹는 약/알레르기'를 선택
- ○ 4단계 : 제삼자 정보 제공 동의에서 환자 스마트폰으로 문자를 보내 환자 본인 인증
- ○ 5단계 : 환자의 '내가 먹는 약 리스트' 확인 가능

방송에 나온 국감 장면에서 식약처는 '마약류 의료 쇼핑 방지 정보망 서비스'가 건강보험심사평가원(이하 심평원)에서 제공하던 의료품 안전 사용 서비스[DUR]와 분리되어 있고, 처방 프로그램과의 연계가 잘 되어 있지 않다'고 밝히고 있습니다.

사실 처음 식약처가 '마약류 의료 쇼핑 방지 정보망 서비스'를 웹에 별도로 구현하며 상상했던 모습은 51페이지의 홍보 만화 같은 것이었습니다. 의사가 약을 처방하기 전에 전용 사이트[data.nims.]

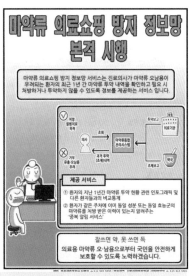

식약처가 '마약류 의료 쇼핑 방지 정보망 서비스'를 구현하며 상상했던 모습

or.kr에 접속해 로그인하고 병원 정보와 환자 정보를 넣어 조회한 후 1년 치 약물 리스트와 통계 자료를 보면서 판단할 거로 생각한 건데요. 기존의 '처방 프로그램'만 이용하는 입장에서는 너무 불편한 상황이죠.

식약처도 이게 불편하다는 사실을 모르지 않았습니다. 그래서 2022년 마약류 의료 쇼핑 방지 정보망의 응용 프로그램 인터페이스Application Programming Interface(이하 API)를 만들어서 '처방 프로그램'에 바로 연결해 사용할 수 있도록 조치했습니다. API 규약에 의해서 서로 간에 데이터를 전달하는 방식으로 말이죠. 각 서비스는 API로 전달받은 데이터를 각자 서비스 형태에 맞춰서 보여줄 수 있습

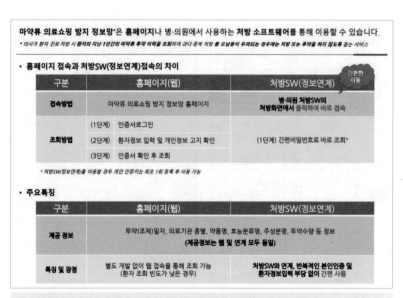

마약류 의료쇼핑 방지 정보망*은 홈페이지나 병·의원에서 사용하는 처방 소프트웨어를 통해 이용할 수 있습니다.
* 의사가 환자 진료·처방 시 환자의 지난 1년간의 마약류 투약 이력을 조회하여 과다·중복 처방 등 오남용이 우려되는 경우에는 처방 또는 투약을 하지 않도록 돕는 서비스

• 홈페이지 접속과 처방SW(정보연계)접속의 차이

구분	홈페이지(웹)	처방SW(정보연계) 간편한 사용
접속방법	마약류 의료쇼핑 방지 정보망 홈페이지	병·의원 처방SW의 처방화면에서 클릭하여 바로 접속
조회방법	(1단계) 인증서로그인 (2단계) 환자정보 입력 및 개인정보 고지 확인 (3단계) 인증서 확인 후 조회	(1단계) 간편비밀번호로 바로 조회*

* 처방SW(정보연계)를 이용할 경우 개인 인증키는 최초 1회 등록 후 사용 가능

• 주요특징

구분	홈페이지(웹)	처방SW(정보연계)
제공 정보	투약(조제)일자, 의료기관 종별, 약품명, 효능분류명, 주성분명, 투약수량 등 정보 (제공정보는 웹 및 연계 모두 동일)	
특징 및 장점	별도 개발 없이 웹 접속을 통해 조회 가능 (환자 조회 빈도가 낮은 경우)	처방SW와 연계, 반복적인 본인인증 및 환자정보입력 부담 없이 간편 사용

한국 의약품 안전 관리원 마약류 통합 정보 관리 센터에서 제공하는 API
(https://www.newsthevoice.com/news/articleView.html?idxno=17882)

니다. API에서 제공되는 절차도 기존 웹보다 간소화해 미리 간편 인증 번호를 만들어서 처방 프로그램에서 입력만 하면 환자의 본인 인증 없이도 처리할 수 있도록 했죠.

그렇다면 방송에 출연한 의사는 이 편리한 시스템을 두고 왜 그렇게 불편하게 조회를 하고 있었을까요? 이에 대한 힌트는 2021년 8월 17일에 식약처에서 대한의사회로 시스템 사용을 촉구하는 공문과 함께 전달한 가이드 문서에서 찾을 수 있습니다. 가장 높은 점유율을 차지하는 처방 프로그램인 '의사랑'에는 이 기능, 즉 오픈 API 기능이 개발되어 있지 않았던 거죠. 그래서 '의사랑'이 빠져 있었고 사용 중인 처방 프로그램에 이 기능이 필요하면 SW개발사에

붙임. 연계SW별 마약류 의료쇼핑 방지 정보망 기능(SW이름 순)

1. Chart Manager (다솜메디케어) 4
2. CLEMR (비트컴퓨터) 5
3. E-CHART (이온엠솔루션) 6
4. GreenChartV2.0 (녹십자헬스케어) 7
5. Lime (파인인사이트) 8
6. Medi-Ses (대일전산) 9
7. Ontic_EMR (중외정보기술) 10
8. Phoenix (지누스) 11
9. 매직차트 (포닥터) 12
10. 베가스CRM (티엔에이치) 13
11. 비트U차트 (비트컴퓨터) 14
12. 이지스 (이지스헬스케어) 15
13. 케이메디 (아이라이즈) 16

※ 현재 연계개발이 완료된 SW목록 입니다.
사용 중인 처방 SW에 정보연계가 필요한 경우 해당 SW 개발사에 연동 기능 개발을 요청하시기 바랍니다.

식약처에서 대한의사회로 보낸 공문과 가이드북. 가장 높은 점유율을 차지하고 있는 '의사랑'이 보이질 않는다.

요청하라는 안내가 있었습니다. 확실한 건 저 다큐멘터리가 나온 시점에는 의사랑이 포함되지 않은 상태였다는 거예요.

물론 각 회사에서는 각자 개발 계획이 있고, 내부적으로 우선순위가 있기에 일정이 늦어지는 것은 충분히 있을 수 있습니다. 저 역시 그러한 IT업의 생리를 너무나도 잘 알고 있고요. 하지만 마약류 의료 쇼핑 방지를 위한 프로덕트를 만든다는 관점에서 생각해 보면 몇 가지 아쉬운 점이 눈에 보입니다.

기능을 만들면 사용자가 다르게 행동할까?

• • • • • • • • • •

프로덕트 개발에서 가장 중요한 것은 '문제를 제대로 정의했느냐'와 '해결 방법이 비즈니스 임팩트를 극대화했는가'인데요. '마약류 의료 쇼핑 방지 정보망'을 프로덕트로 본다면, 이 프로덕트는 두 번에 걸쳐서 문제를 정의한 후 이를 해결하기 위한 프로덕트를 개발한 것으로 보입니다.

- 첫 번째 문제 : 의사가 약물 오남용을 발견해 추가로 약물을 처방하는 일이 없도록 1년간 처방된 약물을 모두 볼 수 있어야 한다.
- 해결 방법 : 마약류 의료 쇼핑 방지 정보망 웹서비스를 구축하여 조회할 수 있게 한다.
- 오픈 후 문제 : 시스템이 처방 소프트웨어와 통합되어 있지 않아 불편해 조회하기 불편하다(이용률 저조).
- 해결 방법 : 오픈 API를 개발하고 이를 처방 소프트웨어로 연동시켜 조회를 쉽게 한다.
- 새로운 문제 : 점유율이 높은 처방 소프트웨어가 오픈 API를 활용한 개발을 하지 않고 있다.

자, 여기서 첫 번째 문제 정의는 타당했는지 생각해 봐야 합니다. 과연 의사들은 시스템이 없어서 약물 오남용 처방을 했던 것일까요? 답변은 영상 속에 있습니다. 이미 심평원에서 2018년부터 제공한 '의료품 안전 사용 서비스'에 유사한 기능이 있었습니다. 불편하긴 했지만 사용 가능한 서비스였죠. 기존 서비스를 개선하는 것만으로도 해결할 수 있었다는 말입니다. 최소한 '본인 인증'만 빼도 되는 것이죠. 물론 심평원 서비스와는 달리 1년간 구매 이력을 모두 볼 수 있는 건 아니었지만, 둘 다 의료 쇼핑을 막을 수 있다는 점에서는 크게 다르지 않습니다. 즉 문제를 어떻게 정의하느냐에 따라 굳이 새로운 프로덕트를 개발하지 않아도 되었다는 얘기입니다.

그러면 문제를 새롭게 정의해봐야 하는데요. 진짜 문제는 '사용자인 의사가 비급여 마약류 진통제를 처방하기 전에 기존 처방 여부를 조회하지 않는 것'에 있다고 봐야 합니다. 제가 만약에 이 문제를 프로덕트적으로 해결하고 싶었다면, 저는 마약류로 등록된 약품을 처방할 때 마지막 절차로 기존 처방을 필수 조회하도록 프로세스에 포함시켰을 것 같습니다. 사용자가 무심결에 놓칠 수 있는 중요한 절차는 '필수' 처리하는 것이죠. 이런 부분은 얼마든지 처방 소프트웨어 제작사에 중요 가이드로 전달할 수 있습니다.

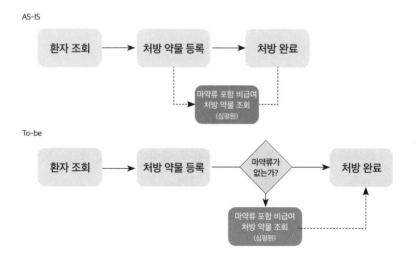

하지만 이미 '마약류 의료 쇼핑 방지 정보망'을 만든 상황이었죠. 그렇다면 이 정보망을 사용하지 않는 상황에서 두 번째 문제 정의와 해결 방안은 적절했을까요? 기존 사용자의 맥락에서 벗어나 별도의 웹사이트를 만든 건 문제일 수 있지만, API를 제공해서 기존 처방 소프트웨어와의 연계를 계획한 것은 타당해 보입니다. 그런데도 여전히 실효성이 떨어졌죠. 오픈 시점에 가장 대표적인 처방 소프트웨어인 '의사랑'이 빠져 있었으니까요.

이 문제는 프로덕트 로드맵상 성공해야 한다는 목표가 없었기 때문에 발생한 것입니다. 프로덕트를 만들면 만든 것으로 끝내는 것이 아니라 효과적으로 활용할 수 있도록 관리하는 '고투마켓Go-to-market' 전략도 중요한데요. 공공 서비스이긴 하지만 실제로 활용 가능할 수 있게 하는 것이 중요하고 이와 관련한 목표가 있어야 합니다. API 연동을 기준으로 한다면 목표는 두 가지 방법으로 설정할 수 있었을 거예요.

- ○ 연동하는 처방 프로그램 N개
- ○ 처방 프로그램 중 사용률이 높은 소프트웨어를 우선순위로 N퍼센트

이 상황에서 좀 더 효과적인 목표를 잡아야 한다면 압도적인 점유율을 가진 '의사랑'부터 개발에 포함해야 합니다. 의사랑의 현재 정확한 점유율은 모르겠지만 60~70퍼센트는 먼저 확보할 수 있었을 테니까요. 그런 다음 사용자인 의사들을 학습시킨다면 다른 처

방 소프트웨어는 자연스럽게 따라왔을 겁니다.

마지막으로 한 가지 문제를 더 정의해볼 수 있습니다. 이 프로덕트가 돕고자 하는 것은 '의사의 처방 판단'인데요. '마약류 의료 쇼핑 방지 정보망'의 검색 결과는 의사가 판단하기에 적절한가'에 대한 것입니다. 아래 캡처는 마약류 의료 쇼핑 방지 정보망에서 조회 시 나오는 자료의 샘플입니다.

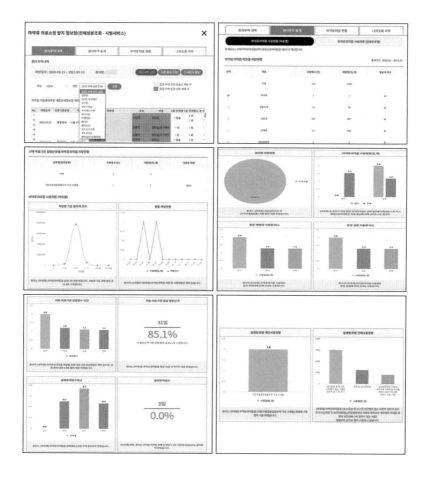

딱 봐도 봐야 할 정보가 한둘이 아니죠? 환자의 상태에 따라 봐야 할 정보가 많을 순 있지만 하루에도 수십 명의 환자를 보는 의사 입장에서는 쉽지 않습니다. 저라면 의사의 검토 시간을 줄이기 위해서라도 주요 정보를 담은 신호등 대시보드를 최상단에 넣었을 것입니다. 기준보다 더 넘쳐서 남용이 우려된다면 '위험'이라는 빨간색 글씨를 상단에 노출하면 되죠. 이렇게 서비스를 개선한다면 의사들의 시간을 줄여 줄 뿐 아니라 더 정확한 판단을 빠르게 내릴 수 있지 않을까요?

자, 이렇게 현실 속의 문제를 프로덕트적으로 해결하는 방법에 대해서 가볍게나마 고민을 해봤는데요. '문제'를 제대로 정의하지 않으면 효과적인 해결책을 마련하기 어렵다는 점을 깨달을 수 있었을 거예요. 그 과정에서 개발 비용도 낭비되기 마련이고요. 그리고 단지 '개발 완료'를 목표를 하면 안 되고, '성과를 증명할 수 있는 목표'를 설정해야 효과를 극대화할 수 있다는 점도 중요합니다. 끝으로 실제 사용자의 환경을 고려해야 문제를 해결할 수 있다는 것도 빼놓을 수 없죠.

프로덕트 관점에서 얘기하다 보니 문제만 잔뜩 지적한 셈이 됐네요. 시간이 꽤 지났으니 많은 부분이 개선되었으리라 생각합니다. 하지만 수요 없는 개선은 쉽지 않습니다. 부디 마약류 의료 쇼핑 방지 정보망 서비스가 잘 정착해 안전한 마약 청정 대한민국이 되었으면 좋겠습니다.

Chapter 02

IT프로덕트와
비즈니스모델 좀 아는 사람

IT Business World

책을 팔아보면 보이는 '판매지수'

판매자를 위한 지표가 있는 상품 상세? 판매지수

이커머스를 만들어온 지 10년이 훌쩍 넘었습니다. 종합몰에서 근무하면서 대부분의 카테고리 상품을 모두 다루어봤는데요. '상품 상세정보'를 만들 때는 보통 해당 카테고리의 특징을 기준으로 고객에게 중요한 정보들을 집중적으로 다룹니다.

예를 들어 색조 화장품이라면 컬러 옵션을 컬러칩 형태로 보이도록 하거나, 상품평 후기를 통해서 중요 내용을 부각할 수 있겠죠. 의류라면 사이즈나 핏, 질감에 대한 후기를 더 눈에 잘 띄게 표시해 주는 식이죠. 가구들의 경우에는 가상으로 3D 화면을 구현하여 360도 회전하며 노출하거나 실측 사이즈를 예측하게 해주는 AR 기술들을 활용하는 예도 많이 나오고 있습니다.

보통 이렇게 '상품 상세'는 구매자의 기준에서 정보를 주목도 있게 노출하기 위해 노력합니다. 그런데 이번에 구매자가 아닌 '판매자'를 위한 상품 상세를 처음으로 알게 되었습니다. 바로 도서 전문몰들의 상품 상세입니다.

나름 독서 좀 한다고 자부하는 직장인으로서 한때 겁 없이 사들인 책들로 책장이 빌 틈이 없었습니다. 이사하면서 알라딘 중고매장에 판매한 책만 10여 만 원어치였고, 판매도 되지 않아서 리어카 가득 싣고 고물상에 가져다준 적도 있습니다. 내리막길에서 쌓아놓은 책이 우수수 떨어지는 통에 고생깨나 했지요. 이렇게 책을 잔뜩 사면서도 몰랐습니다. 입장이 바뀌기 전까진 말이죠.

2020년에 저는 첫 책을 출간했는데요. 1년 반의 고통 끝에 힘들게 책을 낸 것도 잠시, 책의 구매자가 아닌 판매자 입장이 되면서 보이지 않던 것들이 보이기 시작했습니다. 서비스 기획자의 입장에서 이 부분을 찬찬히 뜯어보게 되더라고요.

'판매지수'는 누구를 위한 것일까

YES24, 인터파크 온라인 서점의 도서 상세를 보면 '판매지수'가 있습니다. 알라딘에는 '세일즈포인트'라는 이름으로 되어 있지요. 솔직히 말하면 온라인으로 책을 사면서도 저는 이런 수치가 있다는 것 자체를 몰랐습니다. 여러분들은 아셨나요? 온라인 서점에 접속해 검색하기도 하고 베스트셀러나 카테고리 목록을 뒤적이기도 하지만, 판매지수를 눈여겨본 일은 없었습니다.

YES24의 판매지수(좌)와 알라딘의 세일즈포인트(우). 명칭은 다르지만 판매 경향을 보여준다.

이번에 깨달은 사실은 판매지수는 판매자를 위한 항목이라는 것이었습니다. 네이버에서 'YES24 판매지수'로 검색하면 출판사들이나 1인 출판 카페, 또는 작가들의 글들이 나옵니다. 언제 갱신되는지, 어떤 기준으로 산정되는지 궁금해하는 글들이죠. 저도 저자가 돼보

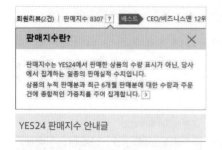

YES24 판매지수 안내글

니 이게 손에 땀을 쥐고 바라보는 관전 포인트더라구요.

제가 조사하고 경험적으로 발견한 사실들은 이렇습니다. 일단 YES24는 매일 새벽 2시 전후로 판매지수가 업데이트 되는데 마치 주가처럼 해당 시점의 책의 '인기'를 추정할 수 있는 지표라고 합니다. YES24의 공식적인 설명으로는 누적 판매분과 최근 6개월 판매분을 기준으로 복잡한 환산 계산을 통해 나온다고 하네요.

집계 방식을 공개하지 않아 정확하진 않지만, 여러 작가님이 다년간에 걸쳐 추정한 바에 따르면 YES24 판매지수는 판매량뿐만 아니라 조회수도 포함되고, 판매 시기가 최근일수록 더 많은 가점을 주며, 한 명이 여러 권 산 것보다는 같은 권수라도 여러 명이 한 권씩 샀을 때 더 많이 올라간다고 합니다. 그리고 첫 일 주일 정도는 한 권당 60점씩 상승하다가 나중에는 점점 줄어들어 권당 30점 정도로 측정된다는 추정도 있고요. 개인이 자기 책의 판매지수를 트래킹하면서 살펴본 결과, 시간이 지나 가중치가 급격하게 낮아지는 구간은 출간 후 1년이 지난 다음이라는 것도 알게 되었습니다.

알라딘과 인터파크의 지표에 대해서는 상대적으로 '연구 결과'가 많지 않은데요. 몇몇 블로거들에 따르면 YES24에 비해 판매량이 더 중요한 역할을 한다고 하네요.

작가와 출판사들은 왜 판매지수에 목을 맬까?
• • • • • • • • • •

판매지수는 철저히 판매자에게 중요한 지수입니다. 출판시장에서 굉장히 중요한 부분으로 작용하고 있기 때문입니다.

페이스북 '책프협(책 쓰는 프로그래머 협회)' 그룹에서 유동환 책프협 회장이 공유한 '판매지수 감각'이라는 글을 본 적이 있습니다. 출간한 책들을 기준으로 몇 점 정도 됐을 때 해당 카테고리에서 성공적이라고 볼 수 있는지를 다룬 글입니다. 타깃이 상대적으로 적은 IT 서적을 기준으로 출간 직후 제대로 책이 안착하려면 초반에 2,000점에 도달해야 하고, 5,000점 도달 시 독자들에게 어느 정도 알려진 것으로 보고, 10,000점이 넘으면 베스트셀러라고 볼 수 있다고 하는데요. 제가 글을 읽고 YES24의 카테고리별로 살펴보니 틀린 말은 아니었습니다. 물론 경제/경영이나 소설과 같은 베스트셀러 쪽은 아예 자릿수 하나가 더 있긴 하지만요.

이런 판매지수가 상품 상세에 나올 정도로 중요한 이유는 책의 특수한 생산방식에서 원인을 찾아볼 수 있습니다. 책의 첫 인쇄분을 '초판'이라고 하고, 이 초판을 기준으로 한 번 공장을 가동하여 생산해 낸 단위를 '쇄'라고 부릅니다. 보통 발행정보와 ISBN을 표기한 판권 면에 'N판 N쇄'에 대한 내용이 나오죠. 여기서 '판'은 '개정판'과 같이 내용의 수정이 이루어져 인쇄판을 교체하여 인쇄된 것을 이야기하고, '쇄'는 인쇄기를 몇 번 가동했는지를 보여주는 지표가 됩니다. 1쇄 재고가 모두 판매되면 2쇄를 제작하는 식이죠. 즉 인기 있는 책은 수요를 예측해 미리 발주 시점을 체크해야 합니다. 이때 판매지수는 책의 판매 패턴을 예측해 볼 수 있는 중요한 바로미터가 됩니다. 판매지수를 보고 재쇄 여부를 판단하는 거죠. 이는 '절판'에 대한 판단 기준도 된다는 뜻입니다.

출판사 입장에서는 마케팅 성공 여부를 판단하는 기준도 될 수 있습니다. 판매지수의 경우 '조회수'도 포함되기 때문에 출판사에서 투자한 마케팅 비용이 해당 시점에 얼마나 판매지수에 영향을 주는지를 보면 마케팅 효과를 판단하는 기준이 될 수 있죠.

게다가 특정 카테고리의 여러 상품을 미리 조사한다면 타깃 시장의 크기를 예측하는 것도 가능합니다. 특정 키워드로 해당 분야의 책들을 여러 권을 선정하여 판매지수를 추적하고 베스트셀러가 되기 위한 벤치마크를 설정하는 경우도 보았습니다.

이렇게까지 민감하게 생산 설계를 하는 이유를 설명하자면 출판 시장의 어려움을 이야기할 수밖에 없는데요. 보통 출판사가 한 권의 책을 출시할 때 1쇄를 모두 완판하는 것을 손익분기점으로 본다고 합니다. 여기에 마케팅 비용까지 고려한다면 중쇄는 수익을 위해 필수 요소가 되죠. 일단 2쇄를 찍어야 손해가 나는 일은 피할 수 있을 테니까요.[11]

물론 누구보다도 이 판매지수를 손에 땀을 쥐고 지켜보는 이들은 책을 낳은 작가들이겠죠. 책을 내고 사람들의 반응이 궁금할 때, 판매지수는 페이스북의 '좋아요'나 링크드인의 '공유' 수처럼 흥미롭고 신나는 떡밥이 되어 계속 지켜볼 수밖에 없더군요.

발행일과 랭킹의 꼼수

. . . .

판매지수의 중요성이 이렇게 크다 보니 꼼수도 생기는 것 같습니다. 매일 같이 판매지수를 살펴보며 다른 책들의 사례를 보다 보니 재미있는 현상을 발견했는데, 바로 발행일이었습니다. 고객 입장에서 책을 고를 때 전문서적의 경우는 최신 트렌드를 반영한 신간을 찾는 경향이 있습니다. 저 역시도 마케팅, 경영에 대한 책은 유명한 고전이 아니라면 대체로 발행일이 최근인 책을 찾고는 했죠. 그런데 이 발행일이 책이 진짜 판매되기 시작된 날짜가 아닐 수도 있더라고요.

대부분의 책은 출판사가 서점에 책을 출고하기 전에 서지 정보를 올리기 때문에 예약판매로 팔리기 시작합니다. 그런데 실제 발행일과 판매일의 차이가 천차만별이더군요. 제 책은 6월 10일이 발행일이고 6월 9일부터 판매가 이루어졌기 때문에 큰 차이가 없었지만 심한 경우 보름 이상 차이가 나는 책도 있었습니다. 발행일이 되지도 않았는데 실물 책이 풀린 경우도 있었고요. 왜 그럴까요? 발행일자에 이미 판매지수가 쌓이고 높은 랭킹을 차지하면, 베스트셀러로 진입할 가능성이 높아지기 때문입니다. 이게 무슨 의미가 있냐고요? 고객은 모를 수 있겠지만 나중에 발행일 최신순으로 검색하게 된다면 전문서적은 분명 의미가 있습니다.

비즈니스 선순환 구조에 지대한 영향을 미치는 판매지수
· · · · · · · · · ·

지금껏 이커머스의 상품 상세를 만들면서 판매자를 위한 UI를 별로 고민해 본 적이 없었습니다. 구매자에게 중요한 정보들만 신경 써왔으니까요. 기껏해야 판매자의 다른 상품들이 모여 있는 곳으로 연결해 추가 구매를 유도하는 식이었죠. 판매에 대한 지표도 노출하기 위해서라기보다는 추가 발주를 위해 참고하는 정도로만 인식했습니다.

그러다 책을 내고 판매지수를 지켜보다 보니 새로운 점들이 눈에 띄었습니다. 제일 인상 깊은 점은 이 지표가 특정 산업의 흐름에 영향을 미치고 있다는 점이었습니다. 서비스 기획자의 시각으로 보니 새로운 형태의 선순환 구조가 보이더라고요.

제가 정말 좋아하는 책 중 하나인 『플랫폼 레볼루션』에서는 플랫폼을 활성화하기 위한 '양면 네트워크 효과'에 대해서 명시하고 있습니다. 우리가 잘 알고 있는 아마존의 플라잉휠 전략과 데이비드 삭스가 그린 우버의 선순환에 대한 냅킨 스케치는 서비스 제공자와 서비스 이용자가 서로를 끌어들이는 효과를 가져온다고 설명하죠. 이들은 서로 긍정적인 피드백을 주는 방법을 이용하는데 이른바 플랫폼에서 계산되어 만들어진 '디지털 입소문'을 '네트워크 효과'라고 합니다.[12]

아마존의 플라잉휠 전략에 대해서 짧게 설명하자면, 제프 베이조스가 냅킨에 그린 스케치로 유명한데요. 아마존이 자생적으로 성

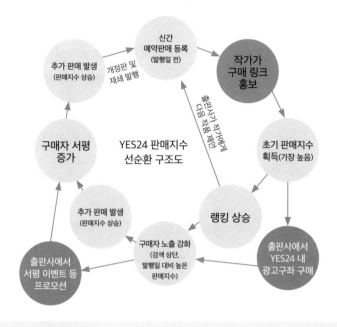

신간
예약판매 등록
(발행일 전)

작가가
구매 링크
홍보

추가 판매 발생
(판매지수 상승)

개정판 및
재쇄 발행

YES24 판매지수
선순환 구조도

출판사가 작가에게
다음 작품 제안

초기 판매지수
획득(가장 높음)

구매자 서평
증가

추가 판매 발생
(판매지수 상승)

랭킹 상승

출판사에서
YES24 내
광고구좌 구매

구매자 노출 강화
(검색 상단,
발행일 대비 높은
판매지수)

출판사에서
서평 이벤트 등
프로모션

YES24 판매지수 선순환 구조도

장할 수 있는 기본 원리를 보여줍니다. 낮은 가격으로 고객을 모으면, 비용을 들여서라도 물건을 판매하려는 판매자들이 많아지고, 이에 따라 아마존의 거래 규모가 커지면 배송이나 물류에 대한 고정비용이 낮아지고 효율성이 높아지게 되죠. 이런 효율성이 높아지면 부수적인 비용까지 낮출 수 있게 되고, 그러면 가격이 더 낮아져 더 많은 고객이 찾아오는 선순환이 만들어진다는 이야기입니다.

YES24의 판매지수는 도서 시장에서 YES24를 중심으로 한 비즈니스 선순환 구조를 만들고 있습니다. 보통의 네트워크 효과가 구매자들의 긍정적인 피드백을 중심으로 한다면, 판매자들은 판매지수를 높이기 위해 YES24로 트래픽을 몰아오려 애를 씁니다. 작가들이 책 출간 초반에 지인들이나 북토크 등을 통해서 책을 홍보하면서 특정 판매처로 링크를 유도하는 것도 이 때문이죠. 초보 작가였던 저는 아무 곳이나 편한 곳에서 사달라며 모든 도서 구매 링크를 다 붙여서 홍보했지만요. 이런 구조를 도식화해 보면 앞 페이지에서 보는 것과 같은 구조가 나옵니다.

이런 선순환 구조는 점점 개인 크리에이터가 늘어나고 있는 콘텐츠 시장에서 어떻게 '기준 시장'이 될 수 있느냐는 관점에서 참고해 볼 만합니다. 음악 스트리밍 시장을 꽉 잡고 있던 '멜론'도 비슷한 현상을 보였는데요. 음반 발매 당일 일명 '지붕 뚫기(실시간 TOP100의 1위를 하는 것)'를 하는 것이 해당 음원의 성공 여부의 기준이 되자 팬들은 여러 디바이스를 이용해서 '스밍(스트리밍으로 음원을 계속해서 재생시켜서 해당 음원의 순위를 높이는 방법)'을 하기도 했죠. 인기 순위 Top100 내에 한 번만 진입시켜 놓으면 Top100만 습관적으로 듣는 이용자들에 의해서 계속해서 스트리밍 음원 수익을 얻는 구조입니다. 물론 이러한 관행 때문에 일부 '음원 사재기'와 같은 문제가 부각되고 많은 팬이 음원 스트리밍보다 음반 구매로 돌아서는 현상도 나타나고 있지만 말입니다.

하여튼 YES24의 판매지수는 꽤 안정적으로 도서 시장 내에서 선순환 구조를 만들어왔습니다. 위의 선순환도를 보면 알겠지만, 판매지수가 초반에 높지 않으면 베스트셀러를 만들려는 출판사는

YES24의 광고 영역을 사거나 서평 이벤트를 진행하기도 합니다. 물론 이 과정에서 멜론의 음원 사재기와 같은 대형 출판사의 판매지수 조작이 있을 수 있으므로 주의는 필요합니다. 실제 판매량과 점수 기준을 공개한다면 이런 문제들은 투명해질 수 있겠지요. 저로서는 책을 내는 과정을 통해서 또 다른 이커머스 시장의 구조를 살펴볼 수 있어서 흥미로웠습니다.

닷컴버블의 교훈,
IT 스타트업의 돈줄이 막힐 때 벌어지는 일

언제부턴가 제 주변에 한숨짓는 분들이 많아졌습니다. 주식과 코인 등으로 한숨을 불러오는 상황들이 지속되고 있기 때문이죠. 스타트업에 대한 투자가 줄어드는 현상도 심심치 않게 보이고요.

원인과 상황은 다를 수 있지만 온라인 서비스 기업에 대한 투자금이 급격하게 줄어든 현상은 과거에도 있었습니다. 지금의 상황이 '제2의 닷컴버블'이라고 하는 이유이기도 합니다.°

°　이 글은 2022년 5월에 작성되었고 2023년에는 스타트업 투자 가뭄이 이어졌습니다.

2001년 닷컴버블이란?

· · · · · · · · · ·

　닷컴버블, 1995년부터 2001년 사이에 미국 등 세계 여러 국가의 주식 시장에서 일어났던 투기, 투매 현상으로 미국에서는 닷컴버블이라고 하고 국내에서는 IT버블로도 불렸습니다. 1995년은 넷스케이프가 나온 해이기도 한데요. 기존 PC 통신 위주의 시장에서 웹web을 활용한 인터넷이 출현하면서 새로운 온라인 사업의 가능성을 높게 평가하던 시기였습니다. 그러한 기대감을 반영해 주가가 급등하기도 했죠. 문제는 그 거품이 꺼져버린 것에 있었습니다.

　2000년대의 닷컴버블이 터진 가장 큰 이유는 '실망감' 때문이라는 것이 지배적인 해석입니다. 닷컴버블에 가장 큰 타격을 입은 나라인 미국은 큰 기대감에 비해 당시 인터넷 속도가 너무 느린 탓에 새로운 가능성을 만들어내기 어려운 상황이었죠. '닷컴'만 붙어도 치솟던 주가는 단기적으로 결실을 보기 어렵다는 회의론으로 이어졌고 이는 다시 주식에 급격한 추락을 초래했습니다.

　국내 상황은 어땠을까요? 이 시기를 IT버블이라고 부르는데요. 1998년 김대중 정부의 벤처 지원 정책으로 국내에서도 다양한 닷컴 기업에 대한 투자가 이루어졌습니다. 1995년, 1996년에 각각 설립된 다음 커뮤니케이션과 네이버는 이러한 닷컴 기업에 대한 우호적인 정책들을 통해 성장할 수 있었죠. 하지만 미국과 마찬가지로 2000년 IT버블이 터지면서 수많은 사람이 주식으로 큰 손해를 보았을 뿐만 아니라 초기에 관심을 받았던 IT 기업들도 상장 폐지의 길로 들어섰습니다. 국내 코스닥 역사상 가장 큰 버블이었죠.

여기서는 과거 벤처 기업에 들어오던 돈줄이 막혔을 때 상황이 어떠했고 그 결과 기업들이 어떤 행보를 보였는지를 살펴보면서 앞으로 있을 투자 가뭄의 시기를 미리 고민해 보려고 합니다.

영향도1 : 외주화와 솔루션을 통한 인건비 절감

투자가 활발히 이루어지고 있지 않은 상황에서 온라인 서비스를 만들고 싶을 때 가장 먼저 찾게 되는 활로에는 어떤 것들이 있을까요? 바로 외부에서 솔루션 형태로 만들어진 온라인 서비스를 일부 수정하여 서비스를 만들거나 외주 개발을 통해서 딱 필요한 만큼만 아웃소싱하는 것입니다. 2001년 IT버블이 끝나고 벤처 사업에 대한 투자는 쉽게 이루어지지 않았지만 온라인 사업이 새로운 먹거리라는 사실에 대해서는 이견이 없었습니다. 특히 '아이러브스쿨'이나 '다모임' 같은 동창 기반 커뮤니티와 '프리챌'과 '다음 카페' 같은 플랫폼 기반 커뮤니티가 빠른 속도로 성장했죠. 사용자가 늘면서 새로운 시장 가치를 보게 되었고 많은 온라인 쇼핑몰, 즉 초창기 이커머스 사이트가 이 시기에 등장했습니다.

이 시기 대기업들은 외주 기반의 이커머스를 만들었습니다. 1999년 인터파크의 자회사로 시작한 G마켓이나 삼성의 e삼성 등은 IT 계열사를 통해 프로젝트를 진행하는 하청 방식이었는데, 지금까지도 대기업형 이커머스들은 이 방식으로 많이 이어져 오고 있습니다. 개발자를 직접 채용하는 것보다 필요한 시기에만 인력을 쓸 수 있어 비용을 절감할 수 있으니까요.

개인의 온라인 이커머스 진입도 활발해졌는데요. 이는 cafe24, 메이크샵, 고도몰이라는 솔루션 3형제가 있었기에 가능했습니다. 몇 번의 클릭으로 쇼핑몰을 만들 수 있었으니 개인뿐 아니라 소규모 기업이나 제조사들도 쇼핑몰을 자체 구축하기보다는 이들이 제공하는 정형화된 사이트를 활용하는 쪽을 택했습니다. 2004년에는 cafe24 기반으로 탄생한 '스타일난다'와 같은 1세대 소호 브랜드가 연간 몇만 개씩 쏟아져 나왔습니다. 2003년 메이크샵에서는 2만 6,000여 개의 쇼핑몰이 있었을 정도였죠.

이처럼 2000년대 초반 IT버블이 휩쓸고 지나간 뒤 가장 눈에 띈 변화는 인건비 절감이라 할 수 있습니다. IT업의 근간이 인건비인 경우가 많기 때문에 투자비가 줄면 가장 먼저 생각하는 게 인건비 절감이죠. 하지만 인건비를 줄이자 부작용이 나타났습니다.

먼저, 솔루션 기반으로 성장한 이커머스들은 서비스의 차별성을 만들기 어려웠기 때문에 가격 경쟁으로 이어질 수밖에 없었습니다. 외주 개발을 한다 해도 다른 이커머스와 동일한 레퍼런스를 쓰는 것이라면 비슷한 사이트가 만들어질 수밖에 없으니까요. 현재 국내 IT 이커머스 시장이 더더욱 가격 경쟁 구도로 치닫고 있는 것은 이 때문입니다.

두 번째로, 국내 IT 기업이 아마존이나 구글과 시작점이 크게 다르지 않음에도 더 크지 못한 이유는 자체적인 기술 투자에 소홀했기 때문이라는 지적이 있습니다. 저도 이 주장에 상당히 동의하는데요. 오픈만 하고 떠나는 외주나 천편일률적인 솔루션으로는 회사만의 기술적 특장점을 만들어내고 서비스 혁신을 만들어내기 어렵기 때문입니다. 이 부분이야말로 국내 IT 기업의 경쟁력이 결정적으로 약화된 이유가 아닐까 싶습니다.

지금은 과거보다 훨씬 더 많은 서비스가 빠르게 쏟아져 나오고 있고, 사용자들은 기가 막히게 좋은 서비스를 골라내는 눈을 가지고 있습니다. 그러자 IT 기업에서 가장 큰 화두는 인력 확보였습니다. 개발자 고액 연봉 소식이 들리면서 비개발 직군들은 상대적 박탈감을 느끼기까지 했죠. 다시금 해외 인력 채용이나 외주 개발 채용 이야기가 나오기도 하고요. 그런데 여기서 우리가 놓치지 말아야 할 것은 왜 우리가 내재화 개발을 추진하려 했느냐는 점입니다. 투자비가 떨어지면 개발자 연봉 거품이 빠지겠구나 하고 바라볼 문제가 아니라는 거죠. 닷컴버블이 터지고 나서 한참 동안 외주로만 성장하던 시기에 우리는 기술 투자와 내부 서비스 개선의 한계를 겪으면서 글로벌 선두 기업의 자리를 놓친 뼈 아픈 시기가 있었습니다.[13] 그러므로 투자가 줄었을 때 인건비부터 줄이려는 손쉬운 접근부터 재고해 봐야 합니다. 포기해야 할 것과 꼭 지켜야 하는 것들에 대한 기업의 기준이 필요합니다. 무턱대고 인건비부터 절감해 온 것이 회사의 미래 경쟁력에 어떤 악영향을 끼쳤는지는 이미 과거에 겪었으니까요.

영향도2 : 이익 추구를 위한 분투

· · · · · · · · · ·

2003년을 넘기면서 기존에 받은 투자비에도 슬슬 한계가 드러났습니다. '온라인 서비스는 무료'라는 인식이 강한 상황에서 진짜 수익 구조를 만들어내야 했죠. 특히 커뮤니티 서비스들은 당장의 대책이 필요했습니다. 이때 국내 역사상 가장 큰 교훈을 준 사건이 바로 '프리챌의 유료 전환'입니다. 클럽 형태로 운영되는 커뮤니티 서비스 프리챌은 당시 다음 카페보다 사용자가 더 많았지만 2002년 10월 전면 유료화를 선언하면서 사용자가 엄청나게 이탈했습니다. 7개월 만에 유료화를 폐지했지만 이미 대부분의 사용자는 떠나가버린 후였습니다. 이는 지금까지 가장 큰 유료화 실패 사건으로 회자하고 있습니다.

이때 가장 큰 수혜를 입은 사이트가 바로 '싸이월드'입니다. 프리챌에서 이탈한 사용자들이 미니홈피를 중심으로 또 다른 커뮤니티를 강력하게 형성한 것이었죠. 싸이월드는 커뮤니티보다는 '일촌'이라는 관계를 통해 정보를 주고받는 형태였습니다. 게다가 유료 서비스도 성공시켰습니다. 메인 서비스인 미니홈피 이용이 아니라 캐릭터 서비스인 '미니미'를 만들거나 미니홈피를 꾸미기 위한 아이템과 배경음악을 사는데 '도토리'를 사용하도록 한 거죠. 지금의 30대가 사용한 첫 번째 가상화폐라고 할 수 있습니다. 여기에는 싸이월드를 인수한 SK가 휴대폰 결제를 성공적으로 안착시킨 것이 큰 역할을 했습니다. 편리한 선결제 방식의 도토리 구매로 엄청난 수익을 올렸죠.

이 시기에 또 하나 성장한 서비스가 '멜론'입니다. 이 역시도 어부지리로 성장했습니다. '소리바다'에서 무료로 공유되던 MP3를 더 이상 공유할 수 없게 되었기 때문인데요. 해외의 유사 서비스인 웹스터의 불법 판례에 따라 국내에서도 소리바다가 폐지되자 월정액 방식의 스트리밍 음원 서비스인 멜론이 크게 성장한 것이죠. 특히 휴대폰 요금과 함께 청구되는 편리한 결제 방식도 한몫했습니다.

또 다른 이익화의 추구는 광고와 제휴 서비스의 확대였습니다. 이커머스 기업들은 오픈마켓을 중심으로 다양한 광고 서비스와 부가 서비스를 판매하기 시작했고, 네이버와 같은 기업들은 배너 광고와 키워드 광고를 경매 방식으로 판매하며 이익을 높이는 방법을 택했습니다. 경매 방식의 광고는 이익이 크지만 돈을 많이 내는 광고주가 광고를 계속 차지하는 문제가 생깁니다. 그러다 보면 서비스에서 콘텐츠의 다양성이 떨어지게 되죠. 아니나 다를까 네이버 검색 결과와 G마켓 상품 검색 결과의 질이 떨어진다는 인식이 생겼고, 이 문제는 네이버 검색 결과와 오픈 마켓들이 계속해서 해결해야 할 문제로 남아 있습니다. 그래서 2018년 네이버10.0의 변화는 이러한 경매 방식의 광고를 줄이는 것에 방점이 찍혀 있었죠. 반면 이때부터 개인화 광고 개발에 투자한 곳은 구글애드였습니다. 노출에 따라서 돈을 받는 구글애드는 자리를 경매하는 방식의 광고보다는 이익이 낮지만 광고 성과는 높아집니다.

이커머스 기업들은 대기업에 B2B 서비스를 별도로 제공해 주는 형태로 고정 이익을 만들려고도 노력했습니다. 이때 출현한 것이 지금도 존재하는 기업 복지몰입니다. 제휴된 기업의 임직원만을 대상으로 이커머스 사이트를 만들고, 낮은 원가로 상품을 제공해 주는 대신 기업이 복지 포인트를 임직원들에게 제공하여 높은 트래픽과 구매 전환율을 보장받을 수 있었죠. 지금도 이커머스 기업들이 수익이 없을 때 선택하는 단골 옵션 중 하나입니다. 제가 소셜 삼형제라고 부르는 쿠팡, 위메프, 티몬이 2016년 이마트와 기존 유통업체들로부터 가격 전쟁을 치르며 투자금이 줄어들 때도 쿠팡을 제외한 두 곳은 이러한 B2B 서비스에 진출했습니다. B2B는 영업만 잘된다면 고정 이익이 생기기 때문에 좋은 수익원이 되니까요.

그런데 B2B로의 서비스 개발은 앞서 외주화와 동일한 문제가 있습니다. B2B 서비스는 신규 시스템 개발이라기보다는 '자가복제'에 해당하기 때문입니다. 기술적인 진보가 없는 것이죠. 2000년대 초에 대형 이커머스들이 B2B 서비스를 만드는 데 매진하고 있을 때, 아마존은 아마존웹서비스AWS라는 희대의 서비스를 만들어냈습니다. 내재화된 기술 투자로 다양한 예측 기술과 물류 관리 기술을 개발하여 다른 사업을 확장한 것입니다. 동일한 리소스를 어디에 투자했느냐가 큰 차이를 가져왔다고 볼 수 있죠. 이렇게 닷컴버블 이후 이익 추구의 과정에서 우리가 다시 고민해 봐야 할 부분은 무엇일까요?

첫째, 프리챌의 사례처럼 지나친 이익 추구는 사용자에게 반감을 살 수 있다는 점입니다. 이러한 기업의 태도 변화에 사용자는 쉽게 떠나갈 수 있습니다. 최근 쿠팡이 멤버십 가격을 높인다고 했는데 쿠팡의 행보를 지켜봐야겠습니다. 아직 사용자들의 태도는 부정적이고 멤버십 가격이 비싸다는 언론의 뭇매를 맞고 있으니까요.

두 번째 교훈은 유료화에 대한 부담이 높을수록 당장의 이익에 눈을 돌리는 서비스 전략을 취하기 쉬운데, 이때 정작 투자해야 할 기술적 투자나 장기적 서비스의 퀄리티가 반감될 수 있다는 점입니다. 근시안적으로 접근했다가는 나중에 풀어야 할 큰 숙제로 남을 수 있습니다.

투자가 줄어들 때 고민해야 할 것 WHY

스타트업에 투자가 줄어들면, 기존의 투자처인 벤처캐피털[VC]이나 주주들로부터 수익성을 증명하라는 압박들이 생겨날 것입니다. 이때 닷컴버블 시기의 커뮤니티처럼 이익 구조 자체가 없는 서비스들은 광고나 유료 서비스(이커머스)를 붙여서 이익 구조를 만들려고 하거나 인건비를 줄이고 비용이 많이 드는 서비스를 없애버리기 쉽습니다.

최근 롯데를 포함한 몇몇 기업들이 새벽 배송 서비스를 접으면서 이커머스에서 가장 고비용군에 속하는 배송 서비스에 대한 여러 가지 시각이 나오고 있습니다. 상장을 앞둔 마켓컬리나 최근 적자를 많이 줄인 쿠팡을 거론하며 비용 문제들이 나오고 있는 것을 볼 수 있는데, 이 역시도 시장의 투자가 줄어들기에 나타나는 현상입니다.

이럴 때일수록 닷컴버블 이후 기업들이 택했던 방식들이 어떤 결과를 가져왔는지 꼭 기억했으면 좋겠습니다. 무조건적인 비용 절감이나 이익 추구가 해법이 될 수 없다는 것이 과거가 주는 교훈일 것입니다. 닷컴버블 시기를 현명하게 이겨내고 글로벌 기업으로 성장한 이른바 FAANG° 기업들에는 공통적인 특징이 있습니다. 바로 기업의 목표를 정확하게 알고 있었다는 점이죠. 서비스를 계속해서 써야 하는 이유를 온전히 지키며 기술 개발을 해온 기업들이 고통의 시기를 이겨내고 성장할 수 있었습니다. 업계에서 말하는 JTBD Jobs-to-be-done (고객이 수행하려는 과업)°° 전략과 기술을 통한 '파괴적 혁신'은 투자금이 현저히 줄었던 닷컴버블 시기에도 유효했던 것이죠.

마켓컬리의 새벽 배송이나 쿠팡의 로켓 배송이 만들어진 배경에는 '가장 빠르고 편리한 배송'이라는 경영 철학이 깔려 있습니다. 비용을 생각했다면 애초에 시작조차 하지 않을 방향성이죠. 이미 만들어진 JTBD는 생각보다 강하게 사용자들을 붙잡아두고 재방문하게 합니다. 그러므로 왜 이런 선택을 했는지를 기억하고 힘든 시기를 이겨나가는 것이 중요하죠.

° 미국 IT 산업을 선도하는 페이스북, 아마존, 애플, 넷플릭스, 구글의 앞 글자를 딴 용어입니다.

°° 고객은 각자 과업(Job)을 가지고 있는데 이때 과업은 단순히 고객이 기존에 하는 일이라기보다 고객이 완수길 위해 노력하는 일(the job trying to get done)이고, 이것이 JTBD라는 것입니다.

쿠팡플레이는 자연스러운데
왜 배민만화경은 어색할까?

사이먼 사이넥이 쓴 『나는 왜 이 일을 하는가 Start with why』를 다시 집어 들었습니다. 국내에는 2013년에 출간된 이 책은 출간 당시에는 크게 인기를 끌지 못했지만, 코로나로 스타트업이 폭풍 성장했던 2021년에 재출간되면서 30만 부 기념판까지 나왔습니다.

이 책이 조명받은 이유는 간단했습니다. 온라인 기반의 스타트업들이 어떻게 훌륭한 문화를 만들어내며 성장할 수 있었는지 이보다 더 잘 설명한 책이 없기 때문입니다. 특히 기업들이 갖고 있는 '비전'을 Why로 풀어내면서 회사의 비전이 어떻게 기업의 서비스와 제품, 일하는 직원들과 고객에게까지 영향을 미치는지 일관성 있게 설명합니다. 사람들은 이 책을 읽으면서 자신이 다니는 기업의 한계를 고민하고, 스타트업의 비전을 찾아가는 꿈을 꾸기도 했지요.

하지만 책이 흥행한 시기와 달리 스타트업 암흑기라 불리는 2022년 말이 되면서 다양한 변화가 생겨났습니다. 유동성 파티가 끝나면서 그로스엔진°을 가동하며 외형만 불리던 곳들이 사라지고 치열한 생존의 시대로 이어지고 있는 것이죠. 현재 스타트업의 최고선은 '흑자'이고 새로운 도전보다는 핵심 비즈니스를 잘 끌어나가는 것이 중요한 시기가 되었습니다. 소위 '존버'의 시대입니다.

그런데 저는 지금이야말로 이 책을 읽어야 할 때라는 생각이 들었습니다. 책이 쓰인 시기는 2009년이지만 현 상황과 유사한 점이 많기 때문입니다. 책은 2008년 리먼 브라더스 사태를 시작으로 끔찍한 경제 위기 속에서 유동성이 바닥을 친 직후 아이폰이 등장해 세상에 혁신의 바람을 불어넣는 시점에 쓰였습니다. 지금처럼 어두운 터널을 지나 크게 성공한 기업이 어떻게 움직였는지 알아볼 수 있는 책이죠. 물론 시대가 변한 만큼 달라진 부분도 있을 것입니다. 그런 점도 궁금하다는 생각에 이 책을 다시 집어 들었습니다.

승자는 조종이 아닌 신념을 주는 기업
· · · · · · · · · ·

책의 초반부에서는 Why가 주는 힘을 설명하기 위해 '조종'과

° 서비스 사용자나 거래량 등 성장에 관련된 지표를 높이기 위해 하는 행동들을 그로스엔진을 가동한다고 표현합니다.

'상품'의 개념이 등장합니다. 저자는 사람들은 흔히 자신이 합리적으로 의사결정을 내린다고 착각하지만 실제로는 주어진 정보 안에서만 의사결정을 하므로 의외로 외부적인 요인에 영향을 많이 받는다며, '조종'과 '열의를 불어넣는 것'에 대해 이야기합니다.

조종은 공포심이나 동조 만연, 프로모션 혜택 제공처럼 매출에서 즉각적인 효과를 볼 수 있기 때문에 기업이 전략적으로 많이 취하는 방식입니다. 가령 매출을 빠르게 높이기 위해 대형 프로모션 행사를 열어 혜택을 주면서 구매를 유도하는 방식이 조종에 해당하죠. 은행에서 앱 설치를 하면 대출 이자를 할인해 주겠다는 것도 조종에 해당하고요. 사이먼 사이넥은 이 방식이 단기적으로는 빠른 실적을 올릴지 모르지만 그 효과가 오래 가지 않고 충성 고객을 끌어내는 데도 한계가 있다고 지적합니다. 비슷한 프로모션이 계속 나오지 않는 한 구매력이 떨어질 테니까요. 이를 두고 사이먼 사이넥은 서비스가 '상품'처럼 되었다고 표현합니다. 게다가 이렇게 상품화되면 기업들이 차별화를 만들어내기 위해 경쟁 구도로 치닫게 된다는 점도 지적합니다.

반면 고객에게 구매욕을 일으키는 것은 'Why'라는 비전을 드러낼 때라고 설명합니다. 기업이 지향하는 바가 고객에게 공감과 열의를 불러일으키면, 기업에 충성심이 생기면서 타 기업과의 경쟁 구도에서도 비교 우위가 생긴다는 것입니다. 그 대표적인 기업이 2009년 아이폰으로 세상을 바꿔버린 애플입니다. 책에서는 기술력을 과시할 목적으로 '레이저'를 출시했으나 곧 신제품과 다시 경쟁해야 했던 모토로라와 비교하며 애플이 만들어낸 것이 비단 '상품'만이 아닙을 이야기합니다. 애플이 표방하는 가치에 동의하는 사람들은 맥북이나 아이폰을 집어 드는 데 주저함이 없습니다. 애플을 선택하는 것이 자신의 가치와 신념을 드러내는 행위라고 생각하기 때문입니다. 사이먼 사이넥은 이러한 충성심이 애플의 '신념'이 기업의 'Why'로 광고 문구부터 일관되게 전달되기 때문이라고 설명합니다.

책에서 가장 유명한 도식은 '골든서클'입니다. 'Why-How-What'의 순서대로 만들어진 동심원으로, 성공하는 기업들은 기업의 비전인 왜^{Why}에서 시작해 어떻게^{How} 무엇을^{What} 할지를 정하면서 고객들과 일관된 소통을 이어간다고 하죠. 대부분의 기업이 What이나 How로 자신의 아이덴티티를 드러내는데, 이것은 기업의 한계를 결정짓는 중요 요소라며 사이먼 사이넥은 다시금 애플을 이야기합니다. 애플이 맥북을 만들다가 아이팟이나 아이폰으로 판매 영역을 넓혀간 게 자연스럽게 느껴지는 건 Why로 설명되는 회사의 비전과 신념을 바탕으로 제품을 만들기 때문이라고요. 같은 맥락에서 컴퓨터를 만드는 델^{Dell}사가 뮤직플레이어를 만든 게 어색하게 느껴지는 이유도 기업이 Why가 아닌 What(무엇을 하고 있는가)으로 아이덴티티를 정하고 고객에게 다가갔기 때문이라고 설명하죠.

또한 사이먼 사이넥은 Why(기업의 비전)의 힘을 이해하지 못하면 What과 How를 아무리 따라 한다고 해도 결코 성공할 수 없다는 사실을 저가항공사 사우스웨스트를 예로 들어 설명합니다. '평범한 사람들의 이동을 위한다'는 핵심 가치를 가지고 저가 항공을 제공한 사우스웨스트의 성공과 진정성에 대해 고객들이 충성심을 보였기에 타사가 겉으로만 비슷한 저가 항공사를 만들어도 경쟁이 되지 않았다는 거죠.

여기까지가 제가 이해한 것을 바탕으로 핵심을 요약해 본 내용입니다. 이러한 저자의 인사이트가 요즘 상황에도 유효한 조언이 될 수 있을까요? 최근 기업들을 예시로 찾아볼까 합니다.

Why 대신에 보여준 조종: 그로스와 스케일에서 소진된 투자 비용

스타트업 시장이 침체하기 전까지 '의도한 적자'는 스타트업의 주요한 시장 논리 중 하나였습니다. 적자를 감수하고라도 투자를 통해 시장을 선점하는 것이 무엇보다 중요하다고 생각한 시기가 있었죠. 실제 쿠팡은 이런 방식으로 이커머스 시장을 장악하고 흑자를 내며 사업을 성공시키기도 했습니다. '블리츠 스케일링Blitz Scaling' 이라고도 불리는 이 전략은 속도전을 통해 선점자의 이득 효과를 꾀한다는 급진적인 논리로 투자 부흥기에 굉장히 성행했고, 동명의 책 『블리츠 스케일링』을 통해 잘 알려졌습니다. 물론 내실 없이 규모만 키우면 된다는 얘기는 아닙니다. 비용을 아끼지 말고 프로덕트를 확장해 고객 만족을 끌어내야 한다는 생각을 바탕에 깔고 있습니다.

이 개념은 토스의 이승건 대표가 직접 유튜브에서 PO 세션을 통해 설명했던 '수용 능력Carrying Capacity'과 상통합니다. 이승건 대표는 해당 영상에서 프로덕트의 힘이 강하지 않으면 아무리 많은 사용자를 데려와도 남는 비중이 작아 성장 한계가 생긴다며, 프로덕트의 힘을 키워 고객이 자발적으로 방문하는 시점이 됐을 때 외부 트래픽을 끌어오는 것이 장기적으로 합리적인 선택이라고 했습니다.[14] 하지만 대부분의 기업은 꼭 그런 순서로 움직이지 않습니다. 규모를 키워 더 큰 투자를 받는 것에 주력하거나 신규상장IPO이나 엑시트(투자 후 출구 전략)를 목표로 했던 시기가 있었기 때문이죠. 이럴 때는 투자 비용을 광고 비용으로 빠르게 소진시키면서 일시적으로 트래픽과 거래량을 높은 상태로 유지하는 것이 주효했죠.

투자가 활성화되던 시기에는 퍼포먼스 마케팅과 그로스 전략에 천문학적인 비용이 들어갔고, 이것이 유행처럼 번져나갔습니다. 하지만 유동성 파티가 끝나고 스타트업 투자가 줄어들면서 가장 먼저 타격을 받은 것도 바로 이 외형 확대에 사용됐던 마케팅 비용입니다. 들어가는 비용이 줄어드니 자연스럽게 거래와 트래픽의 외형도 같이 줄어들었습니다. 프로모션이나 혜택을 줄이면 거래량에서 문제가 생깁니다. 광고비를 줄이면 MAUMonthly Active Users(한 달 동안 해당 서비스를 이용한 순수한 이용자 수를 나타내는 지표)도 자연스럽게 떨어지고요. 이런 도미노 상황으로 위기에 처했던 사례들은 상당히 많았습니다.[15]

『나는 왜 이 일을 하는가』를 통해 알 수 있는 교훈은 프로덕트의 거래량과 트래픽이라는 외형을 늘리기 위해 사용된 프로모션과 광고 비용이 '조종'의 방식으로만 활용된 것은 아니었나 하는 반성입니다. 기존에 사용된 프로모션과 광고 비용은 과연 해당 기업의 신념why을 전달하는 데 쓰였을까요?

브랜드의 Why를 전달하는 마케팅 비용은 회사 경기가 나빠지면 먼저 사라지는 영역 중 하나입니다. 명확하게 지표로 나와 있지는 않지만, 2023년은 2020년에 비해 기업들의 브랜드 광고가 확연히 줄어든 모습입니다. 브랜드 광고에서조차 비전을 드러내기보다는 조종의 다양한 형태를 띠고 있습니다. 이런 가운데 '오롤리데이'와 같은 브랜드는 필수재가 아님에도 기업의 가치를 전파하고 동조하는 것만으로 선택을 받을 수 있다는 사이먼 사이넥의 주장을 뒷받침해 주고 있습니다. 대중적인 사랑을 받은 'Mardi' 티셔츠를 만든 피스피스 스튜디오의 브랜드 핵심도 대중성에 타협하기보다는 브랜드의 정체성을 보여주는 것이 시작이었지요.[16]

What의 일관성: 신사업 확장의 결말
· · · · · · · · · · ·

Why가 명확하다면 그 비전을 바탕으로 기업이 무엇을 할 수 있을지 고민해야 합니다. 델의 예시처럼 기업의 비전why 없이 기업이 하는 일what로만 정의되면 나중에 신사업 확장 시 범주의 제약이 올 수 있습니다. 국내에도 그런 사례들을 볼 수 있죠.

먼저 Why를 바탕으로 What을 이해할 수 있도록 진행한 사례는

'당근(구 당근마켓)'을 들 수 있습니다. '당근마켓'은 '하이퍼 로컬 커뮤니티'를 표방합니다. 해외 '크레이그리스트Craigslist(안내 광고 웹사이트)'를 모티프로 지역 내의 모든 사람을 연결하는 플랫폼으로 시작했죠. 그 시작은 중고 거래였습니다. 당근마켓의 트래픽이 높아지면서 대부분의 사람이 중개 수수료 이익을 얻지 않는 것에 의문을 가졌지만, 당근은 계속해서 기업 비전의 범위에서 신사업을 늘려갔습니다. 로컬 사장님들의 입점이나 구인 광고, 자동차 직거래, 소모임 등 일관성 없어 보이지만 모두 지역 커뮤니티를 표방하고 있기에 선택할 수 있는 사업 범위였죠. 그래서 서비스 내에 추가되어도 그것이 이상하다거나 당근의 이미지와 맞지 않다고 말하지 않습니다.[17]

토스의 경우도 마찬가지입니다. 토스의 서비스들은 보험 처리부터 계좌이체, 증권, 카드 발행 등 개수를 셀 수 없을 만큼 많습니다. '금융은 반드시 모두에게 필요한 것이기에'라는 문구에서 볼 수 있듯이 토스는 계속해서 모든 금융을 추가할 겁니다. 알뜰폰 서비스도 그중 하나였죠. 금융과 연계된 결제할 수 있는 모든 것이 토스의 사업 범주에 들어갈 수 있습니다. 스스로를 '계좌 송금 서비스'라고 정의했다면 만들어내기 어려운 확장입니다. 중요한 건 이런 확장을 고객들도 이상하다고 생각하지 않는다는 점입니다.[18]

반면 배달의민족의 '만화경(우아한 형제들의 웹툰 플랫폼)' 서비스는 사람들의 지지를 받지 못하고 있습니다. 배달의민족이 만든 줄 모르는 사람이 더 많죠. 2022년 선포한 서비스비전 3.0은 '문 앞으로 배달되는 일상의 행복'입니다. '만화경'을 이 비전에 끼워넣기엔 무리가 있어 보입니다.

처음에는 이상했지만 이를 납득시킨 회사도 있습니다. '쿠팡플레이'가 그렇습니다. 쿠팡이츠는 쿠팡과 비슷한 맥락의 신사업이었지만 기존 사업과는 매우 동떨어진 것처럼 보였죠. 하지만 성장을 하면서 쿠팡 멤버십의 한 축을 만들어주고, 한발 더 나아가 엔터테인먼트 회사까지 차렸습니다. 이러한 도전을 어떻게든 납득시켜 주는 것은 쿠팡이 매번 이야기하는 가치관, '쿠팡 없이 그동안 어떻게 살았을까?'라고 생각하도록 만들자는 미션에서 출발합니다. 쇼핑, 식사, 생활 모든 것을 편하게 만드는 것이기에 OTT가 멤버십이라는 틀을 통해 포함되는 것이죠.[19]

컬리가 선보인 뷰티컬리는 컬리의 파워에 비해 크게 자리 잡지 못한 모습입니다. 마켓컬리는 '우리와 꼭 맞는 마음을 가진 푸드마켓'을 만들자고 시작한 사업입니다. 시작점 자체가 푸드에 속해 있죠. 성장이 필요한 시점에 적합한 대상을 찾아 확장한 결과가 바로 '뷰티컬리'입니다. 시스템적으로 문제가 되지는 않지만 '왜 뷰티인가'에 대한 질문을 계속해서 받고 있습니다. 분명 여러 가지가 검토되었고 타깃과 기존 인프라에 합당한 카테고리의 확장이었습니다. 하지만 사이먼 사이넥의 책을 바탕으로 생각해 본다면 뷰티컬리가 마켓컬리의 등장만큼 파워풀하지 못한 이유는 기업 자체의 시작점이었던 '푸드'라는 한계 때문은 아닐까 하는 생각이 듭니다. 처음 비전과 다르기에 What의 진정성이 와 닿지 않은 것이죠.

How의 일관성에 대해서: 존버의 시대, 유닛 이코노믹스
· · · · · · · · · ·

신념을 바탕으로 진정성 있는 사업을 시작했다면, 그다음은 일관성 있게 밀고 나가는 것이 필요합니다. 그게 바로 How인데요.

페이스북 사용자가 줄어들고 있는 현상도 How의 문제입니다. 여전히 친구 관계를 중심으로 한 SNS를 표방하고 있으나 실제 사용자의 글보다 광고가 더 많이 피드에 보인다는 이야기가 많습니다. 사칭 계정들의 무분별한 친구 요청을 방치하는 것도 '지인과 친목을 다진다'는 페이스북의 비전을 일관성 있게 지켜내지 못하고 있다고 볼 수 있죠.[20]

이커머스 내 게임이 기업마다 성과가 다르게 나타나는 이유도 이와 비슷합니다. 왜 올웨이즈에서는 먹히는 게임이 다른 곳에서는 매력적으로 다가오지 않는 걸까요? 올웨이즈 게임은 친구와 관계 맺기를 기본으로 하고 있어서 올웨이즈의 What과 연장선에 있습니다. 물론 올웨이즈의 Why는 '초저가'로 즐거운 경험을 하는 것입니다. 초저가를 위해 공동 구매를 하고 공동 구매할 친구들과 게임을 하며 즐거운 경험을 쌓습니다. 그러나 올웨이즈를 보며 빠르게 게임을 만든 곳들은 게임으로 큰 성과를 보지 못하고 있습니다. 이는 사이먼 사이넥이 지적했던 것처럼 How를 그대로 카피하는 것으로는 경쟁력을 갖기 어렵다는 것을 보여줍니다.[21]

사이먼 사이넥의 이론은 지금도 유효할까?

• • • • • • • • • •

'애플'은 지금까지도 많은 사랑을 받고 있습니다. '다르게 생각하라Think different'의 신념을 추구하던 소수의 사람이 국내 10~20대에서는 절반을 훨씬 넘는 다수가 되었습니다. 애플은 아이팟, 아이폰뿐 아니라 에어팟(무선 이어폰)도 출시했습니다. Different가 되기엔 다수가 되었고, 실제로 혁신이 없다는 이야기를 매번 듣지만 그 신념은 애플의 아이덴티티 자체가 되었습니다.

그렇다면 사이먼 사이넥의 이론은 지금도 여전히 유효할까요? Why를 잘 보여주어도 이익을 만들어내지 못하면 어떻게 될까요?

비브로스의 똑닥은 '건강한 삶을 위해 필요한 서비스와 유용한 정보를 제공하여 더 행복하고 편리한 내일을 만든다'는 비전을 추구합니다. 그리고 이를 통해 병원 예약 시스템을 만들고 많은 소아과들의 구세주가 되었습니다. 하지만 수익을 내기 어려운 상황이 이어지면서 이를 해결하기 위해 오늘도 고군분투 중입니다. 그럼에도 대체 불가능한 서비스가 된 것만큼은 확실합니다.[22]

토스의 이익화에 대한 부분은 수많은 스타트업의 단골 뉴스입니다. 기업 문화를 브랜드화하고 깔끔한 UX와 발 빠른 실행력으로 무장한 토스는 수익을 내지 못해 각종 루머에 시달리고 있습니다. 그런데 말입니다. 신념대로 서비스를 확장하고 있는 것으로 보여도 토스는 모든 면에서 할인과 혜택이라는 '조종'의 방법론을 무조건 끼워 넣고 있습니다. 애플과 다른 점이 바로 여기에 있죠. 이재용 회계사님이 기고 글에서 바로 이런 점을 지적했는데요. 토스의 신념이 진정 고객들에게 가닿았는지는 현금 혜택들이 없어지면 비로소 밝혀질 것으로 생각합니다.[23]

이렇게 사이먼 사이넥의 『나는 왜 이 일을 하는가』를 통해 얻은 교훈을 Why, What, How의 관점에서 예시가 될 만한 국내 기업들의 이야기를 매칭해봤습니다. 결과론적인 비교라고 볼 수도 있지만, 분명 그의 주장이 현재의 우리에게도 유효하다는 생각이 들었습니다.

최근 수익화에 대한 이야기가 강화되면서 모든 기업이 유닛 이코노믹스Unit Economics에 기초한 플랜을 마련하고 있습니다. 유닛 이코노믹스란 기업의 수익 구조를 최소한의 단위로 쪼개어 분석하는 것으로 활성 사용자 인당 이익이나 혹은 상품 거래당 이익을 말합니다. 이익의 흐름을 나노 단위로 분석하여 이익이 높아질 수 있도록 플랜을 짜고 움직이는 거죠. 하지만 일부분에만 집중해서 만들어지는 이런 전략들은 Why-How-What로 이어지는 신뢰의 기반을 해치기도 쉽습니다. 수치를 바꾸기 위해 조종 전략을 계속해서 쓴다면 일관성이나 진정성을 해치기도 쉬우니까요. 많은 기업이 이런 딜레마에 빠져 있습니다. 물론 사이먼 사이넥이 이 책을 쓴 시점에도 Why로 시작해서 진정성과 일관성을 보여주는 회사는 많지 않았을 겁니다. 하지만 기업이 살아남으려면 지금이라도 Why에서 시작하는 큰 비전을 갖춰야 할 때가 아닌가 생각됩니다.

누가 돈 안 되는 앱을 만들 것인가?
모바일 중심 라이프의 그레이 영역

2010년 스마트폰 초창기에 깔았던 앱들 기억하나요? 저의 첫 스마트폰은 지금은 사라지고 없는 SKY 제조사 팬텍의 '베가'였습니다. 카카오톡과 같은 기본적인 앱을 제외하면 '토킹톰'이나 '가짜 초', '나침반' 같은 앱을 깔았던 기억이 있습니다. '토킹톰'은 말을 따라 하는 고양이 캐릭터를 앞세운 앱이었고, '가짜초'는 입으로 후~ 하고 불면 초의 불꽃이 꺼지는 정말 단순한 앱이었죠. 지금 생각해 보면 굳이 깔 필요가 있나 싶은 그런 앱이지요.

과거에 설치했지만 현재는 삭제한 앱 리스트들을 한번 살펴볼까요? 아마도 지금은 스마트폰 운영체제에서 제공하는 기본 기능이 되었거나 앱들에 자연스럽게 녹아들어 유틸리티 기능이 되었을 겁니다.

당시 개발자들은 이런 앱들을 판매하거나 무료 유틸리티 앱의 구글 광고를 통해 소소하게나마 소득을 올렸습니다. 혹은 사용자의 자발적인 기부를 통해 이익을 거두기도 했죠. 엇비슷한 앱도 많고 디자인이나 구성이 조악한 앱도 많았습니다. 앱 개발자나 창업자들조차 플랫폼을 목표로 삼는 현재와 비교하면 많이 다른 모습입니다. 그런데 스마트폰 앱들 사이에선 여전히 이런 그레이 영역이 존재합니다. 시장성이 분명하지 않고 수익화시키기 어려운 영역 말이죠. 철저하게 비즈니스 영역으로 들어간 온라인 서비스 중 흔치 않게 비영리 앱을 만나게 되면 관련 종사자로서 여러 가지 생각이 듭니다. 그래서 생활 속에서 만난 사례를 통해 도대체 돈도 안 되는 이런 앱은 누가 왜 만드는지를 들려드릴까 합니다.

임산부가 만나게 되는 비영리 서비스 '진통 측정' 앱
· · · · · · · · · ·

임산부 막달이 다가오면 자연스럽게 찾게 되는 앱이 있습니다. 바로 '진통'과 관련된 앱들인데요. 여기서 진통이란 출산을 하기 위해 자궁이 수축하면서 느껴지는 통증으로 '가진통'과 '진진통'으로 나눌 수 있습니다. 가진통이 출산을 대비해 36주 이후부터 자궁이 수축하며 생기는 진통이라면, 진진통은 출산 직전에 나타나는 강력한 진통을 말합니다. 출산이 처음인 산모라면 가진통에 놀라 병원을 찾는 경우가 많은데 대부분은 돌려보내기 일쑤입니다. 투명한 점액에 살짝 피가 섞인 '이슬'과 '양수 파열'로 출산의 징후를 가늠할 수 있지만 이런 과정 없이 진통만으로 출산이 진행되기도 하는 터라 산모는 배가 살짝만 아파도 이게 진진통인지 신경을 곤두세우죠. 문제는 가진통과 진진통을 구별하는 기준이 아주 모호하다는 점에 있습니다.

물론 병원에서는 가이드를 줍니다. "진통이 한 시간에 여섯 번 이상 일어나고, 1회에 40초에서 1분 이상 통증이 유지되며 복부와 허리 통증 강도가 심해지면 병원에 오세요"라고 말이죠. 하지만 출산이 처음인 산모 입장에서는 이보다 모호한 말이 없습니다. 가진통도 진진통 못지않은 통증을 유발하고 반복되는 주기가 있기 때문에 통증을 느끼는 입장에서는 이를 구분해 내기가 쉽지 않습니다. 그리고 이보다 더 특수한 상황이 있는데요. 바로 '조기 진통'입니다.

조기 진통이란 말 그대로 출산을 위한 진통이 예정보다 앞서서 일어나는 경우를 말합니다. 조산은 아기에게 치명적일 수 있습니다. 그래서 조기 진통이 온다고 판단되면 병원에서 자궁 수축 억제제를 맞으면서 누워 있어야 해요.[24]

결국 조산을 미연에 방지하기 위해서라도 진통 체크는 더욱 중요합니다. 과거에는 산모들이 진통이 발생하는 시간과 지속 시간을 종이에 적어 가면서 구분했지만 지금은 의료진조차 앱으로 진통 주기를 측정하라고 권합니다. 수많은 진통 기록 앱들이 그 역할을 잘해내고 있기 때문이죠. 하지만 문제는 퀄리티와 서비스의 지속성에 있습니다.

진통 앱의 구조

• • • • • • • • • •

안드로이드 구글플레이에서 가장 다운로드를 많이 받은 앱은 그 이름도 단순한 '진통 앱'입니다. 대부분의 진통 앱이 그러하듯 '진통' 앱 또한 아주 단순합니다. 진통 시작 시간과 종료 시간을 기록하는 버튼이 있고요. 진통 시작부터 종료한 시간을 기준으로 다음번 진통 시간을 알려주며 주기를 계산해 주죠. 그러다 '진진통'에 가깝다고 판단되면 알림을 보내 병원에 갈 시점을 알려줍니다. 옵션에서는 진통의 세기도 기록할 수 있습니다. 진진통은 가진통과 다르게 자세나 행동을 바꿔도 진통의 세기가 강해지는 특징이 있기 때문이죠.

그래도 문제는 많습니다. 먼저 진통 시작과 진통의 멈춤, 강도 등

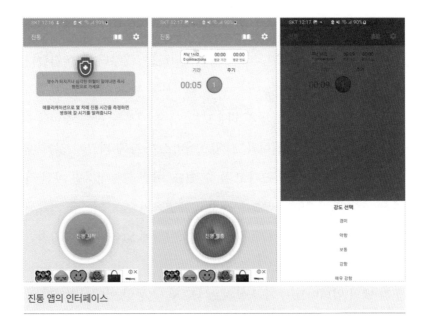

진통 앱의 인터페이스

← 진통어플 - 수축타이머
세부정보

앱 정보

조산을 겪은 남편이 직접 개발한 수축시간을 기록해서 위험여부를 측정해주는 앱 입니다. 진통을 분석해 가진통과 진진통을 알려드립니다.

임신 28주부터 조기진통과 잦은수축을 버티며 34주만에 이른둥이(미숙아) 딸을 보게된 아빠가 기존 수축기록/타이머 앱의 불편한점을 보완하여 만든 수축/진통 기록 앱입니다.
수축또는 진통이 왔을때 앱에 입력하시면 해당 데이터를 분석하여 가진통과 진진통을 분류한 후 위험여부를 알려드립니다.
모든 산모님의 순산을 기원합니다.

<< 주요기능 >>
1. 통증 입력 기능
-. 통증평가척도를 바탕으로 수축시의 진통에 대한 통증을 입력하여 위험요소를 파악할 수 있도록 개발하였습니다.

2. 수정/추가 기능
-. 이전에 발생했던 수축에대한 정보를 입력 및 수정 가능하도록 개발하였습니다.

3. 간편 입력 기능
-. 앱을 실행하지 않더라도 잠금화면 및 기타 앱 실행중에도 간편하게 실행할 수 있도록 상단 알림바에서 타이머를 시작할 수 있도록 하였습니다.

4. 위험여부 판단 기능

개인적 개발 사유가 적힌 앱 소개

에서 개인차가 심하다는 것입니다. 나에게는 강한 진통이지만 다른 사람에겐 그렇지 않다면 어떻게 해야 할까요? 진통이 점진적으로 서서히 강해진다면 진통 시작 시각을 어떻게 체크해야 하죠?

또 다른 문제는 알림에 대한 근거 데이터가 고도화되지 않았다는 점입니다. 보통은 사용자들의 데이터를 통해서 예측을 고도화하는데 이렇게 수익구조가 없는 경우엔 데이터를 축적하는 것부터가 어렵습니다. 진통 관련 앱들의 주 수익원은 구글 광고나 유료 버전 다운로드, 혹은 기부를 받는 것이었습니다. 하지만 유료 버전이라고 해도 서비스가 크게 다르지 않기 때문에 기부의 의미가 더 크다고 볼 수 있죠. 이런 상황이라면 자선 사업에 가깝겠죠? 빅데이터를 구축하고 개별적인 진통 기록을 기록해서 머신러닝을 학습시킬 이유가 부족할 수밖에 없습니다. 획기적인 개선은 불가능한 상황인 거죠.

각 앱의 업데이트 주기를 살펴보아도 몇 달 동안 업데이트되지 않은 경우도 있고, 업데이트 내용도 오류 개선 수준에 머뭅니다. 큰 사업이 아니니 어찌 보면 당연한 일입니다.

그럼에도 비영리 앱이 필요한 이유
· · · · · · · · · ·

현재 몇몇 비영리 앱들이 100만회 이상의 다운로드를 만들어내며 주목을 받고 있지만 얼마나 의미 있게 지속될지는 여전히 의문입니다. 그럼에도 이런 앱들의 필요성에 관해 서술한 학술 논문도 나오고 있습니다. 서울대학교 간호학 전공 박사학위 논문에 따르면 진통 관련 앱은 조기 진통자들의 불안을 감소시킬 뿐 아니라 임산부의 조기 진통 증상 관리용으로도 활용도가 높습니다.[25]

비단 진통 관련 앱만 그런 것은 아닙니다. 지속적으로 사용하긴 어렵지만 누구나 일시적으로 필요한 앱들이 있습니다. 사실 대다수의 사람에게 필요하지만 수익화로 이어지기 어려운 앱들은 이미 스마트폰 제조사에서 제공하는 방식으로 바뀌어왔습니다. 알람이나 계산기처럼 말이죠. 하지만 비교적 소수에게 일시적으로 필요한데 수익화하기 어려운 공공성을 지닌 앱들은 대부분 이런 문제들을 안고 있습니다. 실제로 앱스토어를 운영하는 애플은 이러한 공공 목적 앱들의 중요성에 대해서 인식하고 있습니다. 2017년에 공공성이 보장되는 앱들에 대해서는 수준이 다소 부족하더라도 낮은 가이드라인을 적용해 앱을 등록하고 수수료도 낮춰주는 계획을 발표하기도 했죠. 스마트폰 내에 삶의 조각이 더 많이 담겨야 한다는 것을 애플은 알고 있었다고 생각합니다.[26]

공공성을 가진 앱은 누가 주도해야 할까

공공성을 지닌 서비스들이 정부 주도로 만들어진 예를 들자면 어린이집 대기를 신청하는 '아이사랑'이나 지역 자영업자를 돕기 위해 만들어진 '배달 특급'이 있습니다. '민원24'나 '홈택스' 서비스도 훌륭한 공공 앱이죠. 하지만 개인의 삶에서는 꼭 필요하지만 거창하게 보이지 않는 경우는 여전히 정부 주도 사업에서도 외면받고 있습니다.

이런 빈틈을 개인의 힘으로 메우고 지속적으로 퀄리티를 높이는 데엔 한계가 있습니다. 분명 어딘가에는 필요하지만 만들어지지조차 않는 경우도 있을 거고요. 그래서 공공성을 지닌 서비스를 지속적으로 발전시킬 지원 사업이 필요합니다. 취준생이나 대학생들의 해커톤(컴퓨터 프로그램 짜기 경연 대회)을 지원해 그들에게는 스펙의 기회를 주고 사회적으로는 공공성을 지닌 서비스 앱들이 계속해서 생산될 수 있는 경로가 필요합니다. 스마트폰을 쥐고 살아가는 시대에 이는 꼭 해결해야 할 문제라고 생각합니다. 타깃은 작지만 꼭 필요한 공공 목적의 앱들에 대한 정부 지원 대상을 만들거나 민간 기업의 사회 환원 활동으로도 생각해 볼 수 있을 것입니다.

Chapter 03

데이터와 디지털트랜스포 메이션 좀 아는 사람

IT Business World

나이키는 왜 '백투더퓨처 신발'에 집착하는 걸까?

나이키의 미래는 어쨌거나 운동화 (feat. 백투더퓨처2)

· · · · · · · · · ·

노스트라다무스보다 미래를 제대로 보여준 한 편의 영화가 있습니다. 바로 〈백투더퓨처2〉입니다. 공중에 떠다니는 호버보드며 홀로그램, 무인 식당, 화상 전화, 하늘을 나는 자동차, 집안에서 재배해서 먹는 채소 선반 등 30년 후의 모습을 재미있고 다양하게 그리고 있죠. 두 개씩 메는 이상한 넥타이는 전혀 실현 가능성이 없어 보이지만, 놀랍게도 대부분의 상상이 현실이 되고 있습니다. 그중에서도 저는 자동 크기 조절 기능이 있는 나이키의 파워레이서 농구화가 가장 기억에 남습니다. 운동화 끈은 없지만 발에 맞추어 알아서 끈과 크기가 조절되는 운동화였죠. 인상적일 뿐 아니라 지금

보아도 손색없을 정도로 매력적인 디자인이었어요.

그래서일까요? 나이키에서도 이 운동화를 개발하기 위해 10여 년의 세월을 투자했습니다. 2015년엔 나이키가 이 운동화를 상용화할 거라는 보도가 나오면서 유명세를 치르기도 했지요.

〈백투더퓨처2〉에 나온 신발 끈이 자동 조절되는 운동화

〈백투더퓨처2〉 신발은 나왔지만

· · · · · · · · · ·

영화가 나온 후 28년의 브레인스토밍과 11년 동안의 연구 개발 끝에 나이키는 2016년 11월 '하이퍼어댑트'라는 시판 라인을 생산했습니다. 이 제품을 만들기 위해 노력한 두 사람이 있는데요. 에어 조던 시리즈를 비롯하여 운동화 디자인에 잔뼈가 굵은 팅커 햇필드와 전직 배구 선수로서 운동선수에게 좋은 운동화가 뭔지를 누구보다 잘 아는 티파니 비어스입니다. 사실 처음에는 영화와 똑같은 디자인으로 자동 조절 기능까지 개발하기 위해 운동화에 들어갈 모터와 케이블, 적합한 LED 등을 찾기 위해 많은 노력을 기울였다고 합니다.

그러다 2014년 햇필드가 영화 속 배경이 된 2015년에 '자동 끈조

임 운동화'가 나올 거라고 발표한 후 영화와 달리 발목 이상 높이로 만들지 않은 제품을 출시합니다. 바로 하이퍼어댑트1.0입니다. 이 제품은 발 상태에 맞추어 운동화가 스스로 조절한다는 콘셉트에는 부합했지만 영화에 나온 운동화와는 모양이 달랐지요. 그래서 영화 속 운동화 디자인을 똑같이 재현하면서도 간단한 끈조임 기능만 있는 '나이키 맥'이라는 제품을 따로 출시하기도 했습니다.[27]

하이퍼어댑트1.0은 신발을 신으면 운동화 뒤꿈치에 있는 센서가 사용자 체중을 측정해 등록한 다음, 자동으로 발 모양에 맞춰 신발 끈을 조여줍니다. 신발 옆 버튼을 이용해서 좀 더 세밀한 조정도 가능했죠. 배터리 상태를 알려주는 작은 LED 등도 있었고요.[28]

놀랍도록 신박한 발명이었지만, 러닝화로 사랑을 받지는 못했습니다. 나이키는 이 제품을 뉴욕에서 무려 720달러, 한화로 당시 86만 원에 한정판매를 했습니다. 국내에는 시간이 꽤 지난 후 20~30퍼센트 더 높은 가격으로 출시되었죠. 그러다 보니 매니아층에만 호응을 얻는 정도로 끝났습니다.

2018년 이후 조금씩 새로운 디자인이 추가되었지만 고작 끈 조절과 자체 발광하는 기능을 위해 2시간 반의 충전 시간을 기다리기는 쉽지 않은 일이죠. 신발 블로거 '노햐'의 말마따나 '간지 효과'는 큰데, 막 신고 다니기에 만만치 않은 금액이었죠. 그러니까 일상생활에서 신기엔 그리 편치 않다는 말입니다. 비 맞아도 안 될 것 같고, 운동화 관리도 쉽지 않을 것 같은데 이런 단점을 감수하고라도 굳이 이 운동화를 신어야 할 설득력 있는 이유를 나이키는 제시하지 못했습니다.

낮은 가격대의 또 다른 모델을 출시한 나이키

• • • • • • • • • •

나이키 어댑트BB

그런데 이 신발, 또 나왔습니다. 국내에는 2019년에 출시됐는데 이름이 살짝 바뀌었습니다. '나이키 어댑트BB'. 하이퍼는 사라졌고요, 러닝화에서 농구화로 바뀌었습니다. 가격도 훨씬 낮아진 350달러, 한화로는 39만 원대로까지 떨어졌습니다. 규격은 정해져 있지만 신발 끈의 조임은 블루투스로 연결해 크기를 스마트폰 앱에서 조정할 수 있게 했죠. 배터리 충전은 휴대폰 충전도 되는 표준 무선 충전 패드를 사용하고 있습니다.

이쯤에서 궁금해지는 것이 있습니다. 나이키는 이 신발을 왜 계속 만드는 걸까요? 〈백투더퓨처2〉가 아무리 명작이라 해도 영화 하나 때문에 이렇게 큰 비용을 운동화에 투자한다는 게 납득이 되나요? 단지 기업 이미지나 흥행만을 바라고 이러는 것은 아닐 것입니다. 여기서 우리는 또 하나 주목해야 할 것이 있습니다. 바로 대폭 낮아진 가격입니다. 그 짧은 기간 동안 원가 구조가 획기적으로 바꿔기라도 한 것일까요. 만약 원가 구조가 바뀌지 않았는데도 가격이 낮아졌다면 이유는 하나겠죠. 나이키가 이 신발의 대중화를 원한다는 것입니다.

이 운동화의 특별한 점은 무엇일까요? 운동화의 성능이라면 말해 무엇하겠습니까. 나이키인데요. 특이한 점은 누가 봐도 자동 조절 운동화 끈과 번쩍번쩍 빛나는 불빛이겠죠. 하지만 이러한 기술의 구현은 그리 어렵지 않습니다. 작고 가벼운 모터와 신발을 조일수 있도록 설계된 끈이 잘 연결되어 있다면 가능합니다.

운동화 밖에서 일어나는 변화

나이키의 행보를 이해하려면 단지 운동화만 볼 것이 아니라, 나이키가 어떤 일들을 하고 있는지 살펴봐야 합니다. 모든 것은 2006년 부임한 CEO 마크 파커가 '디지털 스포츠 부문'을 신설한 데서 시작합니다. 그는 자사 제품을 통해 데이터를 얻어서 연구하는 방법을 지속적으로 테스트하도록 했고, 그 기간 온라인 소프트웨어에 대한 감각과 인력을 충분히 늘릴 수 있었습니다. 대표적인 결과물이 나이키 퓨얼밴드와 나이키플러스 앱이죠.

퓨얼밴드는 헬스케어용 밴드입니다. 심박수 체크나 만보계 등으로 사용되기 때문에 운동량을 측정하기에 아주 적합합니다. 나이키 플러스는 운동 기록을 남길 수 있는 앱입니다. 나이키는 2014년 하드웨어 인원을 축소하면서도 나이키플러스의 기기 호환을 완화해 다양한 디바이스와 연동되도록 했습니다. 소프트웨어도 용도에 따라 훨씬 다양화했죠. 신발을 등록해 달리기한 기록을 남기는 나이키 러닝 클럽, 옷에 부착된 로고를 통해 응원하는 팀과 연결되어 여러 가지 정보를 받을 수 있는 '나이키 커넥트' 등등. 즉 나이키는 더 이상 제품을 판매하는 데 그치지 않고 제품을 통해 고객과 직접 연결될 방법을 고민해 왔습니다. 제품과 고객을 연결해 제조사가 데이터를 직접 축적할 수 있는 기반을 만든 거죠.

자, 여기까지는 어느 회사나 상상할 수 있는 일인데요. 중요한 건 이게 어떤 성과로 이어졌느냐겠죠?

나이키의 디지털트랜스포메이션은 대표적인 성공 사례로 꼽힙니다. 그 이유는 데이터를 실제로 사용하기 시작했기 때문입니다. 2018년 말 나이키 앱 사용자들의 데이터를 기반으로 '나이키 라이브'라는 체험형 직영 매장을 오픈하기도 했습니다. 이 콘셉트 매장은 해당 지역의 나이키플러스 앱 사용자들이 구매한 제품과 그들의 취향을 반영한 디자인을 선보였죠. 소프트웨어와 연계하여 개인화 서비스도 강화했고요. 〈블룸버그〉에 따르면 해당 매장에서 나이키플러스 회원은 구매 전환율이 여섯 배나 더 높았다고 합니다. 데이터가 성과를 만들어내고 있는 것이죠![29] 나이키는 여기서 더 나아가 제품 자체에서 데이터를 수집하기 시작합니다. 하이퍼어댑트 1.0이 출시되고 개발팀은 '실시간성'에 주목하여 다시 프로젝트에 들어간다고 밝혔습니다. 여기서 실시간성이란 실시간 데이터 수집에 의한 제어와 판단을 위한 것일 테니 결국 다음 프로젝트는 우리가 흔히 사물인터넷^{IoT}이라고 부르는 개념이 될 겁니다.

IoT 운동화라는 미래

· · · · · · · · · ·

이제 운동화 어댑트BB의 특별한 점을 다시 한번 볼까요? 사물인터넷^{IoT} 기기로서 이 운동화의 가장 특별한 점은 모든 정보가 '앱'으로 연결된다는 점입니다. 앱은 신발에 손을 대지 않고 운동화 끈을 묶는 편의만을 제공해 주는 것이 아닙니다. 어댑트BB 앱에서는 신발 끈 미세 조정을 상황별로 저장할 수 있습니다. 예를 들어 '운동할 때'라든가 '많이 걸었을 때'라는 식으로 말이죠. 저장된 버튼만 누르면 설정한 대로 신발 끈의 조임이 바뀌죠. LED 부분도 제어가 가능합니다. 몇 가지 좋아하는 색상을 설정할 수 있습니다. 신발별로 배터리 잔량도 체크할 수 있고요. 로그인으로 개인 식별이 가능한 데이터는 당연히 나이키 커넥트에서 수집된 정보, 나이키 매장에서 구매한 정보 등과 통합되겠죠. 더 정확한 이용자 정보, 더 정확한 제품 추천으로 이어질 수 있을 것입니다. 더 나아가면 이런 정보도 가능할 수 있겠네요. 한 시간 운동 후 발의 붓기라든가 하는 것 말이죠.

자동으로 신발 끈을 조절하는 기능은 타사가 지금 빠른 속도로 따라잡고 있습니다. 퓨마도 유사한 기능의 신발을 내놓았죠. 배터리도 꺼내서 충전할 수 있으니 신발 자체로만 보면 더 적절할 수도 있네요. 배가 많이 나와서 허리를 굽히기 어려운 사람들에게는 이 기술이 정말 반가운 부분일 테니까요.[30]

하지만 나이키는 모터나 배터리를 꺼내지 못하게 설계했습니다. 해외 유튜브 채널 〈Complex〉의 토니는 나이키 어댑트BB 시연회장에서 담당자에게 배터리가 완전히 방전되면 어떡하냐고 물어봤는데요. 방전된 후에 신발을 벗지 못하게 될 상황을 대비해 제품 수명을 연장하는 등 방전이 되더라도 일부 전류는 남긴다고 했답니다. 그러나 하지만 저는 데이터 때문이라고 생각합니다. 배터리와 블루투스, 센서 등에서 벗어나지 않는 이상 아주 작은 전류가 유지되어야 데이터를 계속해서 남길 수 있을 테니까요.[31]

신발 끈 자동 조임 기술은 신발에 최적화된 것이 분명합니다. 하지만 여기에 적용된 기술은 나이키가 다루고 있는 모든 의류와 스포츠 용품에 비슷한 방식으로 적용될 것입니다. 그러니까, 이제 이 기술은 시작에 불과할 뿐입니다. IT와 관련한 서비스를 기획하는 입장에서 이런 나이키의 방식은 대단히 존경스럽습니다. 비즈니스의 방향성을 지키면서 기술을 활용하여 고객의 니즈에 맞는 새로운 경험을 마련해주는 것이니까요. 제품 스스로 사물인터넷이 되는 나이키는 모바일 앱을 만나 새로운 미래를 열어가고 있습니다.

가격을 낮춘 나이키의 어댑트BB는 앞으로 얼마나 대중화될까요? 나이키뿐만 아니라 의류나 신발 제조사들은 변화하는 세상에 잘 적응해 가고 있는 것 같습니다.

의류 제조사,
잃어버린 고객 데이터를 찾아서

사람들은 쉽게 말합니다.

"AI와 빅데이터의 시대이니 구매 고객들의 데이터를 바탕으로 고객에게 사랑받을 상품을 만들면 되지 않나요?"

네, 맞는 말입니다. 그런데 현실을 들여다보면 이보다 어려운 말도 없습니다. 특히 의류 제조업에는 말이죠.

의류 제조사에 데이터란

데이터를 풀어서 생각해 보면 '구매 고객'과 '사랑받을 상품'으로 나눌 수 있습니다. 의류 제조사는 자신들이 만드는 상품에 대한 데이터는 많이 보유하고 있을 겁니다. 소재부터 스타일, 컬러나 상세 크기까지도요. 하지만 '구매 고객'에 대해서는 고민해 볼 필요가 있습니다. 구매 고객에 대한 데이터는 구매 시점과 구매 이후로 나눠볼 수 있기 때문입니다. 구매 시점은 제품과 사랑에 빠지는 순간에 대한 데이터고, 구매 이후는 제품을 사용하면서 일어나는 데이터가 되겠죠. 우리가 동화에서 말하는 '행복하게 잘 살았습니다'라고 할 만큼 사랑받는 제품을 만들려면 이 두 가지 과정에 대한 데이터가 모두 필요합니다. 좀 더 세분화해 보면 이렇게 볼 수 있습니다.

제품 구매를 결정하는 시점의 고객 데이터
- 구매 결정하기 전까지 고객의 행동 데이터
- 구매 결정한 회원에 대한 상세 데이터

제품 구매 후 생기는 데이터
- 지속적인 이용 데이터(빈도)
- 기능에 대한 사용 시간대

위의 정보를 모두 의류업계에서 모으기는 쉽지 않습니다. 의류 제품이 사물인터넷IoT 기능을 갖추고 네트워크와 연결되어 있어야 가능하죠. 이런 시도를 이미 꾀하고 있는 기업도 있습니다. 앞서 살펴봤듯 나이키는 운동화 자체를 사물인터넷IoT으로 사용하기 위해 많은 기술을 투자해 제품을 차근차근 출시해 나가고 있죠. 하지만 모든 의류 브랜드가 나이키처럼 할 수 있는 것은 아닙니다. 마크 파커와 같은 강력한 비전을 가진 CEO도 필요하고 아낌없는 R&D 투자도 필요하니까요.[32]

구매를 결정하는 시점의 데이터는 어떨까요? 이 정보들은 구매 경로를 보유하고 있다면 데이터화할 수 있습니다. 회원가입을 통해서 기본적인 회원 정보를 모을 수 있고, 그들의 구매 정보와 결제 정보, 구매를 하기 위해 검색한 키워드나 구매 경로, 함께 봤던 상품들을 모두 알 수 있으니까요.

이미 우리나라 이커머스 시장은 2018년에 이미 100조 원을 넘겼고, 2019년 4월 기준 국가통계포털에서 소매 유통의 21.9퍼센트가 무점포 소매인 이커머스에서 발생했습니다. 각각 6.5퍼센트와 7.2퍼센트에 그친 백화점과 대형마트보다도 훨씬 높은 수치입니다. 그러니 많은 의류 제조사들은 고객 정보를 꽤 많이 모았겠죠? 하지만 현실은 달랐습니다.

의류 제조사의 잃어버린 고객 데이터
· · · · · · · · · ·

언젠가 한 의류 브랜드사에서 이커머스가 나아갈 방향과 미래에 관해 설명하고 제조사들이 이에 어떻게 대체해야 할지 특강을 한 적이 있습니다. 저는 담당자에게 가장 먼저 물어봤습니다.

"온라인 매출과 오프라인 매출이 어떻게 되나요?"

담당자는 쉽게 대답했습니다. 그래서 또 물었죠.

"그럼 온라인 매출 중 G마켓에서 팔린 매출은 '정확히' 얼마인 가요?"

담당자는 대답하지 못했습니다. 아마 이 글을 읽는 분들은 이해가 가지 않겠죠? 하나의 브랜드사가 여러 이커머스 사에 유통한다고 설마하니 어떤 몰에서 얼마나 팔렸는지 모를까 싶겠죠. 하지만 현재 국내 이커머스 구조에서 제조사들이 이를 알기란 쉽지 않습니다.

의류 제조사가 온라인 유통 과정을 통해 고객과 만나는 과정은 다양합니다. 그중 본사에서 브랜드 온라인 샵을 만들거나 직영 매장을 운영하는 직원들이 네이버스토어팜에 입점하여 판매하는 경우는 판매 데이터를 잘 확인할 수 있습니다. 하지만 대형 총판이나 백화점, 마트 등의 기존 대형 유통사에 입점한 상품이 다른 이커머스로 재입점된 경우에는 고객에게 전달되는 과정이 매우 복잡해집니다. G마켓이나 11번가에 가보면 유명 백화점을 비롯한 여러 아울렛들이 입점해 있는데요. 각 브랜드 제조사가 백화점에 입점했다가 연동되어 G마켓까지 간 경우라면 실제 고객과의 접점은 더더욱 멀어지는 거죠.

점입가경으로 쇼핑몰 간에도 입점이 일어나는데요. 백화점에 입점한 자사 제품이 다른 이커머스에 입점하고, 그 이커머스가 또 다른 이커머스에 상호 입점하고, 그게 자사의 제품과 다시 가격 비교 사이트에서 만나게 되는 상황이죠. 이렇게 복잡한 상황에서 최종 판매된 수량 데이터만 가지고는 고객의 데이터를 파악하기가 쉽지

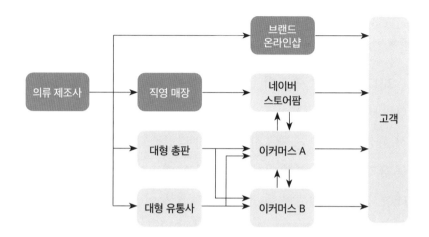

의류 제품이 온라인 유통을 통해 고객에게 퍼지는 과정

않습니다. 게다가 그 어떤 이커머스도 회원 정보나 판매에 사용된 데이터를 '무료'로 보여줄 생각은 없을 겁니다. 최소한의 데이터만 제공하겠죠. 더 자세한 정보는 고객의 동의 없이 제공할 수도 없고요. 결론적으로 의류 제조사는 아무리 많은 의류를 온라인으로 팔고 있어도 실제 고객 정보를 모을 수 없다는 것입니다.

그렇다면 의류 제조사도 자사몰이라고 불리는 '직영 이커머스'를 키울 수밖에 없겠네요. 그리고 가능하면 직영점에 많은 고객이 와야 데이터를 모을 수 있을 겁니다. 여기저기 잘려 나가는 유통 수수료를 아끼는 건 덤이고요.

잃어버린 고객 데이터를 찾아가는 LF몰

• • • • • • • • • •

2017년 전후로 굉장히 많은 직영몰이 대대적인 개편에 나섭니다. 나이키나 노스페이스, 밀레 같은 스포츠 아웃도어부터 시작해서 화장품, 식품까지 제조사들이 자사 직영몰을 새롭게 리뉴얼하려는 움직임이 유행처럼 번지기 시작했죠. 대표적으로 LF(엘지패션)의 LF샵, 동원식품의 동원몰, 정관장의 정몰 등이 있습니다.

이 중에서 가장 핫한 직영몰은 LF몰입니다. KTB투자증권 등 증권사들의 추정에 따르면 2022년 LF몰의 거래 규모는 5,500억 원에 달합니다. 비슷한 시기 이랜드몰이 2,000억 원 내외의 매출을 올린 것을 보면 굉장히 성공적이죠. 전체 LF의 매출 중 온라인이 차지하는 매출 비중은 30퍼센트나 되어 제조사 중에서는 독보적이라는 평을 듣습니다. 그중 2019년 자료에 따르면 70퍼센트는 자사몰인 LF몰에서 매출이 나고 있다고 하니 온라인 판매에서 자사몰 위주의 시장을 형성할 수 있었던 것이죠. 잃어버렸던 고객 데이터도 찾을 수 있었을 거고요.

사실 LF몰은 빅데이터나 이커머스의 흐름에 편승해서 만든 것은 아닙니다. 그보다 훨씬 오래전인 2000년에 만들어진 일반적인 자사몰이었어요. 우리가 브랜드에 대해서 찾아보지 않는 이상 갈 일이 없는 그런 사이트였죠. 그런 LF몰이 달라질 수 있었던 것은 명확한 투자 방향과 그에 따른 변화가 있었기 때문입니다.

LF의 변신은 2015년부터 시작되었습니다. LF몰은 단순히 온라인 매장이 아닌 '라이프스타일숍'이라는 캐치프레이즈를 걸고 콘텐츠 구성 자체에 차별화를 둔 트렌디한 전문몰을 추구했습니다. 하프클럽을 운영하는 오래된 온라인 샵인 '트라이씨클'을 자회사로 편입시키면서 온라인 DNA를 대대적으로 수혈받고 트라이씨클 출신의 권성훈 대표가 LF몰과 하프클럽의 방향타를 잡았죠.

그리고 2016년 LF를 한글처럼 읽는 '냐' 마케팅을 펼치는 등 젊은 소비자를 겨냥한 독특한 이벤트를 진행하면서 LF몰의 방향성은 완전히 달라졌습니다. LF 계열사 트라이씨클의 권성훈 대표는 2018년 한 인터뷰에서 온라인몰은 투자를 해놓으면 매출이 서서히 올라오는 구조라며 지속적인 투자의 중요성을 강조했는데요. 2018년 말에 진행된 리뉴얼에서도 동영상 프로모션을 통한 놀거리 제공에 전력을 기울이며 '콘텐츠'와 '인터랙티브'를 내세워 십 대들을 끌어모으는 등 트렌디한 몰로 전성기를 만들어갔습니다.[33]

자, 다시 데이터 이야기를 해볼까요? 아무리 LF가 많은 브랜드를 가지고 있다고 해도, 자사 제품만을 판다면 더 많은 고객을 인입시키거나 그 고객의 다른 취향까지 파악하기란 어렵습니다. 대안은 다면적인 데이터를 수집하는 데 있죠. 아마존의 경우에는 고객의 다양한 정보를 모으기 위해 아마존 프라임에 포함된 영상이나 음악에 대한 정보들도 고객을 분석하는 방법으로 사용하고 있습니다. 콘텐츠 데이터는 장르나 분위기를 통해서 취향 정보를 수집하기 좋으니까요. 넷플릭스가 동일한 작품을 비슷한 패턴으로 보는 사람들을 묶어서 프로파일링하는 것과 비슷합니다.

LF몰도 분명 이런 부분에 대해 인지하고 있습니다. 라이프스타일 방송 채널 〈동아TV〉의 지분 98퍼센트를 인수한 것도 고객 취향을 파악할 수 있는 동영상을 커머스와 연결하기 위한 일환으로 이루어졌습니다. LF몰은 이미 2017년부터 〈나온TV〉라는 커머스 영상 채널을 운영해 오고 있으며 2018년 리뉴얼에서도 다양한 영상 콘텐츠를 강화했습니다. LF몰에서 자사 브랜드 상품뿐만 아니라 나이키, 아디다스와 같이 타 브랜드 상품을 팔고 있는 이유 또한 선호 브랜드와 연관된 회원들의 다양한 데이터를 확보하려는 데 있습니다. 이는 LF몰을 성공적으로 운영하게 되면서 유통 채널 속에서 흩어져 잃어버렸던 고객 데이터를 되찾아가고 있다고 볼 수 있습니다.[34]

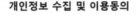

개인정보 수집 및 이용동의 ✕

4. 마케팅 및 광고에의 활용
신규 서비스(제품) 개발 및 맞춤 서비스 제공. 이벤트 및 광고성 정보 제공 및 참여기회 제공. 인구통계 학적 특성에 따른 서비스 제공 및 광고 게재. 서비스의 유효성 확인. 접속빈도 파악 또는 회원의 서비스 이용에 대한 통계 등 목적

수집하는 개인정보의 항목 및 수집 방법

① 수집하는 개인정보의 항목
1. 회원가입
[필수 항목] 성명, 생년월일, 성별, 아이디, 비밀번호, 휴대전화번호, 주소, 전자우편, 연계정보(CI), 중복가입 확인정보(DI)
[선택항목] 일반전화번호, 선호브랜드, 체촌정보(상의(팔길이, 상동(가슴둘레), 반허리, 어깨, 등기장), 하의(허리, 밑아래 길이, 밑위길이, 허벅지 둘레, 총장, 밑단통), 키, 몸무게

네이버 간편회원 가입 시
[필수항목] 이용자 고유 식별자, 이름, 이메일, 비밀번호
[선택항목] 성별, 생일, 연령대, 암호화된 동일인 식별정보(CI)

카카오 간편회원 가입 시
[필수항목] 프로필 정보(닉네임/프로필 사진), 휴대폰번호, 생일, 생년, 성별, CI, 플러스친구 추가 상태 및 내영
[선택항목] 카카오계정(이메일), 연령대, 배송지

※ 네이버/카카오로부터 제공받은 정보는 회원가입 단계에만 이용하며 회원가입에 진행되지 않은 경

물론 내부에서 얼마나 많이 데이터를 모으고 사용하는지는 잘 모르겠습니다. 하지만 회원가입 시 개인정보 수집 내역을 보면 그들이 추구하는 방향은 충분히 엿볼 수 있습니다. 브랜드 상품만 팔 때는 알 수 없는 회원들의 신체 사이즈를 선택적으로 수집하겠다는 조항과 신규 서비스와 제품 개발을 통해 맞춤 서비스를 하겠다는 조항만 봐도 이들이 무엇을 추구하는지 알 수 있습니다.

　또한 권성훈 대표의 인터뷰를 보면 다른 가능성도 엿볼 수 있습니다. 이미 상품을 영입해 오는 과정에서 데이터를 많이 사용해 왔다고 하는데요. 자세한 내용은 언급하지 않았지만 흔히 업계에서 '스마트MD'라고 불리는 매입 관리 시스템을 예상해 볼 수 있습니다. 기존에 잘 팔리는 상품들의 패턴을 분석하여 추가 매입해야 할 상품을 예측해 내는 시스템이죠. 아무것도 없는 상태에서 MD가 상품을 예측하는 것보다 훨씬 효율적으로 매입을 할 수 있게 도와줍니다. 이런 시스템이 가능하면 분명 LF의 신규 상품을 개발하는 데 활용할 수 있을 것입니다. 매입과 제작은 다소 차이가 있겠지만 고객들의 취향 패턴을 분석한다는 관점에서는 일맥상통하는 부분이 있으니까요. 이렇게 LF몰이 차곡차곡 데이터를 모아 나간다면 '구매 고객들의 데이터를 모아서 고객들에게 사랑받을 상품을 만든다'에 그나마 가장 빠르게 접근하지 않을까 생각해 봅니다.

　지금까지 데이터에서 소외되기 쉬운 의류 제조사의 한계를 이커머스를 만들어서 해결해 나가고 있는 대표적인 사례를 살펴보았는데요. 문제는 모두가 LF몰처럼 할 수 있는 것은 아니라는 점입니다. 이커머스는 결국 이커머스의 룰을 따르게 됩니다. 모두가 제조사를 기억해서 제조사 직영몰을 찾아와주면 좋겠지만, 여전히 많은 사람이 가격 비교나 포털을 통해 쇼핑하는 만큼, '이커머스 치킨 게임'이라고 불리는 치열한 할인 경쟁에 직영몰도 참전할 수밖에 없습니다. 가격 경쟁을 하지 않으려면 유료 회원제나 다양한 할인 혜택, 포인트 시스템, 간편 결제 등의 강력한 록인lock-in 서비스(고객 이탈을 막는 서비스)를 만들거나 LF몰의 동영상처럼 뭔가 흥미 있는 콘텐츠를 지속적으로 만들어야 합니다. 소규모의 의류 기업이 흉내 내기는 어려운 서비스들이죠. 결국 제조사가 유통 단계를 줄여서 줄어든 비용은 더 치열한 가격 경쟁으로 쓰이게 될 뿐입니다.

물론 투자에 대한 강력한 의지가 있다면 LF몰과 같은 투자도 가능할 것입니다. 더 돈이 많고 의지가 크다면 나이키와 같은 사물인터넷 수준의 투자도 할 수 있을 거고요. 그래서 지금 제일 중요한 것은 시대에 맞는 체질 개선이 아닐까 싶습니다.

데이터 수집을 위한 '조조슈트'는
어쩌다 웃음거리가 되었나

조조슈트, 뱃살까지 제대로 측정하셨나요?
• • • • • • • • • •

　패션업계 또한 4차 산업혁명 시대를 맞이하고 있는데요, 과연 의류 제조사들은 데이터를 어떻게 모을까요? 흔히 말하는 밸류 체인 관점에서 본다면 '기획-제조-유통-사용' 중 나이키는 '사용' 단계에서 데이터를 모으고, LF몰은 '유통' 단계에서 데이터를 모으고 있습니다. 기획과 제조에 필요한 데이터를 중요한 자산으로 활용하기 위해서요. 그렇다면 아예 '기획과 제조' 단계에서 데이터를 모으고 활용할 수는 없을까요? 소품종 대량생산 방식이 아닌 '개인화 맞춤 생산'으로 접근한다면 불가능한 일도 아닙니다. 바로 일본의 대형 의류 기업 스타트투데이의 '조조슈트 ZOZO SUIT' 이야기입니다.

의류 온라인 유통 기업 스타트투데이

• • • • • • • • • •

먼저 간단히 회사부터 살펴보죠. 스타트투데이는 일본 최대 의류 쇼핑몰 중 하나인 조조타운 $^{ZOZO\ TOWN}$ 을 운영하는 회사지만, 유통 회사라고만 보기는 어렵습니다. 조조타운에는 대략 7,000여 개의 브랜드와 65만 개 이상의 의류 상품이 등록되어 있습니다. 이커머스 구조로 보면 마진율이 30퍼센트에 육박하는 직매입 또는 위수탁 방식의 의류 쇼핑몰입니다. 밴드 드러머 출신인 마에자와 유사쿠 대표는 온라인에서 의류를 구매할 때 생기는 문제점들을 개선하기 위해 여러 가지 방식을 조조타운에 적용해 왔습니다. 의류 사이즈를 규격화하거나 후불 결제 시스템을 도입하는 등 고객 중심의 파격적인 서비스를 선보였고요. 자체 물류센터 운영이나 고객 맞춤형 상품 정보 제작은 말할 것도 없고요. 덕분에 2018년 시가총액 6,700억 엔(6조 8,000억 원)대로 일본 최대 백화점인 미쓰코시이세탄을 제친 지 오래였죠.[35]

이렇게만 보면 유통에 포커스를 맞춘 의류 이커머스로 보기 쉽지만, 일본에서는 유니클로와 견줄 만한 대형 의류 제조업체로도 통하고 있습니다. 특히 많은 제품이 자체 브랜드인 PB 상품 $^{Praivate\ Brand\ goods}$ 으로 판매되고 있는데요, 조조타운의 PB 자체가 하나의 상표처럼 여겨지고 있습니다. 마치 무신사의 '무신사 스탠더드'를 생각하면 이해가 빠를 거예요.

그렇다면 이렇게 잘나가는 조조타운은 데이터를 어떤 식으로 모으고 활용할까요? 유통을 담당하는 이커머스 회사가 데이터를 활용해 제품 판매에 적용하려면 두 가지 데이터가 있어야 합니다. 고객과 제품의 매칭이라는 측면에서 '고객 정보'와 '제품 정보'가 많아야겠죠. 앞에서도 말했듯이 의류 제조사는 고객 정보를 모으기는 어려워도 제품 정보는 확보하고 있습니다. 반대로 유통만 하는 이커머스 사의 최대 문제는 제품 정보를 구체적으로 모으지 못한다는 데 있습니다.

특히 국내 이커머스 사들은 문제가 더 심각합니다. 온라인 유통 데이터가 복잡한 경로로 입력되면서 구조적으로 상품 데이터를 모으는 것이 쉽지 않습니다. 동일 사이즈나 동일 컬러라고 해도 업체마다 상품 데이터가 천차만별이라는 점은 말할 것도 없고요. 이런 상황에서 고객과 제품의 매칭을 위해 '의류 규격'은 여러모로 중요한 사항입니다.

스타트투데이는 이 문제에 대해 오래전부터 고민해 왔습니다. PB 상품의 규격화는 그 시작이었죠. 하지만 사용자 취향에 맞는 상품을 추천한다는 문제는 유통사 입장에서 여전히 과제로 남아 있습니다. 모든 제품을 한 회사가 제작하는 것도 아니고, 고객도 회원 정보 이상의 맞춤 정보를 쉽게 내주지는 않을 테니까요.

조조타운은 해결책을 밸류 체인상 가장 앞 단계인 '기획-제작' 단계에서 찾습니다. 기존 제품을 매칭시키는 것이 아니라 정확한 고객 사이즈 정보를 수집해 아예 거기에 적합한 상품을 만드는 서비스를 개발하기 시작한 거죠. 바로 조조슈트입니다.

온라인 의류 쇼핑의 한계를 넘어서, 조조슈트
• • • • • • • • • •

　2017년 11월 대대적인 홍보에 들어간 조조슈트는 센서가 잔뜩 장착된 전신 쫄쫄이였는데요. 출시 전 사전 신청을 받으면서 세계적인 이목을 끌었습니다. 입으면 앱에 모든 부위의 신체 지수가 측

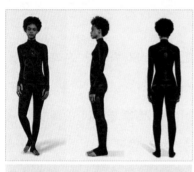

오리지널 조조슈트　　　(출처: 조조타운)

정되는 옷으로 고객에게 딱 맞는 옷을 주문할 수 있다는 이점이 있죠. 오리지널 버전은 〈공각 기동대〉나 〈에반게리온〉의 주인공이 입는 슈트, 혹은 〈파워레인저〉가 떠올랐습니다. 이 슈트는 단순히 측정용임에도 미래의 슈트 같은 느낌 때문인지 너도나도 신청이 쇄도했죠.

　하지만 비싼 단가 때문에 오리지널 버전의 보급 일자는 차일피일 미뤄지다가 결국 취소되고, 낮은 단가로 만들 수 있는 버전2가 등장합니다. 오리지널 버전 단가는 1만 2,000엔 정도였는데 신규 버전은 2,000엔 수준이라 무료 배포가 가능했지요. 대신 디자인이 엉망이었습니다.

　2018년 4월에 나온 보급형은 수많은 센서 대신 땡땡이 무늬가 잔뜩 들어간 쫄쫄이였습니다. 옷을 입고 사진을 찍으면 앱에서 수치를 재는 방식이었습니다. 배송비만 내면 무료로 받아볼 수 있도록

야심 차게 배포를 시작했습니다. 초반에는 맞춤 의류를 체험할 수 있게 바지도 무료로 제공했습니다. 5월에 접수하면 8월에나 받을 정도로 인기를 끌었고, 유튜브와 인스타그램에는 조조슈트 인증샷이 넘쳐났습니다.

카메라를 통해 측정하는 방식이니 최초 버전에 비해 많이 불편했죠. 입기만 해도 측정되던 미래형 슈트였는데 카메라 앞에서 일정 간격을 두고 돌아가면서 사진을 찍어야 하니까요. 자세히 보면 쫄쫄이에 새겨진 땡땡이에 서로 다른 모양 패

조조슈트 버전2   (출처: 조조타운)

턴이 있어서 카메라가 그 패턴을 인식하고 연결해 입체화하는 방식입니다. 만져보면 스판덱스에 볼록한 땡땡이가 붙어 있어서, 빨래 몇 번 하면 다 떨어지겠구나 싶은 느낌마저 들었습니다.

어떻게 이렇게 상세히 아냐고요? 저도 배송비만 내고 하나 받아 봤으니까요. 신나게 폰으로 제 신체 사이즈를 측정하고는 실망했던 기억이 납니다. 이걸 입어보고 두 가지 생각이 들었는데요. 슈트를 입은 내 모습이 굉장히 우스꽝스럽다는 것과 이 슈트로 몸을 자주 측정하면 몸의 변화를 확실히 기록할 수 있겠다는 것이었습니다.

이 슈트를 받아 든 사람의 생각은 모두 비슷했나 봅니다. 인스타그램에서 #zozosuit로 검색하면 2,500여 개의 게시물이 나오는데

이렇게나 핫한 조조슈트였는데요. 과연 '본업'은 충실하게 해내고 있었을까요?

요. 조조슈트로 자신의 변화를 그래프로 보여주는 게시물도 있지만, 대부분은 땡땡이 쫄쫄이를 입고 웃긴 포즈를 취하는 게시물이 많았습니다. 아니면 정말 핫바디를 자랑하거나요.

참고로 저는 첫날 한 번 입어보고 봉투에 담아 그대로 방치하고 있습니다. 온몸이 꽉 끼는 옷을 입는 것만도 쉽지 않은데 진짜 힘들었던 건 측정이었어요. 스마트폰 카메라와 어느 정도 거리를 두고 여러 방향으로 열두 번 사진을 찍어야 하는데 여간 불편한 게 아니었습니다. 조명이 어둡거나 거리가 조금이라도 멀거나 각도가 맞지 않으면 측정이 불가능했습니다. 쫄쫄이 입고 벗을 때 내 살의 출렁거림을 여과 없이 느껴야 했던 것은 말할 필요도 없고요. 다시 입을 엄두가 안 나더라고요.

〈니케이엑스테크〉가 자체 조사한 내용에 따르면 조조슈트를 구매한 사람의 40퍼센트가 신체 측정을 하지 않았다고 합니다. 호기심에 구매는 했지만 입지 않으니 데이터가 모이지 않았고, 의류도 팔리지 않았죠. 착용하지 않은 사람들의 가장 큰 이유는 '귀찮아서'였다고 합니다. 아무리 새로운 서비스라고 해도 고객의 이용 동선이 자연스럽게 이루어지지 않으면 자생하기 힘들죠. 그나마 다행은 조조슈트는 측정을 위한 것이고 실제 제품은 맞춤 의상이라는 점이었습니다.[36]

자, 그럼 조조슈트의 핵심 수익 구조였던 맞춤 제작 의류는 많이 팔렸을까요? 얼마나 팔렸는지 공식적으로 발표된 자료는 없습니다. 이듬해 2월 발표한 자료에 따르면 조조타운은 2007년 이래 처음으로 순익 감소가 예상되었다고 합니다. 일본 언론은 조조슈트를 중심으로 한 맞춤 제작 의류 사업이 투자비에 비해 매출을 올리지 못했기 때문이라고 지적했죠. 앞서 오리지널과 보급형을 만드는 과정에서 투자비도 마케팅비도 상당했을 테니까요.

조조타운은 2018년 10월 조조슈트와 관련한 판매와 서비스 중단을 선언했습니다. 시중에 풀린 지 고작 반년 만의 일입니다. 현재 앱스토어에서 조조슈트 앱에는 'Closed'라는 딱지가 달려 있고, 기존에 사용하던 사람들에겐 측정용으로 쓸 수 있게 하고 있습니다. 맞춤 제작 서비스는 이미 종료되었고요. 핵심 서비스는 망했다고 봐야죠. 하지만 이를 인정하지 않는 단 한 사람이 있습니다. 바로 대표인 마에자와입니다. 그는 이미 조조슈트를 통해 사람들의 체형에 대해 모아야 할 만큼의 데이터를 모았기 때문에 더 이상 조조슈트가 필요 없다고 말합니다.

조조슈트의 데이터, 정말 만족하십니까?
· · · · · · · · · ·

실제로 얼마나 많은 양의 데이터를 수집했는지는 모르겠습니다. 다만 신체 측정을 하지 않았다는 사람이 40퍼센트에 달하는데도 데이터를 충분히 수집했다고 하니 배포량이 상당했을 것으로 보입니다.

그런데 말이죠. 머신러닝을 통해 뭔가 의미 있는 결과를 만들어 내려면 데이터양이 충분해야 할 뿐만 아니라 데이터의 품질도 좋아야 하는데 조조슈트의 경우 데이터의 양은 충분했을지 모르지만 데이터 품질은 의심해 볼 만한 대목입니다. 조조슈트를 입고 치수를 잴 때 배에 온 힘을 주었던 기억이 있거든요. 당연히 앱에 찍힌 치수가 정확한 치수일 리 없죠. 반대의 경우도 생각해 볼 수 있습니다. 조조슈트로 맞춤 바지를 구매한 한 지인은 마치 산타클로스 바지처럼 너무 큰 바지가 와서 도저히 입을 수 없었다고 합니다. 〈일본경제신문〉이 보도한 재단사와 조조슈트의 측정 사이즈를 표로 만들어 비교하면 더 쉽게 이해될 거예요. 대부분의 사이즈에 오차가 있는데 그 차이가 8센티미터에 달하는 경우도 볼 수 있습니다.

머신러닝 결과물의 질은 데이터의 품질이 좌우합니다. 실제로

단위: cm

	조조슈트	재단사	조조슈트와의 오차
목둘레	35.7	37.0	▲1.3
소매 길이(우)	56.9	58.0	▲1.1
소매 길이(좌)	57.4	57.0	0.4
가슴 둘레	94.9	88.0	6.9
허리 둘레	79.1	76.0	3.1
엉덩이 둘레	92.6	95.0	▲2.4
밑 아래 길이(우)	66.7	74.0	▲7.3
밑 아래 길이(좌)	66.0	74.0	▲8.0

조조슈트와 재단사의 차이 비교   (출처: 코트라, 〈일본경제신문〉)

AI 서비스를 하는 업체들이 가장 신경 쓰는 부분이기도 하죠. 꼼꼼히 데이터 정합성을 판단하고 아예 정제된 데이터를 구매하기도 하고요. 그런데 조조슈트의 데이터는 그다지 신뢰성이 높다고 보기는 어려울 것 같습니다.

아직 끝나지 않은 조조타운의 데이터

그런 조조타운이 또 새로운 것을 발표했습니다. 발 사이즈를 측정하는 '조조매트ZOZO MAT'였죠. 땡땡이 매트에 발을 올려놓고 여러 방향에서 사진을 찍으면 되는데 바닥 컬러는 크로마키처럼 연두색이고 땡땡

조조타운이 출시한 조조매트

이가 균일하게 박혀 있는 것으로 보아 상대적인 위칫값을 통해 3차원 측정을 하는 것으로 보입니다. 여러모로 지난 실패에서 많은 부분 교훈을 얻은 것으로 보이죠?[37]

이처럼 조조타운의 데이터 축적은 계속되고 있습니다. 2021년에는 화장품을 고를 때 본인 피부색에 맞는 개인화 데이터를 확보하기 위해 '조조글래스'를 출시하기도 했죠. 하지만 그 뒤로도 조조타운의 획기적인 성공 신화는 나오지 않고 있습니다.

마블의 멀티버스 부럽지 않은
'API 유니버스'

API는 업계에서는 많이 쓰는 용어입니다. 실제로 온라인 서비스를 만들거나 사용할 때 API를 사용하는 경우는 점점 더 많아지고 있습니다. 무려 1970년대 웹서비스가 생겨나면서부터 Web-API는 계속해서 그 쓰임새가 진화해 왔죠. 모바일 서비스 환경으로 넘어가면서는 API 중심 개발API-driven development이라는 개념까지 등장하고 있습니다. 개발 환경뿐 아니라 비즈니스 관점에서도 그 중요성은 점점 커지고 있고요. 그래서 온라인 서비스가 API를 어떻게 활용해 왔는지 그 방식의 변화에 대해 정리해 봤습니다. API가 보여주는 '느슨하면서도 탄탄한 유대'가 마치 현대 사회의 모습을 보여주는 듯합니다.

PC 시절, 웹2.0의 방법론으로 거론된 API

• • • • • • • • • •

API는 서로 다른 두 개의 시스템이 데이터를 확인하거나 UI까지 제공해 주는 응용 프로그래밍 인터페이스 방식입니다. 활용 방식에 따라 특정한 확인이나 생성, 삭제 등의 기능을 하는 '기능 API'와 이미 보유한 데이터를 가공해 전달하는 '데이터 API', 하드웨어의 센서 기능을 제어하는 '하드웨어 API', 이렇게 세 유형으로 나뉩니다.

웹에서 API가 주목받기 시작한 것은 웹2.0이란 키워드가 등장했을 때입니다. 웹2.0이란 개방, 참여, 공유의 정신을 바탕으로 사용자가 직접 정보를 생산하여 쌍방향으로 소통하는 웹 기술을 말합니다. 쉽게 말하자면 각자가 만든 데이터와 응용프로그램을 공유할 수 있는 인터넷 환경을 뜻하죠. 2005년 전후로 API는 웹2.0의 해결사로 주목받게 됩니다. 웹2.0을 하고 싶으면 API를 만들어서 제공하라는 것이었죠.[38]

하지만 웹2.0은 구호로만 회자했을 뿐, 대부분의 서비스는 여전히 웹1.0의 형태를 띠고 있었습니다. 단일 서비스 안이었으니 API를 사용할 일이 잘 없었죠. 대부분 한 개의 DB를 사용하고, 화면을 개발할 때도 DB 데이터를 직접 호출하는 쿼리Query를 직접 가지고 있는 경우가 많았거든요. '사람'이 '시스템'이고 '공'이 '데이터'라고 하면, 공이 잔뜩 들어 있는 바구니를 들고 있는 사람에게 '파란 공 꺼내줘'라고 하면 그 사람이 직접 바구니를 손으로 휘저어서 파란 공을 꺼내서 보여주는 식이었어요. 바구니를 들고 있는 사람과 공

을 찾은 사람, 찾은 공을 보여주는 사람이 한 명이니 굳이 API를 쓸

일은 없었던 거죠.

API는 접근성에 따라 '프라이빗Private API'와 '퍼블릭Public API'로

나뉘는데 프라이빗은 말 그대로 내부에서만 접근할 수 있는 형태를

말하고, 퍼블릭은 서비스 외부에서도 접근할 수 있는 경우를 말합

니다. 현재 주목받고 있는 것은 퍼블릭 API입니다.[39]

2004년에 페이팔(안전 결제 서비스)은 4종의 API를 제공하면서 어

느 서비스에서든 결제 수단으로 페이팔을 활용할 수 있도록 방향을

잡았습니다. 금융사 결제 서비스들도 마찬가지였습니다. 국내 카드

사에서 제공하는 신용카드 인증 서비스들도 카드사나 PG사가 제공

하는 API를 통해서 접근할 수 있도록 했습니다.

한편 웹2.0을 바탕으로 한 API는 '데이터 전달'에 집중되어 있었

습니다. XML이라는 확장자로 이루어진 파일을 가져와 그 데이터

를 보여주는 방법들을 고안했죠. 뉴스의 API와 블로그의 API로 정

보들을 가져와서 포털 화면에서 볼 수 있게 하는 것처럼요. API의

정보를 활용하는 과정을 더 잘 이해하려면 모스 부호를 떠올려보

면 됩니다. 모스 부호도 계속해서 이어지는 긴 음과 짧은 음의 조

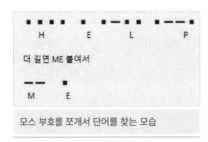

모스 부호를 쪼개서 단어를 찾는 모습

합을 정리해서 단어를 찾아내

잖아요. API도 끝없이 이어지는

데이터를 전달받은 다음에 이

것을 단어를 쪼개듯이 쪼개서

의미를 인지합니다. 이 작업을

응답방식	○ JSON ⦿ XML Q 검색
요청연자	**API 인증키** * xxxxxxxxxxxxxxxxxxxxxxxxxxxxxxxxxxxxxxxxxx 고유번호 * 00126380 사업연도 * 2018 보고서 코드 * 11011

https://opendart.fss.or.kr/api/irdsSttus.xml?crtfc_key=xxxxxxxxxxxxxxxxxxxxxxxxxxxxxxxxxxxxxxxxxx&corp_code=00126380&bsns_year=2018&reprt_code=11011

```
<?xml version="1.0" encoding="UTF-8" standalone="yes"?><result><status>000</status><message>정상</message><list><rcept_no>20190820000266</rcept_no><corp_cls>K</corp_cls><corp_code>00293886</corp_code><corp_name>위닉스</corp_name><isu_dcrs_de>1986.09.01</isu_dcrs_de><isu_dcrs_stle>현물출자</isu_dcrs_stle><isu_dcrs_stock_knd>보통주</isu_dcrs_stock_knd><isu_dcrs_qy>40,000</isu_dcrs_qy><isu_dcrs_mstvdv_fval_amount>5,000</isu_dcrs_mstvdv_fval_amount><isu_dcrs_mstvdv_amount>5,000</isu_dcrs_mstvdv_amount></list><list><rcept_no>20190820000266</rcept_no><corp_cls>K</corp_cls><corp_code>00293886</corp_code><corp_name>위닉스</corp_name><isu_dcrs_de>2003.04.18</isu_dcrs_de><isu_dcrs_stle>주식배당</isu_dcrs_stle><isu_dcrs_stock_knd>보통주</isu_dcrs_stock_knd><isu_dcrs_qy>156,000</isu_dcrs_qy><isu_dcrs_mstvdv_fval_amount>500</isu_dcrs_mstvdv_fval_amount><isu_dcrs_mstvdv_amount>500</isu_dcrs_mstvdv_amount></list><list><rcept_no>20190820000266</rcept_no><corp_cls>K</corp_cls><corp_code>00293886</corp_code><corp_name>위닉스</corp_name><isu_dcrs_de>2004.03.15</isu_dcrs_de><isu_dcrs_stle>무상증자</isu_dcrs_stle><isu_dcrs_stock_knd>보통주</isu_dcrs_stock_knd><isu_dcrs_qy>5,356,000</isu_dcrs_qy><isu_dcrs_mstvdv_fval_amount>500</isu_dcrs_mstvdv_fval_amount><isu_dcrs_mstvdv_amount>500</isu_dcrs_mstvdv_amount></list><list><rcept_no>20190820000266</rcept_no><corp_cls>K</corp_cls><corp_code>00293886</corp_code><corp_name>위닉스</corp_name><isu_dcrs_de>2010.03.30</isu_dcrs_de><isu_dcrs_stle>주식배당</isu_dcrs_stle><isu_dcrs_stock_knd>보통주</isu_dcrs_stock_knd><isu_dcrs_qy>2,142,000</isu_dcrs_qy><isu_dcrs_mstvdv_fval_amount>500</isu_dcrs_mstvdv_fval_amount><isu_dcrs_mstvdv_amount>500</isu_dcrs_mstvdv_amount></list><list><rcept_no>20190820000266</rcept_no><corp_cls>K</corp_cls><corp_code>00293886
```

API로 받은 데이터의 모습, 이 역시도 쪼개야 의미 있는 정보로 해석할 수 있다.[40]

파싱passing이라고 하는데, API는 그런 식으로 정보를 전달합니다.

웹2.0의 키워드를 타고 각종 SNS의 오픈 API가 활발히 사용되자 모든 페이지에서 '페이스북 공유하기'나 '트위터 공유하기'가 활성화되었습니다. 오픈 API란 말 그대로 누구나 사용할 수 있도록 개방되어 있는 퍼블릭 API입니다. SNS 사용자의 다양한 정보를 모으는 것이 중요해지면서 사용도는 점점 높아졌습니다.

모바일 매시업 서비스와 API 플랫폼 생태계

모바일 세상이 시작되고 앱 마켓이라는 새로운 소프트웨어 시장이 열리던 시기에 가장 큰 활약을 보인 것은 구글, 아마존, 페이스북 등이 개방한 '오픈 소스' 기반의 오픈 API들입니다. 이들은 보유한 서비스들을 공개해 자신이 구상하는 서비스를 누구나 쉽게 만들 수 있도록 도와주었죠.

대표적인 예로 '구글 지도 API'가 있습니다. 지도 위에 무언가를 표시하는 서비스는 모두 구글 지도의 오픈 API를 가져와 일부 정보를 커스터마이징해서 올린 것들이 많습니다. 우리나라는 '네이버 지도'의 API를 사용해서 서비스를 만드는 경우가 많습니다. 부동산 관련 앱인 '호갱노노'가 바로 그런 경우인데요. 앱 창 하단을 보면 네이버 로고를 볼 수 있습니다. 지도 서비스는 엄청난 양의 데이터가 필요하므로 회사들이 개별적으로 개발하려면 엄청난 비용과 시간이 소요되지만, 이처럼 API를 통해 UI까지 빌려와서 쓰면 개발 비용과 시간을 줄이면서 원하는 서비스를 쉽게 만들 수 있습니다. 모바일 앱 시장은 API를 기폭제로 많은 서비스가 출시되었죠. 다만 이 경우 API에 대한 의존도는 높을 수밖에 없는데요. 네이버가 지도 API를 막아버리거나 과도한 서비스 이용 요금을 내라면 어떻게 될까요? 호갱노노가 기반이 되는 지도를 하루아침에 바꾸기는 쉽지 않을 겁니다.

이러한 의존성은 오픈 API를 제공하는 이유를 명확하게 보여줍니다. 유명 기업들이 잘 설계한 API를 제공하는 이유는 이를 통해 다양한 사업 모델을 창출시키는 등 자사의 기업 생태계를 확장하고 발전시킬 수 있기 때문입니다. 즉 API는 플랫폼의 생태계를 만드는 핵심 요소라고 할 수 있습니다.

모든 이커머스는 상품을 등록하거나 주문을 처리할 수 있는 API를 가지고 있습니다. 게임사인 블리자드도 게임에 대한 API를 모두 제공하고 있는데요. 카드로 대결하는 '하스스톤' 게임의 경우 경기 현황을 실시간 API로 제공받아서 현재 나머지 카드의 상태를 보여주는 '덱 트래커'를 이용하는 사람들이 많습니다. 정식 소프트웨어라기보다는 소위 '3rd party'라고 부르는 제삼자가 개발해 생태계를 만드는 것이죠. 마찬가지로 동영상 스트리밍

부동산 앱인 호갱노노는 네이버 지도의 API를 이용한다.

서비스인 '트위치'도 아프리카 TV의 별풍선처럼 오픈 API를 통해 도네이션을 받는 3rd party 서비스를 만들어내기도 했습니다. 즉 오픈 API는 자사의 데이터를 레버리지로 사용하여 다양한 매시업 서비스를 만들고 자사의 플랫폼 생태계를 강화하는 수단으로 활용되고 있습니다.

MSA와 SaaS가 가져온 서비스의 조각 모음

2010년대 후반 일부 플랫폼의 서비스가 비대해지면서 효율적인

오른쪽에 보이는 카드 리스트가 하스스톤 API로 만들어진 덱 트래커

운영을 위해 데이터베이스나 서버를 쪼개놓는 시스템 구조가 유행했습니다. 각 서비스를 독립적으로 구성해 어느 한쪽에서 문제가 생겨도 서비스 간의 영향도를 최소화하기 위한 것으로 '마이크로서비스 아키텍처MSA, Micro Service Architecture'라고 부릅니다.

앞에서 예로 든 '공 바구니를 든 사람'으로 다시 돌아가 볼까요? 바구니를 든 사람이 한 명이면 API가 필요 없다고 했죠? MSA 구조가 된다는 것은 '공 바구니를 든 사람'과 '파란 공을 보여줘야 하는 사람'이 따로 있다는 것을 뜻합니다. 이제 두 사람은 서로 실 전화로 '파란 공 있어?'라고 물어보고 '어, 있어!' 또는 '아니, 없어!' 하는 식의 대화가 필요해집니다. 이런 구조적 변화는 하나의 서비스 시스템에서도 많은 양의 API를 활용할 수 있게 하죠. 대신 서로 영향을 잘 안 받기 때문에 서비스 확장에도 가속이 붙기 시작하고요.

레고 블록처럼 조각조각 떨어져 있으면 그 옆에 몇 개의 블록을 더 쌓거나 얹어도 티가 나지 않는 것과 같습니다.

여기에서 또 하나의 가능성이 등장하는데요. 이 조각난 레고들이 API로 연결된다면 이걸 외부에서 연결할 수도 있겠죠? 일례로 이커머스 솔루션 회사인 쇼피파이shopify는 가상으로 메이크업을 해주는 AR 카메라 프로그램인 '유캠메이크업You Cam Makeup'과 연계되는 애드온 프로그램을 제공하고 있는데요. 쇼피파이에 등록된 상품 정보 안에서 유캠메이크업 서비스를 제공해 주고 주문까지 할 수 있도록 한 것입니다. 반대로 유캠메이크업의 앱 안에서는 원래 시험으로 착용해 보는 화장품 제품이 아마존 앱으로 연결되어 있기도 했습니다. 이렇게 다양한 서비스 간의 조합이 가능한 이유는 API들을 통해 연결할 수 있기 때문입니다.

여기에 또 하나의 트렌드가 변화를 앞당기는데요. 바로 아마존 웹서비스AWS와 같은 클라우드 서비스와 이를 기반으로 나타난 사스SaaS, Software as a Service입니다. 과거 설치형 소프트웨어들이 클라우드 서버 내에서 구독형 서비스로 바뀌고 온라인에서 이용할 수 있게 되면서 SaaS 서비스들은 그 서비스들을 연결할 수 있는 API를 많이 만들어냈습니다. 예를 들어 커뮤니케이션 소통 앱인 슬랙Slack과 구글 독스도 서로 연동이 가능합니다. 구글 캘린더와 슬랙도 연결이 가능하죠. 슬랙에서 일정을 바로 등록하거나 지라JIRA(버그 추적, 이슈 추적, 프로젝트 관리 기능을 제공하는 소프트웨어)에 등록할 수도 있습니다. 미로Miro라는 프로그램 내에서도 다양한 타사의 SaaS 서비스와 연결해서 사용하죠. 마치 각각의 유니버스가 만들어져 있는 상황에서 이 둘을 연결해 더 커다란 유니버스를 만들어내는 것입니다. 마블의 멀티버스가 부럽지 않죠.

이렇게 연결해서 만들어지는 서비스를 하나의 비즈니스로 만든 곳도 있는데요. IT 서비스 관리^{ITSM} 프로그램인 '서비스나우'입니다. ITSM의 가장 큰 역할은 IT 개발 및 모니터링 업무를 실무부터 HR까지 모두 연결해서 관리한다는 것으로 서비스나우는 전사적 통합 관리 툴입니다. 여러 서비스를 사용하고 있어서 분산되어 있던 서비스들을 서비스나우라는 하나의 클라우드로 옮겨 통합 관리할 수 있게 해주는 서비스예요. 예를 들어 국내에서도 온라인 서비스는 아마존 웹서비스^{AWS} 기반에서 작동시키고 회계 프로그램은 SAP(1972년 독일 만하임에서 IBM 출신 엔지니어 5명이 세운소프트웨어 기업)이라는 ERP(전사적 자원 관리)를 사용하는 경우가 많은데요. 이 경우 온라인 매출과 SAP에 기록된 매출을 비교하려면 각각 봐야 되지만 서비스나우에 연결되어 있다면 시스템 안에서 일괄적으로 비교해 문제가 없는지 체크할 수 있습니다. 여러 개의 유니버스가 존재하는 멀티버스를 묶어서 보여주는 것이죠. 그리고 마이크로서비스아커텍처^{MSA} 구조를 통해서 분산되어 있는 서비스들을 커스터마이징한 애플리케이션을 쉽게 만들 수 있도록 도와줍니다. 디바이스별로 아예 다른 형태로 작업자의 특성에 맞게 커스터마이징할 수 있어요.

Cafe24에서는 '레시피'라는 서비스를 제공하고 있는데요. Cafe24 솔루션 안에서 일어나는 특정한 사례들을 API로 확인해서 그 외에

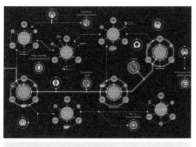

출처 : 서비스나우 홈페이지

Cafe24의 레시피 서비스

연결된 다양한 프로그램으로 알림을 주거나 자동으로 업무를 처리하는 자동화 프로그램입니다. 예를 들어 주문이 들어오면 라인이나 텔레그램, 슬랙 등으로 알림을 주는 것이죠. 단순히 일부를 주고받는 것을 넘어서 연결을 통해 거대한 생태계가 연결되는 것입니다.

점점 더 발전하고 있는 API 기술들

API를 통해서 온라인 서비스가 어떻게 서로 얽히며 발전해 왔는지 정리해 봤는데요. 정보를 조회하는 개념으로만 거론되던 웹용 API 서비스가 모바일의 매시업 서비스의 유행과 플랫폼 생태계의 확장, 마이크로서비스 아키텍처MSA와 SaaS 클라우드 서비스의 유행을 겪으면서 이제는 이합 집산한 새로운 형태의 통합형 서비스를 만들어내고 있습니다. 이에 따라 과거에 비해서 API의 양식이나 형태도 계속 개선되고요. API 양식 면에서도 XML보다 JSON° 파일이 대중화되었고, API를 만들 때 표준이 되었던 RESTFUL API라는 언어 대신 메타(구 페이스북)가 개발한 GraphQL을 쓰는 곳도 많아지고 있습니다. 직접 개발할 것이 아니라면 이러한 기술에 대해서는 완전히 이해하지 못해도 괜찮아요. 다만 API도 더 많은 데이터를 더 안정적이고 빠르게 처리할 수 있도록 바뀌고 있다는 것은 알 필요가 있습니다. 그만큼 매우 많은 API 사용의 변화가 일어나고 있거든요.

다소 복잡하고 어렵게 느껴질 수도 있지만 딱 하나 강조하고 싶은 것이 있습니다. 이제는 눈에 보이는 서비스의 형태와 고객과의 접점뿐만 아니라 보이지 않는 곳에서 서로 연결되고 주고받는 생태계에 대해서도 안목을 키워야 한다는 거예요. 플랫폼 기업이 보유하는 정보가 커질수록 정보를 공유하고 이를 활용하는 서비스들은 날로 발전할 것입니다. API가 있기 때문에 이 모든 것은 가능합니다.

2024년 현재 가장 파워풀한 API는 단연코 생성형 AI(LLM)을 이용하는 API인데요. 오픈 AI의 챗GPT는 API를 제공하여 타 서비스에서 챗GPT를 이용하여 서비스를 만들도록 기반이 되어줬고 전 세계적으로 생성형 AI를 활용한 새로운 서비스가 등장하고 있습니다. 과거에는 상상하지 못했던 AI와의 자연스러운 대화로 영어 공부를 할 수 있는 '스픽'처럼 말이죠. API는 AI를 만나서 더 새로운 시대를 만들어가고 있습니다.

° JavaScript Object Natation. 사람이 읽을 수 있는 텍스트를 사용하여 데이터를 저장하고 전송하는 데이터 공유를 위한 개방형 표준 파일 형식을 말합니다.

당근마켓 같은 거 만들려면 얼마나 돈이 드나요?

한동안 일본에서는 아날로그 감성이 살아 있는 기계 시리즈에 대한 기사가 화제였습니다. 도장 찍는 기계가 나온 것에 이어서, 일본의 문구완구 제조업체 MAX에서 출시한 '워드라이터'라는 기계를 보면서는 깜짝 놀랐는데요. 택배 송장에 글씨를 대신 써주는 로봇이었어요. 여전히 아날로그식 송장을 유지하는 형태입니다.

유명 유튜버인 '슈카월드'의 '슈카'도 2021년 11월 방송에서 일본의 디지털 서비스 경쟁력을 거론하면서 '일본식 해결책'의 하나로 도장 찍는 기계를 이야기했습니다. 공통으

덴소 웨이브의 자동 날인 기계

로 우리가 가진 의문은 왜 문제를 근본적으로 해결하지 않고, 엉뚱한 데 기술력을 낭비하느냐였죠. 한편으로는 일본에 비해 디지털 선진화를 이룬 우리의 모습에 안심을 하기도 했고요.

그런데 안심하기는 아직 이릅니다. 일본처럼 도장을 찍고, 팩스를 보내고, 연하장을 쓰는 것은 아니지만 우리나라의 모든 서비스가 디지털에 완벽하게 적응한 것은 아니기 때문입니다. 사실 기업들은 2020년 불어닥친 코로나 팬데믹으로 '디지털트랜스포메이션' 바람을 정면으로 마주하기 전부터 디지털 산업으로 가야 한다는 위기감이 컸습니다. 그렇지만 일본의 도장 문화와 마찬가지로 회사의 근본적인 운영 방식까지 바꾸기란 쉬운 일이 아닙니다.

온라인 사업을 시작하게 된 보편적인 접근 방법들
· · · · · · · · · ·

기업들이 새로운 사업을 벌일 때 보통은 경영 전략적으로 접근합니다. 자사의 강점을 살려 성공할 것 같은 시장을 선택하고, 절대 실패하지 않을 사업을 하려고 하죠. 경영 전략이라는 것 자체가 회사의 성장을 장기 지속하기 위해 새로운 사업을 만들어내는 것에 있으니까요. 경영 전략 부서들은 장기적인 시장 트렌드인 메가 트렌드Mega Trend를 바탕으로 최근 성공한 해외 레퍼런스를 참고해 사업군을 정하고 자사의 핵심 역량을 파악해 사업 형태를 설계한 후 이에 대한 프로젝트 예산을 확보하는 것에 주력합니다. 이게 잘 안

되면 역량을 지닌 스타트업을 M&A하는 방식이나 엔젤 투자 형태로 지분을 확보하여 기존 자사 기업에 도움 되는 제휴를 만들기도 하죠. 사실 이렇게 할 수 있는 것도 기업에 돈이 있기 때문에 가능합니다.

스타트업들은 사용자들의 니즈를 분석해 가설을 세우고 시장성이 있는지 테스트해 본 뒤 프로덕트 마켓 핏PMF(시장을 만족시킬 수 있는 제품으로 좋은 시장에 안착하는 것)이 확인되면 기술 혁신을 통해 저가의 형태로 자동화시키고 트래픽을 늘리면서 성장합니다. 이후 트래픽을 기반으로 이익을 만들어내죠.

맥킨지는 '트랜스포메이션 컨설팅'에서 디지털트랜스포메이션을 꾀하는 기업의 60~70퍼센트가 실패한다며, 가장 큰 이유는 기술 도입이 아닌 조직 운영의 문제라고도 했습니다. 대표적인 이유를 네 가지로 정의했는데요.

첫째, CEO가 명확한 목표를 과감하게 설정하지 못할 때 실패합니다. 둘째, 트랜스포메이션을 지속하려면 18~24개월 정도의 적자를 감수해야 하는데 이를 견딜 조직 역량이 부족할 때 실패합니다. 셋째, 변화에 맞는 경영 목표를 성립하지 못하고 기존 방식을 고수할 때도 실패합니다. 마지막으로 직원들이 직접 참여하고 변화를 주도해야 하는데 톱다운 방식으로 추진되어 실현되지 않을 때 실패합니다.

맥킨지 한국 사무소는 특히 한국에서 두드러진 양상을 '파일럿의 함정Pilot Trap'이라는 단어로 표현했습니다. 디지털 사업으로 추진하는 소수의 조직을 기반으로 실험을 해보고는 마치 전체 회사가 디지털화된 것처럼 오해하고, 사내에서는 그 조직이 주류가 될까 봐 오히려 반발하는 현상이 일어나는 것이죠. 이러다 보면 작은 파일럿에 작은 투자만 반복하며 근본적인 변화를 만들어내지 못한다는 설명이었습니다.[41]

결국 근본적인 변화 없이 기존의 사업 운영 방식을 그대로 유지하는 것이 가장 큰 문제라고 할 수 있습니다. 온라인 사업을 키우지 못하고 이처럼 '파일럿' 상태로 남게 되는 몇 가지 큰 착각에 관해서 이야기를 해보겠습니다.

착각1: 비슷하게 만들면 되지 않을까?

얼마 전 콘퍼런스에서 만난 외주 개발사 대표님이 요즘 "당근마켓 같은 거 만들려면 얼마나 돈이 드나요?"라고 묻는 창업자분들이 꽤 많다고 하더군요. 당근마켓이 버젓이 있는데 왜 또 비슷한 걸 만들려고 하는지 모르겠지만 굉장히 자주 듣는 질문이라고요.

사실 이해가 안 되는 질문은 아닙니다. 동네의 요식업 트렌드만 봐도 충분히 이해할 수 있습니다. '로제 떡볶이'가 유행하자 갑자기 음식점에서 너도나도 할 것 없이 같은 메뉴를 올린 것을 기억할 겁니다. 오프라인에서는 이러한 미투 서비스가 나름 시장 자체를 키워 모두가 성장하는 경우가 있습니다. 가전과 유통 모두 빠른 '미투 전략'에 익숙해 있죠.

하지만 '승자가 독식한다Winner-takes-all'는 한 문장으로 정리되는 온라인 시장은 상황이 좀 다릅니다. 필요한 시점에 머릿속에 떠오르는 딱 하나의 서비스가 있다면 다른 서비스에 갈 이유가 없기 때문이죠. 특히 '당근마켓'처럼 사람들의 이용 패턴이 확실한 상태에서 동일한 장르에 진입하게 되면 아쉬운 결과가 눈에 빤히 보입니다. 카카오톡이 자리 잡고 있는 시장에 등장했던 우리은행의 '위비톡'도 그랬죠.

위비톡은 전략이나 시장 파악은 정확했지만 온라인 산업에 대한 이해가 부족했던 탓에 아쉬운 성과로 막을 내렸습니다. 메신저에서 금융까지 선점하며 성장한 중국의 위챗 사례를 보고 메신저 앱 시장 진출을 기획한 건데 내부에서 직접 개발하지 않고 외주사를 통해 개발 후 인수하는 방식을 택했죠. 2016년 1월 출시 후 그해 7월에 산출물을 17억 원에 사들이며 IT 자회사와 내부 직원이 운영하는 형태로 전환되었습니다. 이후 많은 이벤트와 다양한 할인 혜택으로 500만 설치 수를 돌파했지만 실질적인 사용자 확보에는 실패하여 2020년 사업 종료를 맞았습니다.[42] 사실 저는 이게 기술 문제나 운영의 문제라고만 생각하지 않습니다. IT 기술력과 경쟁력이 빵빵한 IT 회사들도 이미 시장을 선점한 기업이 있을 때는 성공하기가 굉장히 어렵기 때문입니다.

해외에서 대표적인 예는 구글의 '구글플러스', 아마존의 '아마존 로컬'이 있습니다. 이름만 들어도 대단한 이 두 회사의 서비스들은 이미 시장을 장악하고 있던 페이스북과 그루폰의 아성을 넘지 못하고 사라졌습니다. 구글플러스는 무려 8년이라는 시도 끝에 종료되었고, 아마존도 데일리 딜 소셜커머스 서비스Daily Deal Social Service인 아마존 로컬을 2011년부터 2015년까지 4년이나 노력했지만 결국 문을 닫았죠. 국내에도 이런 사례는 굉장히 많습니다. 지금 떠오르는 것만 해도 트위터를 보고 만든 '미투데이', 인스타그램을 겨냥했던 '폴라', 페이스북을 겨냥한 '디스코'까지 세 가지나 되네요.[43]

이렇게 본다면 위비톡을 다시 바라볼 필요가 있습니다. 위비톡의 실패는 회사의 운영 방식이나 기술력도 문제였겠지만, 가장 큰 문제는 경쟁력을 갖추지 못한 상태에서 온라인 산업에서 실패하기 쉬운 선택을 했다는 데 있습니다. 온라인 시장을 잘 몰랐기에 성장 시장만 보고 선택한 것이죠.

착각2: 일단 만들어서 많이 설치시키면 되지 않을까?

유통과 금융은 오프라인에서 무언가를 할 때 공통으로 일어나는 상황이 있습니다. 점원이 계속 "온라인 앱 설치하고 지점 등록하면 할인해 드려요"라고 말한다는 거죠. 이런 상황은 화장품 가게, 옷 가게, 은행 등 장소 불문하고 나타나는데, 조금이라도 할인받고 싶은 마음에 아무 생각 없이 앱을 설치하고 가입도 하죠. 점원이 회원가입부터 등록을 대행해 주기도 합니다. 하지만 사람들은 매장을

기능별로 쪼개진 금융 앱들

나온 그 순간부터 그 앱을 깔았는지조차 까먹습니다. 결국 스마트폰의 용량만 차지하는 앱이 또 하나 늘어난 것뿐입니다.

어떻게든 앱이 많이 깔리면 고객이 사용할 것이라는 생각은 기업들이 흔히 하는 착각인데요. 이런 방식으로 설치된 대표적인 앱으로 하나은행에서 만든 '하나멤버스'를 들 수 있습니다. 2020년 보도자료에 따르면 무려 가입자 수가 1,610만 명으로, 전 국민의 열 명 중 여덟 명이 가입되어 있다고 할 수 있습니다. 문제는 평소에 이 앱을 일상에서 사용하는 사람들을 찾기는 어렵다는 점입니다. MAU^{Monthly Active Users}(월간 활성 사용자 수)에 대해서도 사실 알려진 바가 없죠.[44]

특히 금융권에서는 기능별로 쪼개진 수많은 앱을 여러 개 설치해야 하는 불편이 상당했습니다. 이는 통합을 고려하지 않고 사업 전략별로 앱을 발주하다 보니 빚어진 일입니다. 그런데 이것을 단지 금융권의 헛발질로 봐야 할까요?

앱이 너무 여러 개로 쪼개져 있는 것은 기술적인 문제겠지만 무엇보다 가격의 고객 이탈을 막는 '리텐션' 전략에 대한 이해가 부족했던 것이라고 할 수 있습니다.

오프라인 시장에서는 위치를 각인시키는 것만으로도 재방문을 유도할 수 있습니다. 특히나 '거래'라는 계약 관계로 묶여 있는 은행은 굳이 다니던 은행을 놔두고 다른 은행을 찾아가는 일이 많지 않습니다. 하지만 온라인에서는 1위 플랫폼에 대한 선호도가 높을 뿐만 아니라, 서비스가 주는 명확한 가치가 분명하지 않다면 그 앱을 다시 쓰게 하기란 쉽지 않습니다. 2021년 테크크런치 보도자료에 따르면 한국인의 하루 평균 앱 사용 시간은 '5시간'이고, 평균 스마트폰 설치 앱은 102개, 그중 한 달에 39개를 사용한다고 합니다. 그 39개 중 메신저, 전화, 문자, 알림 등 기본 앱을 제외하면 자주 사용되는 앱이 되기란 정말 어려운 일이죠. 특정 상황에서 선택받을 이유를 어떻게든 만들어줘야 합니다. 그렇지 않으면 지속적으로 선택받기 어렵습니다. 그리고 그 이유를 만들어주는 것이 바로 '리텐션 전략'이죠. 은행권의 수많은 앱이 개수가 많아질수록 더 선택받기 어려워지는 이유를 이제 알겠죠?

착각3: 성공 사례들의 장점만 모아놓으면 성공하지 않을까?
· · · · · · · · · ·

그렇다면 성공 사례들의 장점만 취해보면 어떨까요? 바로 '차별화 전략'으로 말이죠. 사업 범위가 정해져 있는 상태에서 서비스를 만들려고 할 때 이미 선두 주자가 있으면 '차별화'는 더더욱 중요한 사항입니다. 그런데 이때 착각하기 쉬운 것이 바로 '플러스알파' 전략입니다. 특히 이미 성공한 서비스들이 많을 때 고민해 보게 되는 방식이죠.

큰 주목을 받으며 시작했으나 반년 만에 종료한 '퀴비Quibi'가 대표적인 예입니다. 퀴비는 10분 내외의 동영상을 핵심 콘텐츠로 따온 숏폼 OTT 서비스입니다. 유튜브처럼 프리미엄 요금제를 붙여 월 구독 서비스를 이용할 수 있고, 많진 않지만 넷플릭스처럼 자체 콘텐츠도 있고, 틱톡처럼 5~10분가량의 짧은 동영상을 제공하는 모바일 동영상 스트리밍 서비스입니다. 그야말로 복합 짬뽕이죠.

이 와중에 자체 제작 영상에는 무려 스티븐 스필버그가 참여한다는 이야기가 돌면서 엄청난 기대를 모았습니다. 하지만 2020년 출시한 지 반년 만에 서비스를 종료하게 되었죠. 이는 퀴비만의 존재 이유를 만들어내지 못했기 때문입니다. 이베이, 드림웍스 등을 이끈 베테랑 경영자들이 많은 기대를 모았는데 오히려 이게 더 문제였습니다. 엄청난 홍보 문구에 비해 자체 콘텐츠가 너무 적었고, 앱 출시일에는 버그가 많아서 유료 서비스를 가입하게 할 동인이 없었습니다. 게다가 재미있는 콘텐츠를 보아도 입소문으로 퍼트릴 공유

기능이 부족했던 것도 문제였습니다.[45] 퀴비의 사례는 기존의 성공 요소들을 합쳐 비즈니스모델은 만들 수 있을지언정 재방문할 동선의 설계가 디테일하지 않으면 실패할 수 있음을 보여줍니다. 성공한 서비스 또한 환경 변화에 대응하지 못하면 실패할 수 있습니다. 네이트온과 싸이월드가 대표적이고, 최근 페이스북의 하락세도 비슷한 맥락입니다. 중요한 것은 사업을 시작할 당시의 엄청난 기획이 아니라 사용자들을 잘 분석해 변화하는 환경에 잘 적응해 나가느냐에 달려 있습니다.

온라인 서비스를 출시하는 것만으로는 해결책이 될 수 없다는 사실을 기업들도 느끼고 있는 듯합니다. 파일럿 서비스가 성공했다고 회사가 디지털에 적응했다고 믿지 않으려면 온라인 산업들이 어떻게 움직이고 성장하는지를 잘 파악해야 합니다. 만약 실패한다면 기술력이나 조직의 문제가 아닌 과거의 프레임에서 벗어나지 못하는 것이 문제일 수 있습니다. 사용해야 할 이유가 명확하고, 만들어내고 난 이후에 다시 재방문할 이유가 꼭 필요한 온라인 산업의 특징을 무엇보다 잘 아는 것이 중요합니다.

IT 인프라가 좋은 나라만 온라인 산업을 성공시킬까?

　회사에서 신사업에 대한 아이디어를 가져오라고 하면 여러분은 무엇부터 할 건가요? 제가 본 사람들은 비슷한 업종인데 아직 국내에는 없는 해외 서비스를 참고해 아이디어를 냈습니다. 특히 그 해외 서비스가 성공했고 사용자가 많을수록 아이디어에도 힘이 많이 실렸죠. 문제는 서비스를 똑같이 만든다 해도 결과는 전혀 똑같지 않다는 거예요. 예를 들어 취향, 라이프스타일, 지출 의향 등의 정보를 분석해 개인에게 딱 맞는 제품을 추천해 주는 이커머스 서비스 '스티치 픽스'는 수십 개의 스타트업이 유사한 사업 모델을 만들려고 시도했지만 지금도 정착된 국내 서비스는 보이지 않죠. 나라만 바뀌었을 뿐인데 왜 이런 결과가 나오는 걸까요?

　일단은 국가별로 환경이 다르기 때문이라고 볼 수 있을 텐데요.

많은 스타트업 종사자들이 얘기하는 '법령'의 차이 말고도 분명 무언가 예상과는 다른 점들이 있을 것입니다. 그중 '국가별 인프라 차이'는 어떻게 작용할까요? 세계에서 가장 빠르다는 인터넷과 높은 스마트폰 보급률을 가진 한국은 분명 다른 나라와는 차이가 존재하겠죠. 한국과는 인프라 측면에서 큰 차이가 있는 중국, 인도, 케냐의 사례를 살펴보면서 온라인 산업의 본질에 대해 생각해 보겠습니다.

중국, 슈퍼 앱이 만들어진 두 가지 환경

중국의 디지털 인프라에 관해 이야기하려면 먼저 중국의 네트워크 환경을 알아야 합니다. 중국은 자국의 온라인 산업을 보호하기 위해 해외 서비스 접속 자체를 차단하는 '만리방화벽Great Firewall of China'으로 인터넷 통제를 하고 있습니다. 중국에 접근할 수 있는 웹사이트를 확인하는 웹사이트www.greatfirewallofchina.org가 따로 있을 정도죠. 중국은 구글이나 페이스북 같은 글로벌 기업의 접속을 차단해 이들이 중국 시장을 선점하는 것을 미연에 방어했습니다. 종종 국내 서비스인 카카오톡도 접속이 안 될 때가 있어서 유학생들은 VPN을 통해 우회 IP를 사용하고는 하죠.

이런 정책이 중국의 기업들을 성장시킨 동력이 되어 중국의 아마존이라고 불리는 '알리바바'나 중국의 트위터인 '웨이보', 중국의 메신저 서비스인 '위챗' 등이 크게 성공했죠. 현재는 막대한 자금을 기반으로 전 세계로 영향력을 키우고 있습니다.

중국에서 온라인 서비스를 잘 이용하려면 가장 먼저 '위챗'이나 '알리페이'를 깔아야 합니다. 중국의 폐쇄적인 환경이 이런 '슈퍼 앱'들을 크게 성장시켰죠. 슈퍼 앱이란 하나의 앱 안에 일상생활에 필요한 거의 모든 기능이 탑재되어 있어서 사실상 하나의 운영체제 역할을 하는 앱을 말합니다. 카카오톡, 배달의민족, 쿠팡, 네이버 블로그, 페이스북 모두를 하나의 앱으로 이용할 수 있다고 생각해 보세요. 실로 어마어마하겠죠? 위챗과 알리페이는 단일 앱인데도 그 속에 100만 개 이상의 미니 앱이 존재하기 때문에 스마트폰에서 쓸 수 있는 거의 모든 기능이 들어 있습니다. 또한 철저하게 중화권 사람들에게 가장 편리한 형태로 생태계가 구축되어 있습니다. 이는 구글과 애플이 스마트폰 운영체제를 선점함으로써 앱 생태계를 만들고 수익을 창출하고 있는 것과 비슷하다고 볼 수 있습니다. 다만 스마트폰 운영체제에서 하나의 앱으로 중심이 바뀐 것뿐이죠.

알리페이와 위챗이 지금 위치에 오른 데는 신용카드 인프라가 열악한 중국의 환경적 요인도 작용했습니다. 앱 이야기를 하다가 갑자기 웬 신용카드 이야기냐고요? 알리페이와 위챗 같은 거대한 앱 생태계를 이루려면 결제 수단과 회원 등록이 필요합니다. 그중 더 중요한 것은 결제예요. 결제 수단을 등록해 다양한 서비스를 사용할수록 슈퍼 앱의 입지가 커지는 거죠. 알리페이와 위챗은 각각 이커머스와 메신저에서 시작했지만, 세를 확장하는 데엔 결제 수단이 결정적인 역할을 했습니다.

"중국에서는 거지도 QR 코드로 적선을 받는다"는 말이 있습니다. 간편 결제 확장은 신용카드 인프라가 부재했던 이유가 큽니다. 과거 중국에서는 통신망이 미비했고 신용을 확인하기 어려웠기 때문에 신용카드 발행이 부진했습니다. 이렇게 현금 거래가 많았던 시절 위조지폐, 도난, 사기 등의 문제도 끊임없이 일어났죠. 그러다가 간편 결제 서비스로 개인이나 기업의 거래가 투명하고 안전하게 이루어지면서 사회 전체가 빠르게 디지털 화폐 사회로 전환된 것입니다. 이런 상황에서 결제 수단과 더불어 엄청나게 많은 서비스를 보유한 알리바바와 텐센트는 거대한 기업으로 성장했습니다. 신용카드 인프라가 잘 갖춰져 있어 여전히 신용카드나 신용카드의 인프라로 사용하는 삼성페이가 대세인 우리나라와는 아주 다르죠.

최근 중국 정부가 디지털 화폐를 추진하려는 것이 텐센트와 알리바바의 거대한 앱 생태계를 견제하기 위해서라는 말이 나오는 것을 보면 이들의 규모가 어느 정도인지 상상이 될 겁니다. 두 기업의 슈퍼 앱이 등장한 이후 다른 서비스들이 성장하지 못하는 현실 또한 정부로서는 규제에 나설 수밖에 없는 이유기도 하죠.[46]

정리하자면 중국의 폐쇄적인 온라인 환경과 신용카드의 저조한 인프라 때문에 '슈퍼 앱'이라는 독특한 앱 생태계가 만들어질 수 있었다는 겁니다. 국내에서도 카카오를 비롯한 플랫폼 기업들이 슈퍼 앱을 벤치마킹하려고 시도하고 있습니다. 하지만 중국의 두 회사와는 다른 양상을 보이고 있죠. 이러한 환경의 차이가 결과에서도 차이를 만들어낸다고 볼 수 있습니다.

인도, 저사양 멀티버스를 탄생시킨 열악한 네트워크 환경
· · · · · · · · · ·

2021년 4월 기준으로 세계 스마트폰 운영체제 점유율 3위를 차지하고 있는 것은 KaiOS입니다. 안드로이드 72.19퍼센트, IOS 26.99퍼센트, KaiOS가 0.17퍼센트. 우리에겐 이름도 생소하지만 인도에서는 대세인 운영체제죠.

인도 휴대폰 시장의 주류는 2G와 3G 기반의 피처폰이었습니다. 2016년도 2분기 자료에 따르면 인도 휴대폰 시장 점유율은 삼성의 피처폰이 25.1퍼센트로 1위였고 마이크로맥스 12.9퍼센트, 레노버(모토로라 포함) 7.7퍼센트 순으로 피처폰이 주류였습니다. 스마트폰 보급률은 25퍼센트에 그쳤죠. 2016년이라면 국내에서는 스마트폰으로 거의 전환되고 각종 앱이 성장하던 시기이니 차이가 꽤 컸죠. 인도는 빠른 인터넷 환경이 있어야 하는 아이폰과 갤럭시 시리즈가 인기 없는 곳이기도 했습니다.

이런 인도의 상황은 많은 기업에 굉장한 기회로 다가왔고, 실제 여러 회사가 진출을 시도했습니다. 파이어폭스로 유명한 모질라 Mozilla도 그중 하나였죠. 모질라는 2013년 오픈소스 형태로 파이어폭스 운영체제를 만들고 안드로이드와 IOS의 대항마라고 홍보했지만 대중화에는 실패했습니다. 이 운영체제는 안드로이드나 IOS에 비해 네트워크가 약하거나 디바이스 성능이 떨어져도 운영할 수 있었습니다. Kai 테크놀로지는 이 같은 장점을 강화하여 운영체제를 만들었는데 그게 바로 'KaiOS'입니다.

피처폰이 여전히 대세인 인도 시장에서 4G 통신망을 보급하려던 릴라이언스 지오는 이 KaiOS를 채택하여 '스마트 피처폰'이라는 새로운 개념을 만드는데요. 스마트폰의 터치스크린과 각종 센서를 없애고 피처폰과 같은 형태를 유지하면서 4G를 이용하여 스마트폰 앱 생태계를 이용하게 해준 겁니다. 피처폰처럼 튼튼하고 배터리가 오래 가는데 와이파이, 블루투스, 음성인식, GPS 같은 기능은 담고 있는 거죠. 이런 5만 원대의 '지오폰'을 할인 등 각종 혜택을 주며 저가에 대량 보급하자 앱 경제를 만들어낼 수 있는 시장이 생겼습니다. 구글과 페이스북, 아마존 같은 대기업들이 곧 KaiOS를 위한 저사양 앱들을 만들어내기 시작했죠. 2018년 구글은 '구글 고'라고 하는 저사양 서비스로 유튜브, 구글맵 등을 지원했습니다. 또 '구글 테즈'라는 저사양 구글페이도 만들었죠. 페이스북도 왓츠앱과 페이스북 앱의 KaiOS용 경량 버전을 만들었습니다. 이를 바탕으로 '저사양 스마트 피처폰 생태계'가 형성되었습니다.

2016년 6.8퍼센트에 그쳤던 릴라이언스 지오의 스마트폰 점유율은 2018년 47퍼센트까지 올라갑니다. 인도에서 지오폰 7,000만 대를 판매한 덕이었죠. 인도 시장의 가능성을 본 구글은 KaiOS와 릴라이언스 지오에 지속적인 투자를 하면서 '안드로이드 고'라는 저사양 운영체제를 공급하고 2021년 11월에는 '지오폰 넥스트'라는 이름으로 안드로이드 기반의 초저가 스마트폰을 출시했습니다.

인도 사용자들은 고가 스마트폰을 구매할 여력이 없는 데다 또 쉽게 부서지는 스마트폰에 대한 선호도도 떨어집니다. 스마트폰으로의 전환이 늦으니 4G의 보급도 더 늦을 수밖에 없었죠. 이런 환경에서 스마트폰의 기능을 활용한 고급 앱을 만들었다면 성장하기 어려웠을 것입니다. 저사양 스마트폰과 앱이라는 생태계가 만들어진 인도 글로벌 기업들의 격전지가 될 것으로 예상되는데요. 앞으로의 인도 시장의 변화가 기대됩니다.

인터넷이 없이도 간편 결제 생태계를 만든 케냐
· · · · · · · · · ·

아프리카의 인터넷 보급률은 전 세계의 절반에도 못 미치는 수준입니다. 2016년 국제전기통신연합의 보고서에 따르면 아프리카 인구의 74.9퍼센트가 인터넷 접속이 불가능한 지역에 거주하고 있죠. 그래서 앱 경제를 논하기에는 시기상조라고 보는 시각이 많습니다.

하지만 반대로 생각하면 인터넷 인프라를 구축할 기회의 땅이라고도 할 수 있지 않을까요? 세계적인 온라인 기업인 구글과 메타(구 페이스북)는 각각 '프로젝트 룬project Loon'과 '프리 베이직스Free basics'라는 사업을 통해 아프리카에 인터넷을 보급하기 위해 노력했지만, 비용 절감의 이슈로 구글은 2021년에 사업을 종료했습니다. 메타는 아직 남아 있어 2021년 10월 기준 3억 명의 사람들이 혜택을 받았다고 합니다.[47] 이런 사업들은 정보에서 소외되고 발전도 더딘 아프리카 국가 대상의 자선 사업처럼 보이지만, 특정 서비스를 지원하는 기업이 인터넷망을 제공한다는 점에서 망 중립성에 위배된다는 지적도 나오고 했습니다. 그도 그럴 것이 제공되는 인터넷망에 자사의 서비스들이 꼭 포함되어 있었으니까요. 메타가 제공하는 프리베이직스의 경우 페이스북을 포함한 일부 서비스만 무료로 제공되고 있어서 이 같은 비판을 더 많이 받았죠.

구글의 프로젝트 룬과 메타의 프리 베이직스

이렇게 열악한 아프리카의 네트워크 인프라 속에서 유독 다른 모습을 보이는 국가가 있는데요. 바로 케냐입니다. 케냐는 송금이나 결제, 월세 납부 모두 휴대폰으로 하고 있습니다. 그런데 그 폰이 놀랍게도 2G 기반의 피처폰이죠. 케냐에서 2007년 시작한 'M-페사'는 케냐의 간편 결제 서비스입니다. 케냐는 은행 계좌가 없는 사람이 수두룩할 만큼 금융 시스템이 낙후되어 있습니다. 신용카드는 생각도 못 하죠. 중국 사례에서 보았듯 현금 위주의 거래는 위험성이 높습니다. 하지만 중국처럼 간편 결제 생태계로 진입하기에는 스마트폰뿐 아니라 통신망도 부족했죠. 스마트폰을 출시했어도 인도와 마찬가지로 활성화되기는 어려웠을 겁니다. 반면 피처폰만큼은 보급률이 90퍼센트 이상에 달했어요. 유선 통신망이 없는 상태에서 유일한 통신 수단이 2G 기반 피처폰이었기 때문입니다. M-페사는 송금, 결제 서비스를 오로지 피처폰의 기능만으로 구현했습니다. 약간의 오프라인적 운영 인프라를 만들어서 말이죠.

M-페사는 휴대전화 번호를 지갑 대신 사용한다고 볼 수 있습니다. 각지에 있는 가게나 대리점에서 현금을 휴대전화 번호에 충전하고, 거래할 때는 SMS를 이용해서 받을 사람의 휴대전화 번호와 금액을 써서 보내면 충전된 금액이 이체되는 방식입니다. 현금이 아닌 '전자화폐'만 왔다 갔다 하는 것이죠. 대리점에서 현금으로 전환도 가능합니다. 개인 송금뿐 아니라 슈퍼마켓, 시장, 식당에서 지불 수단으로 사용할 수도 있고 전기요금과 같은 공과금을 내거나 회사에서 월급을 받을 때도 활용됩니다.

M-페사는 이를 바탕으로 배달 서비스 휴대전화 목록을 만들어 서비스를 확대하고 있습니다. 현재는 스마트폰을 이용한 송금, 결제

현금을 휴대전화에 충전하거나 교환하는 사람들

서비스도 가능하고 페이팔로 충전하는 기능이나 구글 결제 수단으로도 사용할 수 있도록 확대되었는데요. 2G 환경에서부터 다져진 핀테크가 계속해서 성장한 경우라고 할 수 있습니다.[48][49]

기본적인 인프라뿐 아니라 앱이 없는 때부터 케냐에서는 선진화된 간편 페이 서비스를 누릴 수 있었습니다. 이 상황이 하도 신기해서 페이스북의 저커버그와 알리바바의 마윈이 케냐의 M-페사 운영사인 사파리컴을 방문한 적이 있을 정도라고 하죠. 앞서 중국 사례에서도 말했듯이 결제 시스템을 갖추면 생태계를 만들기 유리해집니다.

만약 피처폰만 있는 환경을 탓하며 간편 결제를 만들 방법을 고민하지 않았다면 이런 성과는 아예 기대도 할 수 없었을 것입니다. 고도로 발전된 기술이나 인프라가 없어도 서비스의 본질을 추구했기에 이뤄낸 일이라고 할 수 있습니다.

고객과 환경을 보고 본질에 집중하자
· · · · · · · · · ·

서비스를 만들다 보면 기술과 기능에 대한 이야기가 중심이 되는 것을 종종 보게 됩니다. AI를 써야 한다거나 다른 앱보다 기능이 많아야 차별화된다고 믿는 경우죠. 저는 이 세 나라의 사례를 조사하고 공부하면서 깨달은 것이 있습니다. 중국 앱 생태계가 발전할 수 있었던 것을 두고 신용카드 인프라가 잘 갖춰져 있지 않아 운이 좋았다고 말하는데요. 저는 인도와 케냐의 사례를 보면서 중국의 플랫폼들은 운이 좋았기 때문이 아니라 주어진 환경과 고객의 특징을 잘 파악했기 때문에 성장할 수 있었다고 확신합니다. 인도와 케냐의 환경은 우리보다 훨씬 열악합니다. 하지만 열악한 인프라와 구매력이 낮은 사용자를 이유로 포기할 게 아니라 그 상황에 필요한 적절한 서비스를 만들어내는 것이 중요하지 않을까 생각했습니다. 플랫폼 기업으로 성장하고자 하는 기업이라면 눈여겨봐야 할 부분도 있습니다. 어떤 형태의 서비스로 시작하든 확장을 위해서는 결제 기능이 있어야 한다는 것입니다. 결제 기능이 확보되면 사용자를 붙잡아둘 생태계가 쉽게 만들어집니다. 그리고 이를 위해서는 무조건 빨리 그리고 많이 고객을 확보해야죠.

우리나라 앱 생태계도 다른 국가들과는 다르게 네이버-카카오-쿠팡이라는 구도로 움직이고 있는데요. 결국 승리하는 기업은 해외 성공 사례를 따라 하기보다는 국내 환경과 사용자를 잘 파악해 적절한 서비스를 지속적으로 만들어내는 곳이 되지 않을까 싶습니다.

이커머스
플랫폼 좀 아는 사람

IT Business World

넷플릭스의 어깨에 올라탄
API 없는 매시업 서비스

서비스 기획자가 되기 위해서 열심히 노력하던 2010년 무렵, 우연히 '모바일 서비스 기획'이라는 수업을 6주간 참여한 적이 있었는데요. 기억에 남는 단어가 하나 있습니다. 바로 '매시업mash-up'이라는 단어였죠. 모바일 앱 시장이 조금씩 성장하던 시절이었고, 강사님은 대형 서비스에서 공유되는 API들을 활용해 만들어지는 서비스 시장이 점점 더 커질 거라고 했습니다. 각각의 서비스 API들을 연결하여 새로운 서비스를 만들어내는 창업이 앞으로 대세가 될 거라고도 했죠. 매시업 서비스는 이러한 다양한 API를 활용하여 새로운 형태의 서비스를 만들어내는 것을 의미합니다.

기술적인 부분이 있어 다소 어렵게 느껴질 수 있을 텐데요. 요즘은 API란 단어도 한 번쯤은 들어봤을 만큼 익숙한 단어지만, 손으로 터치하고 눈으로 보는 GUI^{Graphic User Interface}와 비교해 보면 아무
래도 의미가 와 닿지 않을 수 있습니다. 저는 주니어 기획자들이 입
사를 하면 API를 '실 전화기'에 비유하여 설명합니다.

실 전화기 사용자가 보는 UI는 고작해야 종이컵 모양이지만, 팽
팽하게 당겨진 실을 통해서 우리에게 소리가 전달되어 온다는 것은
어릴 때 많이 경험해 봤을 거예요. 이 소리의 전달이 눈에 보이지 않
듯이 API의 사용도 뒤에서만 일어나기 때문에 이용자들에게는 잘
보이지 않습니다. 실 전화로 한 사람이 질문하면 다른 사람이 대답
하듯이, 클라이언트가 API로 규격화된 데이터를 요청하면 상대방
인 서버는 서로 약속된 형태로 데이터를 보내줍니다.

대형 서비스 또는 API를 중심으로 만들어진 서비스들은 본인들
의 정보를 사용할 수 있는 API를 여러 개를 만들어놓고, 누구나 쓸
수 있도록 열어두고 있습니다. 이를 오픈 API라고 부르죠. 마치 실
전화의 실을 엄청나게 만들어두고 누구나 실을 종이컵에 연결만 하
면 되도록 해놓은 것입니다. 게다가 실 전화도 꼭 종이컵으로 만들

필요는 없습니다. 바가지도 되고 그릇에 스타킹을 팽팽하게 당겨서도 만들 수 있죠. API를 이용한 서비스도 마찬가지입니다. 데이터를 받아오고 나면 화면 UI는 얼마든지 다양하게 할 수 있습니다. 그래서 사용자들은 같은 오픈 API를 이용하여 서비스를 만들어도 눈으로 봤을 때는 같은 정보를 활용했는지 모를 수도 있어요.

지난 십수 년 우리가 느끼지 못하는 사이에 세상은 조금씩 그렇게 변해왔습니다. 아마존에서 제공하는 상품 조회와 구매까지 가능한 API 덕에 커머스 기능이 없는 여러 앱도 마치 아마존 매장처럼 활용되고 있습니다. 또 구글의 API는 회원 로그인부터 지도 서비스, 메일 보내기, 구글 드라이브 등 모든 서비스가 API로 제공되고 있다고 봐도 과언이 아닙니다. 페이스북도 로그인과 게시물 공유하기 등록이 API 형태로 제공되고 있습니다. 우리나라도 마찬가지입니다. 네이버와 카카오는 다양한 서비스 기능을 유무료로 제공하고 있고, 공공데이터 방식으로 제공되는 국가 정보 데이터도 점점 더 많아지고 있습니다. 화장품 리뷰 앱에서 사용자 수가 가장 많은 '화해'는 공공데이터에서 제공하는 데이터를 이용하여 만들어진 멋진 서비스이고, 네이버 로그인이나 카카오톡 공유하기가 없는 서비스는 상상할 수도 없죠. '핀플리Pinply(무료 음악 어플)'는 유튜브의 영상을 가져와서 새로운 플레이 리스트를 생성하는 신개념의 SNS이기도 합니다. 모두가 매시업 서비스라고 할 수 있죠.

이처럼 스타트업에서는 대형 서비스가 제공한 API를 토대로 또 다른 서비스를 만들어내는 게 효율적일 수 있습니다. 소위 '거인의 어깨에 올라타는 전략'이니까요. 그런데 요즘 API를 제공해 주지 않더라도 거인의 어깨에 올라타는 방법이 있을 수도 있겠다는 생각이 들었습니다.

넷플릭스라는 거인과 API

넷플릭스는 오리지널 무비와 영상들을 기반으로 단숨에 국내 OTT의 왕좌에 오른 명실상부한 거인입니다. 실제 유효 사용자 수를 판단할 수 있는 MAU를 보면 2020년 720만 명에서 2023년 1,174만 명으로 3년 사이 63퍼센트나 증가했죠.

이런 거인의 어깨에 올라타려는 스타트업도 무수히 많을 테니 넷플릭스도 API를 제공해 주면 좋겠건만, 안타깝게도 넷플릭스는 오픈 API를 제공하고 있지 않습니다. 물론 처음에 시도는 했지만요. 영화를 검색하고 스트리밍까지 연결하는 API가 있었죠. 하지만 2012년 더 이상의 사용자 인입을 막았고, 2014년 11월 오픈 API 서비스를 종료했습니다. 그 뒤로는 사측 간 협약된 일부 앱에만 API 접근을 허용했죠. 이유는 명확했습니다. 넷플릭스에 딱히 도움되는 점이 없다고 판단했기 때문입니다. API를 유지하는 데 드는 비용 등을 생각하면 자사에 딱히 도움이 되지 않는다고 본 거죠.[50] 하지만 지금의 넷플릭스를 보고 있자니 어떻게든 그 어깨에 올라타고 싶은 마음이 드는 것은 사실입니다. 그리고 실제로 넷플릭스의

API 없이도 넷플릭스를 활용한 매시업 서비스들이 나타났습니다.

모든 영상을 단톡창으로 함께 보기 : 텔레파티

텔레파티Teleparty의 원래 이름은 'Netflix Party'였습니다. 사람들은 줄여서 NP라고 부르더군요. 해외에서는 유명한 서비스이며 국내에서도 넷플릭스가 대중화되면서 알음알음 사용자들이 늘고 있습니다.

텔레파티는 2016년 테크크런치에 소개됐을 때는 인기를 끌지 못하다가 2020년 3월 코로나 확산으로 락다운 사태가 발생하자 여러 매체에 소개되며 주목받기 시작했습니다. 그러다 다른 OTT 서비스도 지원하면서 이름을 텔레파티로 변경했죠. 이에 자극을 받았는지 넷플릭스와 라이벌 중 하나인 훌루Hulu와 왓챠에서 텔레파티와 유사한 서비스를 자체적으로 내놓았습니다.[51]

이 서비스가 왜 이렇게 주목을 받을까요? 텔레파티는 넷플릭스를 비롯해 여러 영상 콘텐츠를 함께 시청하며 채팅할 수 있는 브라우저 익스텐션 프로그램입니다. 크롬이나 마이크로소프트 엣지에서 툴바처럼 생긴 익스텐션 프로그램을 받고, 넷플릭스를 웹에서 이용할 때 채팅창을 생성하면 동일한 영상을 보는 사람들이 들어와 채팅하는 방식으로 이루어집니다. 유튜브 라이브나 트위치의 채팅창을 생각하면 됩니다. 이렇게 생성한 채팅창 URL을 친구들에게 공유하면 동시에 재생될 수 있도록 돕죠. 물론 모든 사용자가 이 프로그램을 설치해야 하고, 넷플릭스 ID를 가지고 있어야 하지만 코로

나 시대에 친구들끼리 만날 수 있는 멋진 아이디어였죠.[52]

눈치챘겠지만, 웹페이지에서 넷플릭스 영상이 어떤 영상인지는 URL로 판단한 것입니다. 넷플릭스에서 받는 정보는 없는 것이죠. 넷플릭스가 API를 제공해 주지 않는데도 이렇게 전 세계의 수많은 사람들이 이를 사용하고 있는 것입니다. 구글 익스텐션 서비스에 남겨진 아래 댓글을 보면 이 서비스의 작동 방식을 예측해 볼 수 있습니다.

Adriano Junior   Aug 3, 2020

You need start the video. Click on NP icon and will trigger a modal with url to share. NP only works when you are in the window of the video.

Was this review helpful?   ◯ Yes   ◯ No | Mark as spam or abuse

일단 영상을 재생한 후 프로그램을 작동시키면 정상적으로 될 거라는 답변입니다. 프로그램이 현재 재생 중인 동영상을 인식해 작동한다는 것을 알 수 있습니다. 넷플릭스의 API가 없어도 가능한 충분히 의미 있는 접근이죠.

무료 서비스이면서 전 세계 이용자에 제한이 없기 때문에 구글 익스텐션에서도 인기가 꽤 높았어요. 1,000만 명 넘게 이용하고 있다고 하니 곧 수익 구조도 만들어 낼 수 있지 않을까요?

넷플릭스를 보고 토론하는 모임 : 넷플연가

텔레파티가 개발 중심인 IT 서비스라면, 개발을 전혀 하지 않고

도 넷플릭스의 어깨에 올라
탄 곳이 있습니다. 국내 서
비스인 '넷플연가'입니다.

트레바리를 중심으로 독
서 모임 붐이 일기 시작했
을 무렵, 우연히 광고를 보
고 깜짝 놀랐는데요. 넷플릭
스를 보고 난 후에 토론하는

넷플연가 2020년 기준 신청 리스트 화면

모임인 '넷플연가'에 대한 광고였습니다. 소셜살롱 형태의 유료 모
임인데요. 초반부터 쭈욱 'OOO를 볼 때면 OOO에 가야 한다'와
같은 캐치프레이즈를 걸고 취향을 기반으로 만들어졌습니다.

시즌제로 진행되는 이 서비스는 호스트가 선정한 넷플릭스 영화
네 편을 보고 함께 이야기를 나누는 형식으로 진행됩니다. 때에 따
라서는 정해진 장소에서 같이 영화를 보며 토론을 하기도 하고, 다
른 레크리에이션을 함께하기도 합니다. 지금은 넷플릭스를 같이 보
는 것에서 더 나아가 다양한 커뮤니티성 모임을 주선하고 있지만
이름에서부터 넷플릭스의 어깨에 올라탄 흔적이 남아 있죠.

가장 중요한 점은 넷플릭스와는 아무 관련도 없고, IT 서비스가
아닌데도 넷플릭스의 인기를 함께 누렸다는 겁니다. 넷플릭스를 보
면서 느낀 점이나 아쉬운 점을 이곳에서 풀 수 있으니 이쯤 되면 충
분히 매시업 서비스라고 볼 수 있습니다. 넷플연가가 거인의 어깨
에 올라탄 방법은 API를 활용하는 것이 아니었습니다. 하지만 넷플

릭스 서비스를 기반으로 서비스를 쌓아 올린 방식은 분명 '매시업'
의 특징을 갖고 있습니다.

오픈 API를 쓰지 않고도 거인의 어깨에 올라타는 법

이커머스 기획자이다 보니 이런 서비스들을 보며 이커머스 운영
대행사나 이커머스 플랫폼 교육 강사들이 생각나더군요. 바로 '스마
트스토어 입점 강의'는 거의 필수 교양처럼 인기를 끌었는데요. 막
강한 파워를 가지고 있는 '이커머스 플랫폼'을 활용해 보고 싶거나
더욱더 잘 쓰고 싶은 사람을 대상으로 사업 기회를 노린 것입니다.

브런치 작가 되기로 유명해진 '한달어스'의 프로그램도 마찬가
지예요. 카카오가 운영하는 브런치(브런치스토리)는 여타 블로그와
달리 글을 쓰려면 '작가'로 먼저 뽑혀야 하는데요. '브런치 북 출간
프로젝트'와 같은 정말 작가로 만들어주는 지원 정책이 맞물리면서
좀 더 전문적이고 개인 브랜딩이 가능한 공간으로 주목받았습니다.
브런치의 직원이나 브런치가 제공하는 강의가 아님에도 브런치 작
가가 되기 위한 클래스를 만들어서 판매하거나 인기 있는 글쓰기를
위한 클래스도 생겼죠. 제 기억에 가장 먼저 시작한 곳이 '한달어
스'였던 것 같습니다. 처음에는 '이런 것도 생기나?' 싶었는데 지금
와서 보니, 또 다른 형태의 매시업 서비스라는 생각이 들었습니다.

저는 앞에서 말한 넷플연가나 텔레파티, 한달어스가 모두 비슷한

전략을 갖고 있다는 생각이 들었습니다. 달리 말하면 넷플릭스와 브런치가 이제는 자기만의 생태계를 가지게 된 겁니다.

　몇 년 전부터 '플랫폼'이란 무엇인가에 대한 이야기가 많이 나오고 있습니다. 이제는 공기처럼 흔해 빠진 말이 되었지만 그래도 여전히 정의하는 사람마다 그 의미가 조금씩 다르죠. 양면 시장을 가지고 있어야 플랫폼이라고 하는 사람이 있는가 하면, 트래픽만 많이 모여도 플랫폼이라고 하는 사람도 있습니다. 혹자는 문어발처럼 서비스를 확장할 수 있어야 플랫폼이라고 생각하기도 하죠. 저는 개인적으로 '위성 생태계'가 출현할 수 있는 것이 플랫폼이 아닐지 생각합니다. 기존의 API로 작동하는 매시업 서비스를 두고 사람들은 '승자가 독식한다'는 말을 많이들 했습니다. 플랫폼 데이터를 매시업해 사용할수록 플랫폼에만 중요한 정보가 모일 뿐, 플랫폼에 위협이 될 정도로 서비스가 성장하기도 어렵고, 딱히 도움이 되지 않는다고 판단되면, 해당 플랫폼은 바로 API 서비스를 중단해 버릴 수 있었으니까요. 넷플릭스처럼요.

　하지만 지금 소개한 사례들은 꼭 플랫폼에 모든 데이터를 내주어야만 플랫폼의 어깨에 탈 수 있는 것은 아니라는 것을 보여주지 않나요? 이러한 스몰비즈니스의 가능성을 열어줄 때 플랫폼이 더욱 성장할 수 있다는 것도 방증하면서 말이죠. 당장 몸집이 큰 플랫폼 서비스들을 바라보면서 부러움에 입맛을 다시기보다 그들의 어깨에 올라탈 방법은 없을지 생각해 보는 건 어떠세요?

사용자들이 자발적으로
'다꾸 장터'를 만든 필기 앱

남편이 아이패드를 샀습니다. 직장에서 회의 필기용으로 태블릿을 쓰는데 아이 펜슬을 써보고 싶다는 게 이유였습니다. 그런데 문제가 생겼습니다. 남편은 갤럭시탭의 갤럭시 노트를 꾸준히 써왔기 때문에 아이패드의 기본 메모 앱으로는 만족이 안 되었어요. 그래서 아이패드에서 사용할 노트 필기 앱을 찾아보게 되었습니다.

아이패드의 대표적인 메모 앱으로는 굿노트Goodnotes5와 노타빌리티Notability가 있는데요. 텍스트 입력과 필기 입력 모두 지원되고 파일을 불러와서 그 위에 필기를 하거나 사진을 입력하는 기능을 제공하죠. 어떻게 보면 평범합니다. 그런데 사람들이 '굿노트'를 최고라고 이야기하더라고요. 그 이유를 좀 찾아봤습니다.[53]

굿노트의 무엇이 다른가

"여보, 이거 봐봐. 사람들이 만든 속지를 다양하게 쓸 수 있대."

한참을 유튜브에서 눈을 떼지 못하던 남편이 굿노트에 대한 여러 영상을 보여주었습니다. 보다 보니 굿노트는 여느 필기 앱과 다른 점이 있었습니다. 위에서도 말했듯이 필기 앱에서 PDF 파일을 불러와 그 위에 필기를 하는 것은 필수 기능에 가깝습니다. 그런데 굿노트는 고정된 서식을 사용하는 것이 아니라 다른 사용자들이 만들어서 올린 서식도 쓸 수 있었습니다. 즉 PDF 파일을 이용해 페이지 모양을 템플릿처럼 복사해서 쓸 수 있고, PDF에서 지원하는 하이퍼링크 기능을 이용해 몇 개의 층을 가진 구조를 그대로 쓸 수도 있었습니다. 예를 들어서 월별 캘린더와 일별 속지를 연결할 수도 있었어요. 그러다 보니 유튜브에는 온갖 활용 팁들이 넘쳐났습니다. 활용 폭이 넓다는 게 굿노트의 큰 매력이었죠. 그런데 여기서 재밌는 점을 두 가지 발견했습니다.

첫째, 해외에서는 굿노트의 이런 다양한 양식을 템플릿이라고 부르는데 우리나라 이용자들은 이를 '속지'라고 부르더라고요. '속지'라는 단어는 템플릿과 의미가 다소 다릅니다. 다이어리에 끼워서 사용하는 용지를 보통 속지라고 부르니까요. 이렇게 부르는 이유도 명확합니다. 굿노트를 오프라인 다이어리의 온라인용으로 사용하기 때문입니다. 최근 레트로 열풍이 불면서 유행한 '다꾸(다이어리 꾸미기)'가 온라인으로 들어온 것이죠. 영어로 'Goodnotes5 template'

와 '굿노트 속지'로 각각 검색해 보면 차이가 확연히 드러납니다. 영어로 '템플릿'을 검색하면 필기용 양식이 주로 나오는데, 한글로 '굿노트 속지'를 검색하면 다이어리 양식이 더 많이 뜹니다.

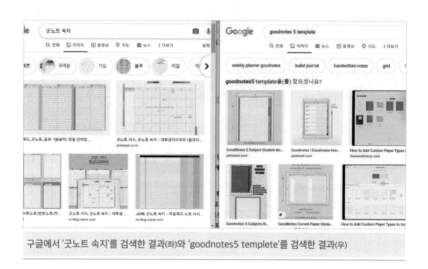

구글에서 '굿노트 속지'를 검색한 결과(좌)와 'goodnotes5 templete'를 검색한 결과(우)

굿노트가 다이어리 꾸미기에 적합한 데는 여러 이유가 있습니다. PDF를 가져와서 예쁜 속지를 깔고 아이펜슬로 다이어리 꾸미기처럼 쓰기도 좋은 데다가, PNG 파일을 가져와 복사하고 붙여 넣으면 다이어리 꾸미기용 스티커도 만들 수 있습니다. 연예인 사진 콜라주나 그림을 복사해 넣기도 쉽고요. 게다가 휴대용으로도 편리하죠. 유튜브에는 굿노트를 활용한 디지털 다이어리 꾸미기에 대한 소개 영상들이 넘쳐납니다.[54]

두 번째로 굿노트를 찾아보면서 신기했던 점은 오프라인에서 다이어리 꾸미기를 위해 사용하던 모든 것이 디지털화되기 시작했고,

게다가 동일한 방식으로 거래되기 시작했다는 점입니다.

기존에 오프라인용 다꾸템(다이어리 꾸미기에 필요한 아이템)을 디자인해서 판매하던 회사들이 디지털 문구용품으로 굿노트 속지와 굿노트용 스티커 등을 팔기 시작한 거죠. 네이버 가격 비교에서 '디지털 다꾸' 또는 '굿노트'로 검색해보면 이런 움직임을 확인할 수 있습니다.

UGC 마켓으로서의 굿노트

네, 맞습니다. 굿노트의 속지를 만드는 건 사용자 제작 콘텐츠 UGC^{User Generated Contents}(사용자가 직접 제작한 콘텐츠)에 해당합니다. UGC 시장이 너무 잘되니 기업들도 뛰어든 거로 볼 수 있습니다.

여기서 떠오르는 사례들이 많습니다. 네이버 블로그나 티스토리는 아예 디자인 스킨을 등록해 판매할 수 있고, 카카오톡의 이모티콘도 비슷합니다. 이런 UGC 사례는 보통 서비스 운영 주체가 만들 스토어 내에서 시작되는 경우가 많습니다. 핵심 서비스는 만들었으나 거기에 들어가는 부속 서비스를 제공하기 어려울 때 마켓플레이스를 만들어 자연스럽게 수요와 공급을 만족시키는 방법이죠.

그런데 굿노트는 이런 방식으로만 설명하기에는 뭔가 부족합니다. 당시 굿노트에서는 템플릿 마켓을 찾아볼 수 없었습니다. 왜냐하면 굿노트가 대한민국에서 디지털 다이어리로 쓰이는 건 순전히 이용자가 만들어낸 결과니까요. 우리나라 사용자들 사이에서만 일어나는 특수한 현상인 거죠. 굿노트 본사로서도 의아해하지 않을까 싶습니다. 굿노트의 프로덕트 오너(PO)는 한국에서 이 유료 앱이 왜 이렇게 잘나가는지 정확히 파악이나 하고 있을까요?

굿노트는 내부에 마켓을 가지고 있진 않지만 플랫폼으로서의 형태를 모두 갖추고 있습니다. 굿노트라는 앱을 매개로 속지 판매자와 소비자가 있는데, 이 둘은 언제든지 입장을 바꿀 수 있습니다. 즉 소비자가 판매자가 될 수 있고 판매자도 구매자가 될 수 있습니다. 둘 사이에 '다꾸'를 위한 '예쁜 디자인'이라는 가치가 교환됩니다. 이러한 거래는 서로에게 이익을 주는 한 계속해서 활성화됩니다.

제가 만약 굿노트 PO이고 한국의 이런 상황을 눈치챘다면 한 가지 딜레마에 빠질 것 같습니다. "굿노트 앱에 한국에서 인기 있는 '귀엽고 예쁜' 아이템들을 판매하는 시스템을 넣을 것인가?"의 문제로 말이죠. 분명 수익성도 있고, 이용자를 꾸준히 굿노트로 유입시켜 네트워크 효과를 낼 만한 기획이긴 합니다. 하지만 굿노트는 한국에서만 사용되는 것이 아닌 글로벌 앱이고 다꾸 기능은 애초 굿노트가 추구하는 가치와도 맞지 않습니다. 이런 기능을 추가한다고 해도 전체 프로덕트의 기준을 어떻게 잡아야 할지 고민되지 않을 수 없지요.

게다가 다양한 '속지' 거래를 플랫폼 커머스 형태로 포함하면 관리 범위 당연히 늘어나겠죠? 서비스도 더 복잡해질 겁니다. 유료 결제는 물론, 기간 대여 모델로 스티커를 팔 수도 있고, 할인 쿠폰이나 광고 영역도 필요해질 겁니다. 이러다 필기 앱으로서의 정체성이 퇴색되면 오히려 손해일 수 있는 거죠.

프라이탁과 안드로이드 앱스토어 사례
· · · · · · · · · ·

그렇다면 앱에 플랫폼 커머스를 만들지 않으면서도 굿노트와 연관성을 최대한 높일 방법이 있을까요? 스위스의 업사이클 브랜드 '프라이탁FREITAG'과 안드로이드 앱스토어를 한번 살펴보겠습니다.

프라이탁은 트럭 방수포를 재활용해 가방을 만드는 업사이클링 브랜드입니다. 재료에 따라 가방의 디테일이나 패턴 등이 조금씩 달라 희소성이 높습니다. 세상에 단 하나뿐이라는 희소성은 구매자들의 욕구를 자극하기에 충분하죠. 힙한 브랜드로 인기를 끌고 있는 이유도 여기에 있습니다. 동일 모델 상품인데도 모두 조금씩 다르기 때문에 특정 상품은 구매자들 사이에서 더 인기를 끌기도 합니다. 이러한 인기 때문인지 프라이탁 제품은 중고 거래도 활발합니다. 디자인이 좋은 경우엔 원가보다 비싸게 팔리는 경우도 종종 있습니다.

프라이탁은 이런 거래를 활성화하고 고객 반응과 데이터를 수집하기 위해 'S.W.A.P'이라는 프라이탁 제품 교류 플랫폼을 만들었습니다. 데이팅 앱인 틴더를 기반으로 만들어진 이 서비스는 금융 거래 없이 프라이탁 제품의 상호 교환을 중개합니다. 프라이탁은 수익 구조 없는 교환 중개 서비스를 별도로 만들어, 가방 브랜드라는 본질은 지키면서도 이용자의 필요를 만족시켜 주는 것이죠.[55] 어떻게 중개가 이뤄지는지는 공식 홈페이지의 서비스 안내 영상을 보면 이해할 수 있습니다.

이번에는 안드로이드 앱스토어를 살펴보죠. 안드로이드 마켓은 애플의 앱스토어와 달리 개별적으로 앱스토어를 만드는 걸 허용합니다. 처음에는 구글플레이 스토어를 필수가 아닌 옵션으로 두는 게 수수료와 데이터를 포기하는 게 아닌가 싶어 좋지 않은 방향이라고 생각했는데요. 우리나라에서는 크게 성공하지 못한 사설 앱 마켓이 중국에서는 메인으로 자리 잡은 걸 보면서 관점을 조금 바꾸게 됐습니다. 중국 정부가 구글플레이 스토어 사용을 제한하는 정책을 유지해 온 덕에 텐센트, 화웨이 등이 운영하는 앱 마켓이 활성화된 것이죠. 이렇게 지역 특성이 강한 시장에 진입하려면 해당 지역에 맞는 방법이 필요합니다. 앱스토어를 사용하는 사람들도 로컬화되어가는 것을 도리어 편하게 느낄 수 있고요. 전 세계에서 우리나라만 카카오톡을 쓰듯이 말이죠.

'스몰 비즈니스'의 활성화

• • • • • • • • • •

위 두 사례를 참고하면 굿노트 역시 글로벌 서비스로서 고유 브랜드 이미지를 유지하면서 동시에 한국 시장의 특수성을 활용해 볼 수 있지 않을까요? 한국 시장을 위한 플랫폼을 따로 만들어 활발하게 교류되는 부분을 공식화하는 것이죠. 프라이탁처럼 무료 교환만 지원할 수도 있지만, 유료 거래까지 확장하면 이용자들의 '스몰 비즈니스'를 활성화할 수도 있습니다. 더 나아가 나라마다 선호하는 템플릿의 종류가 다를 테니, 국가별로 교류 사이트를 만들어보는 것도 흥미로운 시도가 되지 않을까 싶네요.

굿노트가 한국에서 인기 있는 이유는 단지 앱이 좋아서가 아닙니다. 플랫폼이 아닌 듯 플랫폼 역할을 하면서 개개인의 작은 수익에 도움이 되기 때문입니다. 카카오톡 이모티콘만큼이나 쉽게 참여할 수 있는 사업이 굿노트용 스티커나 속지를 판매하는 것이니까요. 이렇게 작은 외부 효과들이 모여서 굿노트의 인기를 뒷받침하고 있는 거죠.

결국 굿노트는 이러한 시장의 움직임에 발맞춰 굿노트 속지 비즈니스를 하고 있는 누트컴퍼니의 위버딩이란 플랫폼과 협업을 맺고 25억 원을 투자했습니다. 이 글이 기고됐던 시기도 2020년 7월이었는데 좋은 비즈니스 가능성을 잘 잡았다는 생각이 듭니다.

[
'냉장고를 없애겠다'는
마윈의 비전을 실현시킨 허마센셩
]

마트와 식당 그사이의 '허마센셩'
· · · · · · · · · ·

중국 이커머스의 역사를 바꾼 마윈이 알리바바를 공식적으로 은퇴하고 자신의 작은 사무실로 돌아갔습니다. 창업 후 처음 문을 열었던 사무실로 돌아가 초심을 되새기다니 정말 멋져 보였죠.

국내에서 알리바바가 주목받기 시작한 시기는 2014년 미국 월가에 역대급 금액으로 기업 공개[IPO]를 하면서부터입니다. 이커머스보다는 오프라인 유통 중심이었던 국내 유통사에 온라인에 대한 각성을 시켜준 때였죠. 특히 그해부터 휘몰아친 '광군제'○의 파워는 중

○ 중국 '독신자의 날'에서 유래했으며, 지난 2009년 중국 최대 전자상거래 기업인 알리바바가 대대적인 할인 행사를 시작하면서 중국 최대의 쇼핑 축제로 발전했습니다.

국 역직구몰° 진출에 촉진제가 되었습니다. 게다가 알리페이를 앞세워서 현금 경제를 장악한 서비스 전략은 여전히 부러움의 대상이 되고 있죠. 소프트뱅크 비전 펀드의 힘을 알게 해준 것도 알리바바였고요. 그 밖에도 알리바바의 마윈은 신기술에 대한 아낌없는 투자로 비약적인 발전을 이루면서 국내 이커머스 업체들의 입이 딱 벌어지게 했습니다.[56]

마윈의 신유통과 허마셴셩
· · · · · · · · · ·

저는 마윈 하면 뭐니 뭐니 해도 '신유통新零售'이 떠오르고, '허마셴셩'이 생각납니다. 신유통이란 마윈이 처음 주창한 개념으로 온오프라인의 경계를 허무는 새로운 물류 유통 방식을 의미합니다. 과거의 유통은 제품이 모두 만들어진 다음에 유통 경로를 통해 고객들을 만나는 과정이었는데요. 반면 신유통은 선진적인 빅데이터와 인공지능 기술을 통해 소비자 수요 중심의 제품을 생산하고 제공하는 새로운 개념의 유통입니다. 이러한 유통 구조를 만들려면 온라인 플랫폼을 통한 빠른 결제가 필요하고 물류와 배송이 하나의 파이프라인처럼 끊임 없이 연결되어야 하죠. 공급업체는 정확한

○   '직구'에 반대되는 개념으로 국내 판매자들이 인터넷 등을 통해 해외 소비자에게 직접 판매하는 것을 뜻합니다. '역직구몰'은 이러한 역직구의 통로로 쓰이는 온라인 쇼핑몰의 줄임말입니다.

데이터를 기반으로 고객의 수요를 예측해 재고를 관리하고, 고객이 결제하자마자 근거리 배송이 가능하도록 데이터를 실시간으로 연결하는 것이 중요해졌습니다. 이미 모바일 결제라는 간편 페이 경제가 이루어졌기 때문에 유통 채널은 온오프라인의 경계가 이미 허물어진 상태였고, 오프라인 매장은 경험의 장소로, 온라인은 결제의 도구가 되면서 공존하게 되었죠.

마윈은 2016년 알리윈(알리바바가 개발한 리눅스 기반의 모바일 운영체제) 개발자 대회에서 신유통을 소개하고 가장 대표적인 서비스로 '허마센셩'을 소개했습니다. 허마센셩은 알리바바가 만든 서비스는 아니었습니다. 징동에서 오랜 시간 물류를 총괄했던 호우이가 2015년 세운 회사를 마윈이 2016년 인수한 것입니다. CEO도 함께 말이죠.

허마센셩에 대한 자료를 찾아보면, 어디에서도 볼 수 없는 광경들을 볼 수 있습니다. 가령 천장에 설치된 컨베이어벨트를 따라 장바구니가 이동하는 걸 보면 입이 떡 하니 벌어집니다. 고객이 매장에서 물건을 본 뒤 앱으로 주문하면 주문한 물품이 컨베이어벨트 장바구니에 담겨 배송 공간으로 이동합니다. 그러면 그곳에서 대기하고 있던 직원이 물품을 받아 오토바이를 타고 30분 내 근거리 배송을 마칩니다. 매장엔 계산대가 없습니다. 바코드를 찍어 상품을 바로바로 온라인 장바구니에 담는데 상품의 원산지나 농장 소개, 각종 검사 결과 등 상품 정보도 구체적으로 볼 수 있습니다. 온라인과 오프라인의 장점을 합친 거죠. 허마센셩에서 매장은 물류창고이

면서 체험 매장이고 배달 센터이기까지 합니다.[57]

여기까지 들으면 '편리한 장보기'나 '퀵 배송'으로 보일 수도 있습니다. 하지만 마트를 운영해 본 입장에서 자세히 들여다보면 이 과정이 굉장히 섬세합니다. 일단 우리나라 마트에 가면 있는 '100그램당 얼마'와 같은 방식으로 실제 물건을 담아봐야만 가격을 알 수 있는 상품이 없습니다. 온라인에서는 신선 식품들을 모두 규격 소분해서 '수량'으로 관리하지만 오프라인 마트를 운영하는 입장에서 식품 소분이라는 전처리 과정을 거치려면 많은 인원이 필요하지요.

재고 관리와 매장 상품 할인도 거의 실시간으로 반영됩니다. 애초에 온오프라인의 경계가 허물어진 시스템이기에 가능한 일입니다. 국내의 마트 유통사들은 오프라인 시스템이 만들어지고 난 후 온라인 주문 시스템이 만들어졌기 때문에 재고나 주문을 실시간으로 통합해 관리하기 어렵습니다.

하지만 허마셴성은 주문을 실시간으로 처리되기 때문에 주문이 일어나자마자 상품 피킹picking이 일어날 수 있습니다. 그러려면 어쨌든 인원이 많이 필요한데 허마셴성은 이에 대해서도 과감히 투자했습니다. 오토바이 근거리 배송도 마찬가지죠. 항상 대기 인원을 여유 있게 배치해 서비스 향상을 꾀하고 있습니다.

중국에서 허마셴성의 인기는 매우 높습니다. 허취팡盒區房이라는 신조어가 나타날 정도죠. 허취팡은 '몰세권'이나 '역세권'처럼 허마셴성에서 가까운 곳을 뜻합니다. SSG가 한때 새벽 배송을 시작하면서 '쓱세권'이라는 단어를 밀었는데 이와 비슷하다고 볼 수 있습니다.

그런데 업무적인 이유로 허마셴셩을 한 달 정도 분석하다가 이상한 점을 하나 발견했습니다. 국내에서 허마셴셩을 분석한 자료들이 하나같이 '온오프라인의 융합'과 '물류'에 초점을 맞추었다는 거죠. 허마셴셩을 벤치마킹하려는 대부분의 사람도 주로 그 부분을 강조했습니다. 그러나 마윈이 말한 신유통은 물류나 온라인 결제만을 뜻하지 않습니다. 더 큰 핵심은 '소비자'가 생산 파트너로 참여한다는 부분으로 유통의 중심이 공급자가 아니라 소비자라는 데 있습니다. 소비자를 빅데이터로 분석만 한다고 유통의 중심이 된 것으로 봐도 되는지 의문이 들었죠.

온라인으로 주문하고 배송만 빨라진다면 정말 다 좋아지는 걸까요? 국내에도 장보기에 대한 근거리 배송이 있지만 뭔가 결이 다른 느낌입니다. 그래서 더 조사를 해보았죠. 허마셴셩에서 고객은 어떤 서비스적 가치를 얻는지 궁금했으니까요.

식재료 주문과 식사는 한 끗 차이
· · · · · · · · · ·

허마셴셩의 이용 패턴을 단순히 '장보기'라고 보기는 어려웠습니다. 적어도 제가 한국에서 살면서 마트를 이용한 장보기와는 다르니까요. 가장 큰 차이는 방점이 '장보기'가 아니라 '식사'에 찍혀 있다고 할까요?

허마센셩 매장의 큰 특징 중 하나는 허마센셩 내 식당에서 즉석 취식이 가능하다는 점입니다. 가장 대표적인 상품인 랍스터를 장바구니에 담고 주문하면 천장의 컨베이어벨트를 타고 식당으로 넘어가 찌거나 볶아져서 나옵니다. 로봇 셰프까지 있는 최첨단 자동화 식당에서 말이죠.

중국에서 유학 생활을 한 팀 내 직원을 통해 현지에 사는 중국인을 인터뷰한 적이 있는데요. 세 살짜리 아이가 하나 있는 30대 초반 워킹맘인 그녀를 통해 국내 '마트' 서비스와 허마센셩의 차이를 확인할 수 있었습니다.

Q. 허마센셩에 대한 이미지는 어떠한가?
A. 편하고 빠르다. 생물을 팔 정도로 신선하지만 조금 비싼 것이 단점이다.

Q. 허마센셩의 온오프라인 매장 중 어느 곳을 더 자주 가는가?
A. 주로 온라인 쇼핑을 한다. 평소 매장에 갈 시간이 없고 무료 배송이 되기 때문이다. 주변 친구들은 오프라인 매장에서 식사를 많이 한다는데 인기가 굉장히 많아서 사람들이 몰릴 때는 1~2시간 기다리기도 한다고 들었다.

Q. 온오프라인 매장의 구매 빈도 및 구매 금액은 어떠한가?
A. 퇴근 후 저녁 식사를 해결하기 위해 이용한다. 구매 금액은 한 끼 식사 비용 정도 된다.

Q. 온오프라인 구매 시 상품 품질에 차이가 없는가?
A. 만일 온라인 상품 품질에 차이가 있었다면 두 번 다시 이용하지 않았을 것이다. 지금까지 온라인 상품이 신선하지 않았던 적은 없다.

(2018년 9월 인터뷰)

일반적인 마트와는 다른 허마셴셩만의 서비스 가치는 무엇인지 한번 정리해 봤습니다.

첫째, 허마셴셩은 '냉장고'를 채우기 위한 마트가 아니라 '한 끼 식사'를 위한 장보기몰입니다.

국내 대형마트를 보자면, 보통 한 달에 한두 번 정도 이용하고 구매 금액은 10만 원을 훌쩍 넘기는 일이 많습니다. 장 보는 목적도 일단 냉장고를 채우기 위해서죠. 그러다 보니 언제 샀는지도 모를 냉동식품으로 냉장고가 꽉꽉 차 있는 경우도 많습니다.

반면 허마셴셩은 매일 저녁 식사를 위해 한 끼 식사 정도의 금액을 쓴다고 하니 굉장히 소량 구매입니다. 배송비가 무료라 그런 것도 있지만 무엇보다 냉장고를 채우는 것이 아니라 '지금 당장 먹을 것'을 산다는 게 다릅니다. 냉장고를 채울 필요 없이 그때그때 끼니마다 배달시켜 먹는다는 점에서 '냉장고를 없애겠다'는 마윈의 비전이 떠 올랐습니다. 배송 비용을 생각하면 손해겠지만 비용은 곧 투자입니다. 매 끼니마다 고객이 먹고 마신 상품 정보가 차곡차곡 쌓이면 그 가치는 엄청날 것입니다.

둘째, 오프라인 매장도 식사를 위해 이용합니다.

식당 앞에서 한두 시간을 기다려 먹는다는 건 엄청난 맛집이 아니고서는 잘 볼 수 없는 풍경입니다. 저는 지금껏 마트에 있는 식당에서 한 시간을 기다려본 적이 없습니다. 국내 마트 푸드코너에도 없는 게 없어요. 떡볶이, 오뎅은 물론이고 스테이크까지 즉석에서 구워줍니다. 회사와 가까워서 가끔 점심에 이용하기는 하지만 데이트 장소로 선택할 생각은 없습니다. 마트는 마트니까요.[58]

하지만 허마셴성의 레스토랑은 좀 다릅니다. 데이트 장소로도 손색이 없습니다. 내 눈으로 본 재료로 즉석에서 음식을 만들어 귀여운 로봇이 가져다주니 카메라를 들지 않을 수 없죠. 저라도 가족들과 찾을 것 같아요.

셋째, 상품 품질에 대한 신뢰가 비싼 가격을 용인합니다.

신선 식품 배송에서 신선도를 유지한다는 건 사실 쉬운 일이 아닙니다. 냉장 시설이나 냉매 포장 등 신경 쓸 부분이 많죠. 물류창고에 하루만 잘못 두어도 채소는 팍 시드니까요.

허마셴성은 이 문제를 당일 재고 처리 방식으로 해결하고 있습니다. 당일 판매되지 않고 남은 상품은 실시간으로 할인해 땡처리하거나 전량 폐기합니다. 서비스를 위해 어마어마한 비용을 들이는 거죠. 중요한 건 이런 과정을 통해서 품질에 대한 신뢰가 쌓인다는 점입니다. 가뜩이나 식품 관련 사건 사고가 많은 중국에서 신선함이 보장되는 상품에 돈을 더 내는 것은 어찌 보면 당연한 일입니다.

자, 여기까지 보니 허마셴성의 서비스 가치가 명확히 보이죠?

냉장고를 없애겠다는 마윈의 비전은 장보기가 아니라 '식사'를 대체하는 것, 즉 HMR^{Home Meal Replacement}(짧은 시간에 간편하게 조리하여 먹을 수 있는 가정 간편식)로 귀결됩니다. 실제로 허마센셩을 운영하는 CEO 호우이는 2017년과 2018년, 콘퍼런스에서 '新 식사' 중심의 전략을 언급했습니다. 2017년 '중국 리테일 디지털 콘퍼런스'에서는 '밥을 먹다'라는 행위에 대한 만족도를 높이는 것이 2017년 허마센셩의 목표라고 했고, 2018년 '뉴 리테일×뉴 푸드 컬처 콘퍼런스'에서는 요식업은 새로운 '식사 문화'의 쇼핑 영역이며 이를 '新 식사 문화'라고 이름 붙였다고 했죠. 허마센셩은 마트가 맞지만 우리가 알던 마트가 아닙니다. 냉장고 채우기도 아니고 배달의민족과 같은 배달업체도 아닙니다. 식사를 책임지는 새로운 형태의 식사 문화의 유통이라고 볼 수 있습니다.

HMR의 포트폴리오를 갖춰가는 알리바바

HMR 시장을 좀 더 들여다보죠. 가정에서의 식사는 '재료 구매→재료 손질→조리(양념)→가열→섭취→정리' 단계로 이루어집니다. HMR은 이 단계를 조금씩 대체하면서 세분화되어 있습니다. 특히 장보기와 그로서런트°가 가장 두각을 보이고 상품 판매가 나머지를 차지합니다. 자신이 직접 고른 식재료를 요리해서 먹는 그로서런트가 활발해지면 자연히 장보기도 활발해질 테고 매 끼니 식사를 하

○   식재료(grocery)와 음식점(restaurant)을 결합한 신 식문화 공간으로 구입한 농축수산물을 그 자리에서 먹을 수 있는 곳을 뜻합니다.

기 위해 허마셴성을 찾게 되겠죠.

허마셴성이 외식업에 특히 집중하는 모습은 매장 구성에서도 드러납니다. 새로 생긴 매장에 식사 공간이 점차 넓어지고 있거든요. 초창기 15~20퍼센트 정도 차지했던 식사 공간은 최대 50퍼센트까지 늘어났습니다. 허마셴성의 대항마로 텐센트와 용후이마트가 함께 개발한 차우지우종超级物种은 애초에 50퍼센트 이상을 식사를 할 수 있는 그로서런트 영역으로 만들고 있습니다. 이래도 허마셴성이 단순한 퀵배송 마트로 보이나요?

허마셴성은 HMR 스토어입니다. 마윈의 신유통이 밀어준 첫 번째 서비스 영역은 新 식사였습니다. 이 전략은 여전히 진행 중입니다. 마윈의 알리바바는 2016년 허마셴성을 인수한 뒤 2018년에는 어러머饿了와 콰이마러스筷马热食에 투자 및 인수를 합니다. 어러머는 중국에서 가장 유명한 식품 배달 서비스이고, 콰이마러스는 허마셴성의 편의점 버전에 가깝습니다. HMR 시장으로 구분하면 어러머는 섭취만 하면 되는 RTE 시장을 포괄하고, 간단한 컵라면이나 도시락을 먹을 수 있는 콰이마러스는 RTH 시장을 포괄합니다. 알리바바의 HMR 포트폴리오가 더욱 다양해진 것이죠.

알리바바의 HMR 포트폴리오

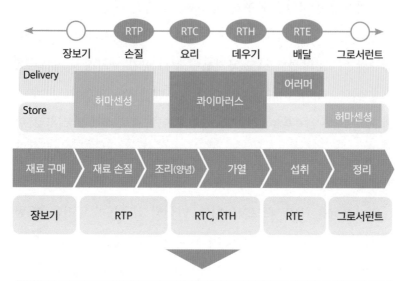

구분	내용	예시
장보기	식재료를 구매	기존 마트 장보기
RTP (Ready to Prepared)	식재료를 요리하게 편리하기 세정/소분 포장된 상품	
RTC (Ready to Cook)	식재료를 손질해 바로 조리가 가능한 상품	
RTH (Ready to Heat)	데우기만 하면 바로 먹을 수 있는 상품	
RTE (Ready to Eat)	바로 먹을 수 있는 상품	
그로서런트 (Groserant)	재료 구매 후 즉석에서 조리 및 섭취 공간 제공	스테이크하우스 (마트)

여기에 허마센성의 CEO 호우이는 2019년 또 다른 전략을 발표했습니다. 허마센성의 라인업을 다섯 개로 분리한다는 내용인데요. 이를 보면 알리바바 그룹의 HMR 포트폴리오가 좀 더 세분되고 전문화되어 가는 걸 볼 수 있습니다.[59]

○ 기본 '허마센성'

○ 신선 식품 장보기에 집중하는 '허마차이즈'

○ 신선 식품과 간단한 면 요리 등 간편식을 중심으로 농촌 등 소규모 지역에 배치한 '허마mini'

○ 오피스 상권에 배치하여 택배 찾고 분식을 먹는 '허마F2'

○ 허마센성의 입점이 어려운 도시 중심가에 소규모로 공략하는 '허마샤오잔'

기존의 포트폴리오에 더해서 그려보면 아래와 같습니다.

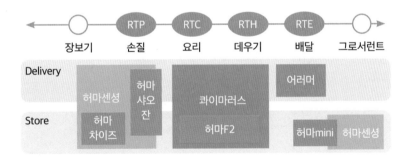

배송보단 매장 쪽이 더 강화된 모습입니다. 찾아올 공간을 만들고 여러 가지 방법으로 식사를 대체해 나가는 것이죠. 식사를 대체

한다는 것은 정말 엄청난 일입니다. 의식주는 삶에서 떼려야 뗄 수 없는 중요한 일이니까요.

기존 온라인 쇼핑이 주로 의식주 중 '의'에 집중했다면 허마센셩을 필두로 한 알리바바 HMR 포트폴리오는 중국인들의 식사 문화를 송두리째 바꾸고 있습니다.

어설프게 흉내 내지 말고 본질을 보자

2018년 말 허마센셩이 국내에 출시된다는 루머가 돌아서 한참 업계가 시끄러웠습니다. 국내에서 허마센셩이 자주 거론되는 이유는 분명 이들이 잘하고 있기 때문입니다. 누가 봐도 이들이 가진 데이터가 새로운 비즈니스를 만들어낼 것이 자명하니까요.

서비스가 고객들의 삶을 바꾸려면 이를 받아들일 문화적 토대를 만들어야 합니다. 마윈은 이를 정확히 간파한 몇 안 되는 사람이었습니다. 아무쪼록 서비스를 만드는 사람들은 그런 눈을 가지고 일했으면 좋겠습니다.

'○ㄷ'를 박고 싶은 지식 플랫폼에 있는 두 가지

　'○ㄷ'를 아시나요? 단번에 알았다면 당신은 분명 온라인 커뮤니티에서 정기적으로 정보를 모으는 사람일 것입니다. ○ㄷ은 '와드 ward'의 축약형으로 보통 '병동'이나 '선거구'를 의미하지만 온라인 세계에서만큼은 '위험을 감지하다'라는 뜻으로 쓰입니다. 특정 지역을 감시하는 설치형 아이템으로 〈리그오브레전드〉, 이른바 〈롤〉을 통해서 대중화됐습니다. 마치 보초병 로봇이나 감시카메라를 말뚝처럼 '○ㄷ 박다'와 같은 형태로 사용합니다.

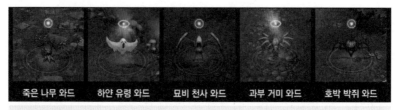

죽은 나무 와드　하얀 유령 와드　묘비 천사 와드　과부 거미 와드　호박 박쥐 와드

〈리그오브레전드〉의 와드들

몇 년 전부터 꾸준히 쓰이던 이 단어가 요즘은 게임 밖 온라인 세계에서도 보입니다. 댓글을 달고 그 댓글에 새로운 답변이 달리면 나에게도 알림이 울리는 커뮤니티의 기본 기능을 활용한 것입니다.

주요 용례를 볼까요? 직장인들의 애환이 담긴 온라인 커뮤니티 '블라인드'에서 특정 기업에 대한 이직 정보를 문의하면 첫 댓글은 어김없이 'ㅇㄷ'입니다. 그 글에 달릴 답변에 관심을 보이는 동시에 답변이 달리자마자 볼 수 있도록 하는 거죠. 게임에서 '와드'가 시야를 확보해서 게임의 승패를 좌우하는 데 쓰였다면, 온라인 세상에서 '와드'는 지식 정보를 확보해 삶에 도움이 되는 방식으로 활용되고 있습니다.

지식 없는 '지식in'

이런 이야기를 하다 보면 필연적으로 떠오르는 서비스가 있습니다. 질문과 답변으로 이루어진 서비스, 네이버의 '지식in'입니다. 2002년 첫선을 보인 지식in은 PC 서비스 시절 네이버를 급성장시킨 서비스이자 국내 지식 서비스 플랫폼 중에서는 가장 먼저 떠오르는 서비스입니다.

하지만 지식in 서비스의 추락에는 날개가 없을 정도입니다. 여전히 하루 5만 건 이상의 질문과 10여 만 건의 답변이 올라오지만, 지식in에서 유용한 지식을 얻기란 쉽지 않습니다. 오죽하면 '지식in

네이버 지식in에서 빈번한 질문 키워드

구분	여자	남자	총 합계
연애, 결혼	6	4	10
택배	4	4	8
꿈, 해몽	5		5
사주, 궁합	3	2	5
MS엑셀		3	3
대학입시, 진학	1	2	3
가방	1	1	2
의류	1	1	2
학교생활	1	1	2
개신교		1	1
고1수학	1		1
고등학교 교육		1	1
미용		1	1
민원, 행정		1	1
산부인과	1		1
생리, 피임	1		1
소아청소년과		1	1
아이폰	1		1
예비군훈련		1	1
원예		1	1
자동차 구입		1	1
작명, 이름풀이	1		1
전기전자공학		1	1
컴퓨터 부품, 조립	1		1
형사사건		1	1
총 합계	28	28	56

2019년 3월 지표. 네이버 지식인, 성별/연령별 top4 키워드에 포함된 키워드 중 포함된 수.
https://kin.naver.com/hall/index.nhn '데이터로 알아본 지식iN 관심사'

에 글을 올리면 답변 다는 사람은 초딩'이라는 말이 나왔을까요? 광
고성 댓글도 문제지만 남의 답변을 복사해서 붙여놓는 식의 무성의
한 답글은 신고해도 별다른 조치가 없습니다. 질문마다 '내공냠냠'

이라는 댓글로 내공 시스템의 선순환을 무너뜨리는 경우가 많아지면서 지식in 고수들도 점차 줄어들었죠. 그렇다면 지식in에서는 주로 어떤 질문들이 오갈까요?

지식in에서 제공하는 이용 통계에서 가장 많이 거론되는 키워드는 '연애/결혼'이나 '사주/해몽' 같은 호기심을 채우는 정보가 대부분입니다. 여러 사람의 답변을 모은 '지식'이라고 할 만한 카테고리는 확실히 아니죠. 국어사전에서 지식이란 '어떤 대상에 대하여 배우거나 실천을 통해 알게 된 명확한 인식이나 이해'를 의미합니다. 연애나 결혼을 키워드로 하여 올라오는 질문은 대부분 삶 속에서 겪는 고민입니다. 객관화해서 인식하거나 이해하기 어려운 영역이죠. 지식이라기보다는 지혜의 범주에 속합니다. 이런 내용에 '와드'를 박아둘 사람은 흔치 않을 겁니다.

나무위키가 대안?

그렇다면 사람들은 '지식'을 어디에서 얻고 있을까요? 현재 대한민국 최대 지식 플랫폼은 '나무위키'입니다. 시밀러 웹Similar web에서 검색해 보면 국내에서 10위권 안에 들어가는 큰 플랫폼이고 검색엔진 최적화SEO가 잘되어 있어서 구글과 네이버 같은 현재 포털도 무시 못 할 만큼 성장했죠.[60] 이제는 '나무라이브'라는 내부 커뮤니티를 만들어서 '오늘의 유머'나 '디시인사이드' 같은 일상적인 커뮤니티 게시판까지 범위를 확장해 가고 있습니다.

하지만 나무위키에도 한계가 보입니다. 위키라는 특성에 따른 수익화의 한계와 익명성에서 비롯한 팩트 체크 문제가 끊임없이 나오고 있죠. 그중에서도 제일 큰 문제는 '담론에 대한 문제'입니다. 위키라는 것이 모든 사람에게 열려 있는 오픈 플랫폼이다 보니 관리가 쉽지 않고, 익명성이 강조되다 보니 콘텐츠의 중심을 잡기가 어렵습니다. 가장 문제가 됐던 담론은 '젠더'와 '정치'입니다. 압도적으로 남성 사용자 비중이 높다 보니 중립적인 입장을 지향하는데도 젠더 감수성이 낮은 문구들이 보인다는 거죠. 페미니즘 단체로부터 '남우위키'라는 조소를 받기도 하고, 2016년에는 나무위키에서 발행한 일부 내용에서 페미니즘 관련 논란이 일어나면서 페미니즘 성향의 '페미위키https://femiwiki.com'의 탄생에 직간접적으로 영

향을 주기도 했습니다. 정치적인 부분에서도 '일베'의 침략을 받는 등의 문제들이 지속적으로 발생했습니다. 이런 '담론에 대한 문제'가 결국 지식 플랫폼의 핵심인 신뢰성을 갉아먹고 있습니다.

자, 그렇다면 나무위키에 '와드'를 박고 싶으십니까? 밤새 읽어도 재미있다는 나무위키

20대 연구소, 후배에게 입덕 포인트는 자료조사,
탈덕포인트 출처가 나무 나무위키

지만 어쩐지 내키지 않습니다. 아니 엄밀히 말하면, 나무위키는 와드를 박을 수 있는 구조조차 없습니다.

국내의 가장 큰 지식 플랫폼인 네이버 지식in과 나무위키는 '신뢰' 문제를 안고 있습니다. 서비스를 기획적으로 바라보았을 때, 지식 플랫폼도 플랫폼이기 때문에 제공자와 수요자라는 양면 수요의 거래 대상이 되는 '지식'이 무엇보다 가치가 있어야 합니다. 즉 믿을 수 있는 검증된 지식이어야 한다는 거죠. 이를 위해서는 플랫폼 거버넌스를 통한 검증 장치가 마련되어야 하고, 이용자들에 의해 자생적으로 돌아갈 수 있는 시스템을 만들어야 합니다. 물론 시도는 했었지요. 네이버도 질문과 답변 시 거래할 수 있는 '내공' 시스템을 만들어 지식인들을 양성했습니다. 하지만 '내공냠냠'(아무 답변이나 달고 자동 선택을 통해서 내공을 얻는 행위)을 막지 못했기 때문에 결국 선순환 시스템이 무너지고 만 것이죠. 이런 내공냠냠은 거버넌스가 막아줘야 했던 부분인데 그러지 못한 것이 문제였습니다.

해외에는 있다! 지식 플랫폼
· · · · · · · · · ·

자생적인 검증 시스템을 갖춤과 동시에 지식 플랫폼 서비스가 잘 운영되고 있는 해외 사례들이 있을까요?

실명은 기본, 지식재산권을 인정하는 쿼라

먼저 페이스북 출신 개발자가 만든 '쿼라Quora'를 들 수 있습니다. 2010년에 탄생한 질의응답 방식의 사이트인 쿼라는 지식in과 구조적으로 비슷하지만 자신의 직업과 실명, 얼굴을 공개하며 전문적인 설명을 답니다. 덕분에 미국에서는 전문 지식에 대해선 구글보다 신뢰를 얻는 곳으로 주목받고 있습니다. 답변하는 사람을 팔로우하면 그 사람이 다는 다른 답글도 계속 볼 수 있습니다. 또한 개인화 추천을 기반으로 매일 흥미로운 질문을 보내주는데요. "한국인이 아닌데, 제가 K팝 스타가 될 수 있을까요?" 같은 허무맹랑한 질문에도 욕이나 조소가 아닌 온갖 직업군의 사람들이 장문의 글로 현실적인 답변을 달아주는 것을 볼 수 있었습니다.[61]

여기에 기존에 가입한 사람이 탈퇴하면 그동안 작성했던 글을 모두 삭제해서 개인의 답변에 대한 '지적 소유권'을 인정해 주는 기조

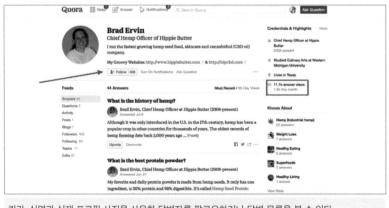

쿼라. 실명과 실제 프로필 사진을 사용한 답변자를 팔로우하거나 답변 목록을 볼 수 있다.

도 있습니다. 이런 기조는 질문 답변을 검증하는 선순환 구조를 가져옵니다. 질문에 문제가 있는 경우에 타인이 수정할 수 있는 것도 질문 자체를 검증하는 기능이라고 볼 수 있지요.[62]

라이브 질의 서비스까지 성공한 즈후

중국의 즈후知乎는 여기서 한 발짝 더 나아갑니다. 쿼라를 모델로 만들어진 이 서비스는 전체 공개 질의뿐 아니라 개인을 지정하여 질의할 수 있는 SNS 성격을 강화했습니다. 2016년에는 수익화에도 크게 성공하는데요. 본인이 작성한 답변에 '다상打賞'이라는 온라인 팁 기능을 둬서 수익도 창출할 수 있습니다.

이후 즈후는 라이브 스트리밍을 도입해 라이브 영상의 질의응답 서비스를 만들어 유료 강연을 할 수 있도록 했습니다. 가격은 9.99위안부터 499위안까지 다양합니다. 노벨경제학상을 수상한 조지프 스티글리츠가 이를 통해 34만 5,600위안의 수익을 벌어들이는 등 저명한 인물들의 참여가 독려 되고 있죠. 쿼라와 마찬가지로 즈후는 실명으로 자신의 신분을 노출해 신뢰를 쌓고 유료 구독 모델을 도입해 금전적 혜택을 주면서 점차 양질의 서비스를 제공하는 종합 플랫폼으로 성장했습니다.[63]

질문을 가치 있게 만들다, 펀다

중국의 또 다른 지식 서비스인 '펀다'는 답변뿐 아니라 질문 자체만으로도 수익을 창출할 수 있습니다. 펀다는 돈(1~3,000위안,

9~54만 원 수준)을 지불하고, 일반인이나 연예인에게 질문할 수 있는데요. 48시간 이내에 음성으로 된 답변을 듣지 못하면 돈을 환불받습니다. 그런데 만약 답변을 받는다면 대박이 납니다. 이미 등록된 답변 음성을 다른 사람이 들으려면 1위안을 내야 하는데 이 중 반은 질문자에게, 반은 답변자에게 돌아가는 구조입니다. 많은 사람이 들을수록 수익이 올라가는 거죠. 중국의 한 억만장자의 아들 왕쓰총은 돈 많은 투자자이자 바람둥이로 유명했는데 3일간 25개의 질문에 대답하고 13만 위안(약 2,400만 원) 상당을 벌어들였다고 합니다.[64]

와드를 박고 싶은 지식 플랫폼에 있는 것

• • • • • • • • •

쿼라와 즈후가 전문적인 지식 영역에서 신뢰를 얻고 있다면, 펀다는 나무위키처럼 가벼우면서도 '덕질'스러운 내용들을 담고 있습니다. 하지만 전혀 다른 소재라고 해도 플랫폼을 다루는 방식은 유사합니다. 아래와 같은 요소가 있기 때문에 '와드'를 박고 싶을 정도로 괜찮은 지식 플랫폼이 될 수 있었던 것입니다.

○ 개인의 신분을 답변의 신뢰로 연결(맨파워라고 부를 만한 부분)
○ 개인의 참여에 명예 또는 수익 같은 직접적인 참여 동인을 주는 거버넌스 구성

이 두 가지를 통해 이들 서비스는 지식 플랫폼의 선순환을 꾸준히 유지하면서 다양한 데이터를 쌓아가고 있습니다. 데이터가 쌓이면 개인의 관심에 기반한 질문들이 이어지고 이것이 다시 서비스 선순환으로 이어집니다. 궁금한 게 있을 때만 들어가는 게 아니라 수시로 들어오게 만드는 동력을 만들어 주는 거죠.

그리고 여기서 주목해야 할 점이 있는데요. 이 모든 플랫폼의 형태가 '긱 이코노미'를 지향한다는 점입니다. 긱 이코노미란 원하는 시간에 원하는 만큼 일하는 플랫폼 노동자의 경제활동을 의미하는데요.『긱 이코노미』란 책에서는 개인의 지적 내용을 기반으로 긱 이코노미를 만들어갈 것을 강조합니다. 위에서 소개한 플랫폼들의 이용자처럼 말이죠. 쉽게 말해 '지식 플랫폼들을 이용하는 사람'이 아니라 '지식 플랫폼을 통해 지식을 전달하는 지식 노동자'가 되는 거지요. 그리고 이들 플랫폼은 역설적으로 '지식인'으로서의 명성을 '지식in'보다 명확하게 보여주고 있습니다.

한국의 지식 플랫폼은 유튜브?

자, 그러면 다시 대한민국으로 돌아와 보겠습니다. 온라인 게시판의 '와드'란 대체 뭘 뜻하는 걸까요? 여러분은 대체 언제 무엇을 위해 와드를 박나요? 제 생각에는 지속적으로 체크해야 할 정보가 있거나 여러 답변을 참고해 대안을 마련하고 싶을 때가 아닌가 싶습니다. 그게 아니라면 언제 나올지 모르는 제대로 된 답변을 보기 위한 '예약'이거나 질문의 중요성을 강조하기 위한 '티 내기'일 수도 있고요. 어쩌면 신뢰하는 어떤 특정 사람들의 대답을 기대하는 것인지도 모르겠습니다. 분명한 건 현재 국내 주요 지식 플랫폼에서는 '와드'가 박히지 않는다는 겁니다. 지식in에서 지식을 찾지 않고 나무위키에도 의심을 품기 시작하여 그들만의 담론이 담긴 새로운 위키로 분리되고 있는 형편이니까요.

그렇다면 이제 어떤 곳이 주목받고 있을까요? 〈어벤져스: 엔드게임〉 같은 영화를 보고 난 후 사람들은 유튜브를 찾습니다. 수많은 스트리머가 영상을 통해 자신의 해석을 보여주고 많은 이가 댓글로 토론합니다. 여기에는 분명한 '긱 이코노미'의 기조가 있습니다. 출처를 알 수 없는 지식보다 개인 스트리머의 능력이 강조되는 유튜브에서 정보를 얻는 것은 믿을 수 있을 뿐만 아니라 스트리머 또한 수익을 위해 제대로 된 정보를 만들어내려고 할 테니까요.

모든 분야는 아니지만 일부 분야에서 깊이 있는 콘텐츠로 주목받는 곳도 있습니다. '브런치'입니다. 브런치는 작가 신청이 승인되어야만 글을 쓸 수 있습니다. 직접적인 수익 구조는 없지만 검증된 사람들이 글을 쓰고, 이것이 책 출간이나 강연으로 이어지는 긱 이코노미의 선순환을 만들어내고 있습니다. 저 역시도 서비스 기획에 대한 글을 브런치에 쓰면서 업력에 대한 신뢰를 받을 수 있었지요.

십 대 청소년들에게 인기 있는 '콴다'도 지식 플랫폼이 나가야 할 방향을 보여주고 있습니다. 콴다는 수학 문제를 찍어서 올리면

풀이를 해주는 서비스인데요. 대학교를 기준으로 선발된 튜터들이 풀이해 주기 때문에 믿을 수 있습니다. 선생님용 앱을 보면 수익 면에서 열심히 답변을 달 수밖에 없도록 설계되어 있고요. 이런 데이터가 모이면 수학에서는 엄청난 빅데이터가 될 수 있다는 점에서 쿼라와 비슷한 비전을 갖고 있다고 볼 수 있습니다. (지식in도 expert 답변자를 모집하면서 기존의 문제를 해결하려는 노력을 이어가고 있습니다.)

현재 지식 플랫폼이 나아가야 할 방향은 명확합니다. AI가 해결하지 못한 질문에 답해줄 수 있는 믿을 만한 '사람'과 사람들이 계속해서 플랫폼에 들어올 수밖에 없는 거버넌스 시스템을 만들어 나가는 게 무엇보다 중요하죠.

국내의 플랫폼들도 이에 대해서 어느 정도 인지하고 있다고 봅니다. 다만 아쉬운 것은 통합적인 지식 플랫폼이라고 불릴 만한 곳이 아직 없다는 거예요. 사람들은 아직도 지식을 찾아 헤매고 있습니다. 여기저기 와드를 설치하고 지식 헌팅을 하죠. 이제 국내에도 제대로 된 지식 플랫폼이 나와주면 좋겠습니다. 그러면 의미 있는 지식을 찾기도 더 쉬울 테니까요. 더불어 지식과 관련한 긱 이코노미도 한 단계 더 진화하면 좋겠습니다.

포도밭에 들어간 여우의 딜레마, '긱 이코노미'의 함정

누구나 돈을 벌고 싶어 합니다. 그리고 웬만하면 즐겁게 돈을 벌고 싶어 하죠. 로또가 되면 좋겠지만 운이 따라주지 않으니 다른 방법들을 고민하게 되는데요. 요즘은 다들 유튜버로 돈을 벌고 싶어 하는 것 같습니다.

하루에만 수백, 수천만 원을 번다는 '인플루언서'들도 사실 처음엔 평범한 사람들이었습니다. 제작 기술이나 환경이 갖추어진 것도 아닙니다. 하지만 그들은 개인의 탄탄한 콘텐츠만으로 성공 가도를 달리고, 어떤 경우에는 유명 연예인보다 더 주목을 받기도 합니다. 이른바 '긱 이코노미'의 시대입니다.

유튜브 인플루언서

이름	출생년도	구독자 수(명)	연 수익(원)
도티	86년생	240만	연간 19억
대도서관	78년생	188만	연간 17억
씬님	90년생	158만	연간 12억
벤쯔	90년생	295만	연간 10억

2018년 10월 기준, 출처:랜선라이프 방송

'긱 이코노미'란 본인의 노동력이나 콘텐츠를 파트타임 형태로 제공하는 경제 활동을 의미합니다. '긱Gig'이란 단어 자체가 '일시적인 일'이라는 의미로 대부분 수요자의 니즈에 즉시 공급을 연결해 주는 온디맨드on-demand 형식의 플랫폼 내에서 활동이 일어나죠. 유튜버도 그중 하나입니다.

이미 국내에서도 겸업 금지 조항이 쟁점이 될 정도로 많은 사람이 유튜버를 비롯하여 '긱'이 되기를 자처하고 있습니다. 최근 한 중소기업을 다니면서 유튜버로 활동하며 인기를 끈 '이 과장'님을 볼까요? '크리에이터 이 과장'으로 불리는 그는 스스로를 '중낳괴(중소기업이 낳은 괴물)'라고 칭하며 중소기업의 현실을 신랄하게 보여주었습니다. 그러다가 퇴사를 결심했고 회사를 그만둔 날에도 당시 상황을 방송에 담았습니다. 57만 명 이상의 팔로워를 모은 그는 월급을 포기하고 '긱'을 선택한 대표적인 사례라고 볼 수 있습니다(2024년 6월 기준).[65]

플랫폼 입장에서 긱 이코노미는 중요한 부분이라고 생각합니다.

특히 '지식 플랫폼'의 생존을 위해서는 긱 이코노미를 만들어내는 게 무엇보다 중요하죠. 하지만 플랫폼이 성장하려면 수많은 '긱'이 있어야 하고, 그러려면 이들에게 어느 정도의 보상과 명예가 있어야 한다는 건 어디까지나 사용자 입장이에요. 플랫폼은 어디까지나 이익 집단이지 사회봉사 단체가 아닙니다. 그래서 이번에는 플랫폼 이코노미, 더 나아가 '플랫폼 유니버스'를 살아갈 '긱'의 입장에서 플랫폼의 어두운 면을 조명해 볼까 합니다.

이미 우리에겐 '카페'가 있었다
· · · · · · · · · ·

'긱 이코노미'나 '플랫폼'이라고 하면 낯설게 느끼는 분들도 '카페'라고 하면 익숙할 거예요. 포털사이트 '다음'의 대표적인 서비스는 '카페'였습니다. 1999년에 선을 보인 이 서비스에서 사람들은 누구나 쉽게 카페를 만들고 관심사가 같은 사람을 불러 모으며 새로운 친구들을 만들었죠. 네이버 카페는 2003년에 만들어져 다음 카페의 아류작처럼 보였지만 지식in으로 대박을 터트리면서 존재감을 드러냈습니다. 다음 카페의 불만족스러운 기능들을 수정하고 검색으로 사용자를 적극적으로 유입시키면서 어느새 다음 카페를 추월했죠.

카페 플랫폼을 기반으로 대형 동호회들이 생겨나고 지금의 긱 이코노미처럼 카페 운영자는 카페를 운영하며 비슷한 성향의 사람들을 모아 소통을 해나갔습니다.

주요 유명 카페 서비스

중고나라	㈜큐딜리온	17,427,070명	네이버 카페
스펙업	㈜스펙업애드	1,868,823명	네이버 카페
맘스홀릭	맘스클럽	2,774,994명	네이버 카페
카페파우더룸	파우컴퍼니	1,900,775명	네이버 카페
레몬테라스	레테홈	3,045,326명	네이버 카페
취업뽀개기	㈜취업뽀개기	1,387,314명	다음 카페
피터팬의 좋은방 구하기	㈜두꺼비세상	2,666,334명	네이버 카페
수만휘 닷컴	㈜텐볼스토리	2,663,791명	네이버 카페

가입자 수 2019년 5월 21일 기준

이름만 들어도 알 수 있는 엄청난 커뮤니티들이죠? 지금 혹시 30대라면 이런 카페에서 꽤 많은 정보를 얻고 소통한 경험이 있을 겁니다. 존재감이 점차 사라지고 있지만 여전히 트래픽 면에서는 굉장한 플랫폼이죠.

그런데 첫 번째 열의 내용은 딱 봐도 카페 이름이고, 세 번째는 회원 수, 네 번째는 포털 플랫폼 같은데 낯선 명칭이 하나 있습니다. 이 두 번째 열은 무엇일까요? 눈치 빠른 분들은 알겠지만 바로 기업명입니다. 온라인 카페는 대부분 개인이 취미로 시작했지만 크게 성장하며 기업화된 곳이 많습니다. 중고나라를 만든 ㈜큐딜리온처럼 아예 뭔가 목적으로 카페를 만든 경우도 있지만요. 앞으로 카페에 들어갈 일이 있으면 메인 구석에 광고 상품 의뢰라든가 법인 명과 사업자번호가 노출되어 있지는 않은지 한번 살펴봐도 보세요.

분명 카페라는 동호회 시스템(N:N)은 유튜브 같은 팔로우 시스템(1:N)과 사용자와의 관계 면에서는 차이가 있습니다. 하지만 플랫폼 안에서 집단을 형성해 동일한 소재로 뭉친다는 점, 카페 운영진이나 인플루언서가 큰 영향력을 지닌다는 점은 굉장히 닮았습니다. 특히 플랫폼 안에서 성장했다는 게 가장 큰 공통점이죠.[66]

카페들이 성장하면서 플랫폼 안에서 최고 레벨이 되고, 거기에 모인 회원과 콘텐츠가 서로 상승 작용을 일으키면, 이를 바탕으로 협찬이나 광고 수익이 들어오면서 기업화될 수 있었습니다. 마치 유튜버를 끌어안은 MCN^{Multi Channel Network}(유튜버와 같은 인플루언서들의 소속사) 기업들처럼요.

특히 카페의 일부 영역을 광고 영역으로 사용하면서 법인을 만들고 광고 상품을 유치했는데, 이 중 '파우더룸'과 '스펙업'은 해당 카테고리의 대표적인 광고 플랫폼입니다. 파우더룸에는 수많은 화장품 제조사들이 앞다퉈 신제품 협찬이나 이벤트 대행 계약을 하고, 스펙업의 메인에도 여러 기업이 채용 공고를 크게 광고하고 있죠. 네이버 카페의 영원한 1등 '중고나라'는 네이버 카페가 에스크로 결제 시스템을 만드는 데 혁혁한 공도 세웁니다. 하지만 거기까지였습니다. 시대는 변했고 카페 서비스는 점점 힘을 잃어갔습니다.

플랫폼 경쟁에서 점차 밀려나면서 한창 잘나가는 플랫폼이었을 때는 없던 문제들이 생겼는데요. 마치 이솝우화의 「여우와 포도밭」

구글 트렌드

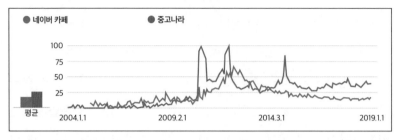

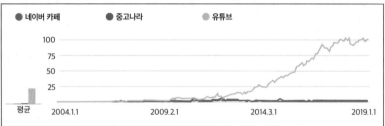

2000년대 중후반에 절정을 이루었던 네이버 카페, 이에 반해 압도적으로 성장 중인 유튜브

이야기를 떠올리게 합니다.

옛날에 배고픈 여우가 있었습니다. 여우는 우연히 포도밭을 발견합니다. 포도밭을 들어가기 위해 이리저리 찾으니 작은 구멍이 있었죠. 구멍으로 비집고 들어가 포도를 배불리 먹었습니다. 그런데 구멍 밖으로 나오려니 배가 끼여서 나올 수가 없었죠. 결국 여우는 배가 다 꺼진 상태가 되어서야 포도밭을 빠져나올 수 있었습니다. 포도밭의 여우는 당장 배는 채울 수 있었지만 다음과 같은 문제들이 생겼습니다.

○ 포도밭 안에는 포도 말고 먹을 것이 없다.

○ 포도밭에 문제가 생기면 다시 배를 곯는 상황에 빠진다.

○ 빠져나온다 해도 배가 홀쭉해져 다시 먹을 걸 걱정해야 한다.

플랫폼 안에서 성장한 '긱 이코노미' 또한 이 같은 딜레마를 갖고 있습니다.

○ 플랫폼 안에서 가능한 범위 외의 수익 창출이 쉽지 않다.

○ 플랫폼 자체의 인기가 떨어지면 동반 하락을 감수해야 한다.

○ 플랫폼 밖으로 나가면 자생하기가 굉장히 어렵다.

이런 이유로 요즘 위에서 거론한 기업들이 가장 열심히 하는 것은 다름 아닌 플랫폼 탈출 시도입니다. 중고나라는 네이버에서 벗어나 자체 앱과 시스템을 만들고 '주마'와 같은 수거형 중고 물품 회수업체로 새로운 비즈니스 모델을 구축하기 위해 노력했습니다. 파우컴퍼니는 카페파우더룸에서 벗어나 모바일 파우더룸 앱을 만들어 이용자를 늘리려고 노력 중입니다. '피터팬의 좋은방 구하기'를 운영 중인 ㈜두꺼비세상도 집값 시세를 볼 수 있는 별도 서비스를 구축했습니다. 하지만 플랫폼을 벗어나는 순간 다시 '배고픈 여우'가 되어 제로베이스에서 시작하게 됩니다. 이들 또한 맨몸으로 각각 '당근마켓', '직방', '화해' 같은 해당 카테고리 킬러 서비스와 싸워야 하는 상황에 놓이게 되었죠.

플랫폼을 벗어나면 다시 허허벌판
· · · · · · · · · ·

플랫폼 생태계에서 배부른 상태로 빠져나오고 싶다면 자산을 챙겨야 합니다. 가장 대표적인 자산은 바로 '회원'과 '데이터'입니다. 카페가 기업화될 수 있었던 이유는 트래픽 때문이었으니까요. 회원이 많다는 건 광고를 노출할 대상이 많고 이메일이나 쪽지 등을 활용하여 타깃 마케팅을 할 수 있음을 의미합니다. 하지만 플랫폼 안에서 회원 시스템은 인프라처럼 작용합니다. 인프라의 범위를 벗어나게 되면 단 한 명도 데려올 수가 없어요. 이는 쇼핑몰 솔루션인 'Cafe24'에서 '메이크샵'으로 이동하면서 회원을 다 퍼갈 수 있는 것과는 다릅니다. 돈을 내고 독자적인 회원 약관을 통해 가입을 시켰다면 회원을 유지할 수 있지만 플랫폼 내의 카페 가입은 그냥 포털의 내부 서비스일 뿐입니다. 네이버 카페라는 플랫폼 내에서는 회원 정보에 접근할 수 있어도 회원 정보에 대한 소유권은 없죠. 카페를 벗어나는 순간 기존 회원들과는 단절되는 겁니다. 회원 데이터를 퍼갈 수 없으니 나가면 제로베이스에서 다시 시작할 수밖에 없습니다. 회원 약관에서 명시된 서비스가 그렇게 되어 있어요.[67]

유튜브를 기반으로 하는 지금도 마찬가지입니다. 인플루언서가 성장하고 많은 기업들이 MCN 사업에 도전하면서 새로운 플랫폼으로 인플루언서들을 옮겨보려는 시도가 있었습니다. G마켓과 텐바이텐 같은 이커머스 기업들은 'V커머스(소비자들이 동영상을 시청하면서 상품을 구매하는 것)'의 일환으로 비슷한 시도를 했죠. 놀랍게도 수

많은 팬을 보유한 인플루언서조차 채팅창이 조용했습니다. 당연한 결과라고요? 네, 당연하지만 아주 무서운 결과입니다.

소리 소문 없이 사라진 KooTV라는 서비스도 마찬가지였습니다. KooTV는 한창 아프리카TV의 독주가 이어진 2015년 대안으로 만든 방송 플랫폼인데요. 아프리카TV와 마찰이 있었던 GE엔터테이먼트 소속의 게임 BJ 러너, 이상호, 솔선생, 개소주 등이 단체로 KooTV로 이주해 야심 차게 시작했습니다. 하지만 단 5개월 만에 문을 닫았죠. 급하게 오픈해서 시스템이 미진했던 것도 문제였지만, 가장 큰 문제는 구독자들이 넘어오지 않았기 때문입니다. BJ 효근은 이적 후 수익이 기존의 3분의 1 수준에 머물렀다고 밝혔습니다. 게다가 일부 아프리카TV 고정 구독자들은 KooTV로 넘어간 BJ들을 배신자라며 복귀 반대를 외치기도 했죠. 플랫폼을 바꾸는 것은 개인의 선택이지만 구독자와 플랫폼의 유대 관계를 깨기가 얼마나 힘든지 보여주는 사례입니다.

물론 '대도서관'처럼 아프리카TV에서 유튜브 라이브로 이동해서도 잘 해내고 있는 사례도 있긴 해요. 대도서관은 워낙 개인 브랜딩이 탄탄했고 아프리카TV가 서서히 가라앉고 있는 와중에 유튜브 라이브와 도네이션 기능의 첫 타자로 프로모션되었기에 190만 구독자를 모을 수 있었습니다. 하지만 2018년 12월 트위치로 다시 플랫폼을 옮겼을 때는 기존 구독자를 모두 데려오진 못했다고 합니다. 트위치로 옮긴 이유는 아무래도 게임 방송에 특화된 구독자층

이 몰려 있었기 때문으로 보입니다.°

이번에는 데이터 측면을 볼까요? 데이터란 곧 콘텐츠를 의미합니다. 콘텐츠는 더 많은 트래픽을 불러들일 수 있는 자산입니다. 그리고 활성화된 커뮤니티의 흔적이기도 하죠. 요즘 데이터가 주목받는 이유는 빅데이터로서의 활용 가치가 높기 때문일 겁니다.

하지만 데이터 역시 플랫폼을 벗어나면 제로베이스에서 다시 시작해야 합니다. 네이버 카페를 기반으로 운영되던 서비스를 신규 플랫폼을 만든 뒤 데이터를 이관해달라고 하면 안 되냐고요? 앞에서도 말했듯이 플랫폼에서 가지고 나갈 수 있는 것은 거의 없다고 봐야 합니다. 네이버 카페의 이용 약관을 한번 보죠.

> 제6조 (카페의 게시글 및 자료의 관리)
>
> (중간 생략)
>
> ⑧ 회사는 원활한 서비스의 제공을 위해 필요한 경우 카페에 등록된 게시글 및 자료를 모니터링할 수 있으며, 본 약관 또는 운영 원칙에서 금지한 게시글 및 자료를 발견한 경우 해당 게시글을 임의로 삭제할 수 있습니다.
>
> ⑨ 카페의 게시글과 자료는 카페 매니저 또는 작성자 본인이 관리하여야 하며, 회사는 이에 대한 백업을 보장하지 않습니다.
>
> ⑩ 회사는 카페 내 채팅 내용을 저장, 보관할 수 있고, 멤버의 법령 또는 본 약관 위반 사실이 확인되는 경우, 멤버 간의 분쟁 조정, 민원 처리 또는 카페 내 질서 유지를 위해 필요한 경우에 한하여 이를 열람할 수 있으며, 법령에서 정한 경우 외에는 제삼자에게 제공하지 아니합니다.

° 2024년 현재 다시 트위치가 국내 철수를 하게 되면서 네이버의 치지직과 아프리카TV가 또다시 대안으로 떠 올랐습니다.

위에서 이야기하는 회사는 당연히 '네이버'입니다. 네이버는 카페에 있는 모든 글을 모니터링하고 삭제할 권리가 있다고 되어 있습니다. 심지어 게시글과 자료에 대한 백업도 보장해 주지 않는다고 되어 있습니다. 백업해서 다른 플랫폼으로 옮기는 건 사실상 불가능한 셈입니다.

웹사이트의 정보를 긁어오는 '크롤링'을 백업의 대안으로 고려해 볼 수 있지 않냐고요? 일부 중고 스타트업에서는 중고나라의 자료들을 크롤링해서 상품의 중고 시세를 평가하고 있기도 합니다. 하지만 이런 참고용 자료가 아닌 마케팅을 위한 회원 정보 크롤링이라면 문제가 됩니다. 대법원에서 웹사이트의 허가 없는 크롤링은 불법이라고 판결한 판례가 있기 때문이지요. 저작권이 있는 데이터도 마찬가지로 불법이고요. DB 백업 파일을 제공받을 수도 없고, 크롤링도 안 된다면 역시나 새로 시작하는 수밖에 없습니다. 카페의 경우 빅데이터 설계에 적합한 구조도 아니지만요.[68]

카페의 홀로서기 같은 사례는 플랫폼 안에서 성장한 모든 긱에게 일어날 수 있는 일입니다. 지금 굉장히 잘나가는 유튜버라고 해도 유튜브라는 플랫폼 안에서만 지금과 같은 인기를 누릴 수 있는 겁니다. 만약 유튜브가 광고 수익 셰어의 비중을 낮춘다고 해도 대안이 없습니다. 유튜브를 탓할 수도 없죠. 실제로 유튜브는 2018년 1월에 광고 수익 기준을 변경하기도 했습니다. 대형 유튜버에게는 지장이 없었고, 오히려 쓰레기 동영상을 걸어내는 효과를 가져왔다고들 하지만, 여기서 핵심은 누구의 동의 없이도 유튜브는 정책을 바꿀 수 있다는 사실이죠.

이런 문제를 해소하기 위해 유튜버들은 멀티 플랫폼을 이용하기도 합니다. OBS 등의 라이브 방송 프로그램을 이용하면 여러 개의 플랫폼에서 동시에 방송할 수 있거든요. 또한 게임 스트리머인 '룩삼'과 '따효니', '침착맨'은 라이브는 트위치를 주력으로 삼고, 편집된 영상은 유튜브로 제공하고 있죠.° 콘텐츠가 아닌 서비스를 제공하는 긱들도 멀티 플랫폼을 이용합니다. 택시 운전사분들은 카카오 택시와 T맵 택시를 동시에 이용하고 있지 않나요? '부릉'과 '바로고'를 동시에 이용하는 배달 대행 라이더들도 마찬가지고요.

동일한 콘텐츠로 멀티 서비스를 이용하는 것이 힘들다면, 플랫폼에는 무료 콘텐츠를 제공하고 콘텐츠 플랫폼을 별도로 만들어 유료화하는 방법도 있습니다. 최근 TV 방송들은 요약 콘텐츠나 소위 '짤'로 소비될 만한 편집 콘텐츠는 유튜브에 올리고 정식 콘텐츠는 본방으로 보게 하거나 각 회사에서 운영하는 공식 콘텐츠 경로로 이용하도록 하고 있습니다.

자, 그러면 과연 긱으로서 우리는 플랫폼을 어떻게 이용해야 할까요? 플랫폼 유니버스 안에서 성장하는 것이 먼저일까요? 아니면 처음부터 자체적인 기반을 만들어내는 것이 좋을까요? 확실한 건 현명하게 활용해야 한다는 겁니다. 우린 아직 배고픈 여우니까요.

○   2024년에는 트위치의 국내 철수로 유튜브 라이브와 네이버의 치지직, 아프리카 모두 동시에 라이브 채널로 사용합니다.

오픈마켓이 아니라면 마켓컬리는
왜 PG사를 인수했을까?

2021년 마켓컬리가 PG사 '페이봇'을 인수해 PG° 자격을 갖추게 됐다는 기사가 나왔습니다. 이에 대해 언론들은 여러 가지 이야기를 쏟아냈는데요. 많은 기사가 '간편 결제 강화'나 '오픈마켓 준비'를 예상했죠.[69] 이렇게 예상하는 것도 무리는 아닙니다. 이커머스가 규모를 키우기 위해 많이 쓰는 방법 중 하나가 오픈마켓이니까요. 흔히 얘기하는 아마존의 '프라이휠'의 핵심 내용도 이와 관련 있습니다. 상품들이 많이 모이면 셀러 간 경쟁이 생기고, 그러면 물류 비용이 더 낮아지고, 이는 결국 사용자의 만족스러운 경험으로 이

○ PG는 전자금융업의 범위 중 전자지급결제대행업을 뜻하는 단어지만 사실상 국내에서는 전자금융업 전체를 통칭하여 쓰이고 있습니다. 그래서 저도 그런 뜻으로 PG란 용어를 사용하려고 합니다.

아마존의 '프라이휠'

어집니다.

그러나 마켓컬리 CCO는 〈아웃스탠딩〉 정지혜 기자와 만난 인터뷰 자리에서 PG의 도입이 오픈마켓을 위한 것이 아니라고 명확하게 이야기합니다. 인터뷰를 통해 마켓컬리의 행보에 대해 몇 가지 사항을 확인할 수 있었습니다.

Q. 항공권이나 가전을 판매하는 이유는 총 상품 판매량GMV의 상승을 위한 것인가?
➔ 아니다. 비중은 크지 않을 것이다.

Q. 그렇다면 PG를 통해 정산 금액을 묶어두어 현금 흐름을 좋게 하기 위한 것인가?
➔ 아니다. 일반적으로 오픈마켓이 많이 하는 일이지만 그런 이유는 아니다.

Q. 오픈마켓을 하기 위한 준비 작업인가?
➔ 아니다. 우리는 계속 상품을 책임지는 관리형 마켓을 운영할 예정이다. 엄밀히 말하면 중개거래는 해도 오픈마켓은 아니다.

그리고 마지막으로 이런 이야기를 합니다.

"마켓컬리는 정산이나 물류에서 제한적인 부분을 줄이고 더 자유롭게 셀렉션을 확장하는 행보로서 PG사를 인수한 거예요."

저는 이 대목에서 '정산이나 물류에서 제한적인 부분을 줄이기 위해 마켓컬리가 풀어야 할 숙제'란 과연 무엇일지에 주목했습니다.[70] 저 같은 이커머스 뒷단 기획자는 이 이야기를 듣고 그것이 뭔지 눈에 보였기 때문입니다. PG를 보유하지 않은 모든 중개거래 이커머스가 겪는 공통적인 문제가 있거든요.

마켓컬리에 PG가 필요한 이유

중개거래를 하려면 전자상거래법에 따라 에스크로(결제대금예치) 서비스를 해야 하는데요. 에스크로란 비대면 거래로 비용을 지불한 구매자가 구매 상품을 수령했다는 사실이 확인되었을 때 중개자가 판매자에게 대금을 지급하도록 하는 프로세스를 말합니다. 오픈마켓에서 배송이 완료되면 '구매 확정'을 눌러야 판매자에게 판매 대금이 지급되는 것이죠.

그런데 에스크로 결제를 하고 구매 확정이 되기까지 구매자가 결제한 금액은 어디에 있을까요? 바로 PG사입니다. 즉 PG사는 결제대금대행업자이기도 하지만 결제대금예치업자이기도 한 겁니다. 말하자면 오픈마켓에서 PG사는 '온라인 돈통' 역할을 해주는 거라 볼 수 있습니다.

카드 결제를 하면 2~3일 내에 카드사가 결제대금예치업자에게 대금을 지급해 줍니다. 이 돈은 구매자가 '구매 확정' 버튼을 누를 때까지 얌전히 결제대금예치업자의 돈통에서 기다리고 있습니다.

01. 에스크로 서비스란?

구매자가 판매자(상점)로부터 주문한 배송상품(실물 상품)에 대하여 구매자의 결제대금을 에스크로 사업자인 KG모빌리언스가 예치하고 있다가 구매자에게 최종배송이 완료되었을 때, 판매자(상점)에게 입금하여 주는 구매안전 서비스입니다.

02. 에스크로 의무화

에스크로 의무대상	현금 거래(계좌이체, 무통장(가상계좌))
에스크로 휴의무대상	신용카드 거래, 배송이 불필요한 거래(온라인 강좌, 게임, 컨텐츠 등)

KG모빌리언스는 안전한 전자상거래를 위해 현금성 거래(금액 제한 없음)뿐만 아니라 모든 결제수단(카드, 휴대폰, 상품권)에 대해서도 에스크로를 시행합니다. 또한 에스크로 대상 금액도 선택할 수 있어, 다양하고 안전한 에스크로 서비스를 이용할 수 있습니다.

03. 에스크로 이용 방식

KG모빌리언스의 에스크로 서비스 설명 페이지

이자 수익까지 붙어가면서 말이죠. 이 이자 수익은 치열한 가격 경쟁 속에서 이커머스 업체가 어느 정도 비용을 상쇄할 수 있는 아주 좋은 수단이 됩니다. 구매 확정 후에도 정산 일자를 늦출 수 있다면 이자는 더 커지게 되죠.

하지만 마켓컬리가 의도한 건 이게 아니었습니다. 중개거래를 하지 않고 직매입만 해왔기 때문에 이런 부분이 필요 없었을 거예요.

직매입 상품은 에스크로가 필요하지 않으니까요.[71] 그런데 직매입만으로는 프리미엄 상품을 확보하는 데 한계가 있다고 느낀 마켓컬리가 유명 셰프의 밀키트 같은 브랜드 상품을 들여오기 위해 중개거래를 시작합니다. 마켓컬리 CCO에 따르면 유명 셰프의 음식 같은 브랜드 상품은 직매입하기엔 원가가 높아 리스크가 크기 때문이라는데, 대안으로 '중개거래'를 하게 되면서 오픈마켓은 아니지만 '에스크로 결제'가 필요해진 것입니다.

PG업 없이 중개거래 정산할 때 무엇이 불편한가?

· · · · · · · · · ·

사실 우리나라에 등록된 PG 업체는 그리 많지 않습니다. PG업은 신고 허가제로 운영되는데요. 특정 기준에 부합하는지 확인이 되면 허가가 납니다. 금융위원회와 금융감독원이 운영하는 e-금융민원센터에 지원 자격이 나와 있는데 생각보다 더 갖춰야 할 조건이 많습니다. 현금이 부족한 기업은 아예 엄두를 못 낼 정도예요. 2021년 9월 기준 등록 현황을 보면 국내에 168개의 PG 업체가 존재합니다.

그렇다면 우리나라에 크고 작은 중개 판매를 하는 곳들을 합하면 168개보다는 많을 텐데 나머지 업체들은 어떻게 사업을 하는 걸까요? 간단히 말하자면 외부 PG에서 제공하는 에스크로 서비스를 계약해서 사용합니다. 이렇게 해도 운영은 가능하니까요. 이커머스 입장에서는 2퍼센트 부족한 느낌이 드는 것도 사실입니다.

중개거래 시 에스크로를 하지 않으면 어떤 점이 불편할까요? 가장 큰 문제는 '쩐'입니다. 여기서 '쩐'이란 1원이나 1원 이하의 자잘한 금액을 의미합니다. 이 돈에 대한 이야기를 왜 하냐면요. 중개거래의 기준은 '상품별 정산'에 있기 때문입니다. 이커머스에서 물건을 한 개만 사는 사람은 많지 않죠. 여러 개를 장바구니에 담아 한꺼번에 결제합니다. 식품 카테고리는 더더욱 그렇죠. 악마는 장바구니 쿠폰에서 태어납니다. 장바구니 쿠폰은 '5만 원 이상 결제 시 2,000원 할인' 이런 식이죠. 그런데 이 2,000원 할인이 들어가면 셀러들에게 상품별 정산을 어떻게 해야 할까요? 아마 결제된 여러 개의 상품에 금액을 분산 처리해야 할 것입니다. 그래야 주문 번호에 담긴 각 셀러별 상품이 '구매 확정'될 때마다 정확한 금액을 정산해 줄 수 있을 테니까요. 문제는 금액이 딱 떨어지지 않는다는 데 있습니다.

　예를 들어서 물건 A, B, C를 사는데 합쳐서 5만 원이고 2,000원을 할인했다고 생각해 보세요. A, B, C 금액은 각각 2만 5,000원, 2만 1,000원, 4,000원이라면 2,000원 할인은 판매 대금 비율대로 나뉘게 됩니다. 1,000원, 840원, 160원 이렇게요. 여기에 이커머스와 셀러가 쿠폰 비용을 분담한다면 또 그 비율에 맞춰 쪼개지겠죠. 이렇게 기준에 따라 금액은 계속 쪼개집니다. 이 예시는 가격이 천 원 단위인 깔끔한 상품이라서 1원 단위에서 정확히 떨어지지만, 상품 금액 자체가 10원 단위까지 내려가고 할인액도 10원 단위 아래로 내려가면 상황은 달라집니다. 예를 들어 상품 세 개의 총 결제 금액이 2만 4,230원인데 5퍼센트 쿠폰이라면요? 할인액은 726.9원입니다. 계산할 때 반올림해서 727원이 된다면 이를 상품 세 개에 나누는 일도 쉽지가 않습니다. 비율로 나눌 때 완전히 계산되지 않는 '쩐'이 발생하는 거죠. 중간에 부분 취소나 반품을 한다면 금액 정산은 더욱 복잡해집니다.

이커머스에 PG가 없는 경우 에스크로 대행 회사에 정산액을 딱 정리해 전달해 줘야 하는데요. 이처럼 정산 금액 계산이 어려운 경우들이 생깁니다. 문제는 정산 지급 일정이 당겨지는 트렌드에 있습니다. 사람 손을 거치지 않고도 이런 문제를 해결하고 정산 주기를 앞당기려면 '유동적인 정산 금액 계산'이 필요합니다. 예를 들어 이번 정산에 덜 정산된 0.XX원들을 모아서 다음번 정산에 더하거나 이번에 추가로 정산된 0.NN원들을 모아서 다음번 정산에서 뺄 수 있어야 하죠. 그러려면 이커머스에 돈통이 있어야 합니다. 즉 에스크로 자격을 가지는 것만으로도 정확하고 빠른 정산이 가능해지는 것이죠.

PG 등록의 가치, 정말 이게 다일까?
· · · · · · · · · ·

전자금융업 등록 현황에서 마켓컬리가 인수한 '페이봇'에 대한 정보를 찾아볼 수 있었는데요. 지금까지 결제대금예치업(에스크로)의 중요성을 그렇게 강조했는데 막상 페이봇은 '전자결제대행업'만 취득하고 있어서 이상하게 여길 수도 있을 것 같습니다.

no	등록날짜	전자금융 업자명	선불전자 지급수단 발행업	직불전자 지급수단 발행업	전자지급 결제대행업 (PG)	결제대금 예치업 (SCROW)	전자고지 결제업 (EBPP)
137	2020.02.05	페이봇 주식회사			●		

하지만 전자금융업 등록은 다섯 개의 업종으로 세분되어 있고 모든 조건이 동일하고 보유액 정도의 기준만 다르므로 문제 될 건 없습니다. 기존에 모든 조건이 갖춰져 있고 보유액만 확보하면 얼마든지 추가로 등록할 수 있다는 뜻이죠.

그리고 여기서 또 다른 가능성을 찾아볼 수 있습니다. 눈여겨봐야 할 전자금융업의 범주는 '선불전자지급수단 발행업'입니다. 선불전자지급수단이란 네이버페이나 카카오머니와 같은 '충전식 포인트'를 생각하면 되는데요. 국내에 열 개 이상의 거래처에 현금을 대체할 포인트를 발행하는 사업을 진행하려면 이에 대한 자격이 필요합니다.

마켓컬리가 선불전자지급수단 발행업을 할 수 있게 되면 마켓컬리의 적립금은 중개거래까지 포괄할 수 있게 됩니다. 기존에도 컬리의 포인트는 있을 수 있겠지만 중개거래 대상까지 구매 사용을 하는 것은 법적인 문제가 되었을 것입니다. 또 포인트의 사용대상 외에 적립에서도 더 편해지죠. 적립금이 마치 충전식 포인트처럼 바로 사용가능하다면 고객의 충성도는 더 높아질 테니까요. 더 나아가 적립액 자체도 셀러와 분담하는 것이 가능해집니다. 즉 선불전자지급수단만으로 마켓컬리의 적립 서비스 품질이 높아질 수 있죠. 셀러별로 적립금을 통한 마케팅도 할 수 있으니까요. (이 구조는 이미 많이 익숙합니다. 네이버 페이가 엄청나게 잘 하는 플레이예요.)

그리고 선불 전자결제 지급수단 발행업을 획득하면 정산에서도 이득이 됩니다. 앞서 말했던 '쩐의 문제'나 '정산 속도'의 문제를 더 빠르게 할 수 있어요. 셀러의 통장이 아니라 '셀러 보유금' 방식으로 포인트 지급을 하게 되면 실제 돈은 안전하게 이커머스 돈통 안에 둘 수도 있으니까요. 그리고 그 돈을 이커머스가 제공하는 부가 서비스를 이용하는 금액으로 쓰게 할 수도 있습니다. G마켓 충전금이나 네이버 스마트스토어에서 봤던 것처럼 말입니다.

PG업 등록은 중개거래 플랫폼의 마지막 퍼즐

· · · · · · · · · ·

이 모든 이야기는 마켓컬리뿐 아니라 중개거래를 하는 모든 이 커머스 사들이 고민하는 부분입니다. 특히 규모를 키우고 있는 곳 이라면 더더욱 이 문제를 마주할 수밖에 없죠. 중개업을 오랫동안 잘하기 위해서 PG업의 등록은 굉장히 중요한 마지막 퍼즐입니다.

우리는 때론 결과를 보고 이유를 추론할 때가 있습니다. 오픈마 켓들이 PG를 가지고 있는 결과에는 다양한 이유가 있을 수 있습니 다. PG를 보유하고 중개거래를 한다고 해서 꼭 오픈마켓이 되는 것 은 아니듯이 말이죠. 마켓컬리는 예상한 대로 PG 도입 후 컬리상 품권과 함께 컬리캐시라고 하는 선불식 전자결제 지급수단을 만들 고, 컬리페이를 만들어 간편 결제를 제공하고 있습니다. 유료 멤버 십 서비스도 시작했는데 혜택 중에 장바구니 쿠폰이 다수 포함되 어 있더군요. 정확히 알 수는 없지만 셀러와의 분담금 설정을 고려 했을 것으로 예상됩니다.

이렇게 당연하게 생각되어오던 중개거래 플랫폼의 PG업 등록은 2024년 7월 큰 변화에 직면하는데요. 큐텐의 자회사가 된 티몬과 위 메프의 정산 지연 문제가 한 달여 넘게 이어지면서 이 시스템의 문 제를 알게 된 것입니다. 즉 셀러에 줘야 할 티몬의 정산 대금을 큐 텐의 여러 M&A에 유용된 것으로 추정되어 문제가 불거진 것이죠.

정산의 불편을 해소하기 위해 도입된 중개거래 오픈마켓의

PG업 등록을 이렇게 악용하는 것은 에스크로 서비스를 만든 취지에도 어긋날 뿐 아니라 이커머스 업계의 위기가 되고 있습니다. 정산 대금을 받지 못한 셀러들이 결제가 끝난 거래에 대해 상품이나 서비스 제공을 중지하면서 고객들의 피해가 발생하고 있고, 정산 대금을 오랫동안 받지 못한 셀러들은 도산의 위기에 놓인 것입니다. 사태가 더 확산하는 것을 막기 위해 정부가 카드사와 페이먼트 서비스에 고객에게 먼저 환불을 해주기를 권고했지만, 일부 고객은 구제되어도 엄한 회사들의 피해가 일어나고 있습니다. 셀러의 도산을 막고자 타 이커머스 업체들이 정산 주기를 당겨 셀러들에게 정산을 해주고도 있지만 도리어 모든 이커머스 사에 대한 불신만 커지는 상황이 되었습니다.

전문가들은 중개거래 오픈마켓 이커머스 사의 PG업 등록이 앞으로는 더욱 어려워질 것이며, 정부의 규제가 PG업 획득뿐 아니라 좀 더 구체적인 부분에서 마련되지 않을까 예측하고 있습니다. 중개거래 형태의 오픈마켓 시대가 끝났다고 말하는 사람도 있죠. 여기서 잊지 말아야 할 것은 PG업이 없는 상태에서도 셀러와 상생하며 성장해 온 이커머스 사들은 여전히 많았다는 것입니다. 이 글에 나온 컬리도 PG업이 없는 상태에서 성장한 시간이 훨씬 컸잖아요! 부디 이번에 불거진 문제들이 잘 해결되어 오픈마켓 시장 자체가 위협받기보다 오픈마켓에 고착된 시스템들이 개선되는 전화위복의 기회가 되면 좋겠습니다.

국내 이커머스에 절대 강자가 없었던 이유, 메타 쇼핑몰 서비스

한동안 핫했던 용어 중에 '메타'가 있습니다. 페이스북이 회사명을 바꾸기 전부터 여기저기서 '메타버스'에 대한 얘기를 들을 수 있었죠. 인지심리학에서도 '메타 인지'란 말을 자주 쓰고 있죠. 이커머스 세상에도 '메타'가 있습니다. 바로 메타 쇼핑몰 서비스입니다.

이커머스란 무엇인가?

메타 쇼핑몰은 이커머스처럼 보이기도 하지만 엄밀히 말하면 이커머스가 아닙니다. 이런 사실을 알려면 이커머스가 무엇인지부터 알아야겠죠?

이커머스e-commerce란 온라인상에서 일어나는 상거래 서비스를 의미합니다. 말 그대로 온라인 네트워크를 통해 상품과 서비스를 사고파는 행위를 말합니다. 사실 사용자 대부분은 이커머스를 '상품을 사는 곳'으로 알 뿐, 서비스를 결제하는 곳으로 생각하지는 않습니다. 때문에 이커머스 하면 '쿠팡'은 쉽게 떠올려도 '배달의민족'은 O2OOnline to Offline(온라인과 오프라인을 연결한 마케팅)라는 다른 개념으로 생각하죠. 하지만 음식을 온라인으로 거래한다는 점에서 '배달의민족' 역시 이커머스에 해당합니다.

소비자가 아닌 업계의 시각으로 보면 좀 더 명확하게 구분할 수 있습니다. 저는 이커머스를 정의할 때 시스템을 중요하게 보는데요. 판매자가 입점 계약을 하고, 상품을 등록하고, 상품이 전시되고, 이를 소비자가 장바구니에 담아 결제하고, 취소/반품/교환을 처리하고, 마지막으로 대금이 판매자에게 정산되는 구조를 가진 곳이라면 이커머스라고 보고, 이 구조를 '이커머스 프레임 시스템'이라고 부릅니다. 이런 시각에서 보면 교육 강의 업체나 '아웃스탠딩'도 이커머스 형태를 띠고 있다고 볼 수 있습니다. 깊이와 복잡도, 결제 방식은 다르긴 하지만요.

법적으로 구분해 볼 수도 있는데요. '통신판매업'인 경우와 '통신판매중개업'인 경우가 있습니다. 통신판매업은 직접 상품을 매입하는 형태로 플랫폼이 '판매자'의 지위를 가지고 있는 경우에 해당하고, 통신판매중개업은 판매자와 구매자가 서로 거래하는 것을 어떤 형태로든 중개하는 경우를 말합니다. 이 중개라고 하는 게 꼭 결제

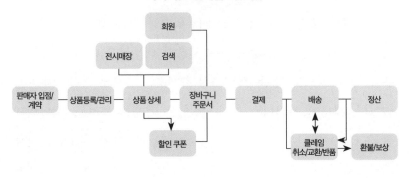

이커머스 프레임 시스템

by 도그냥(이미준)

를 필수로 하지는 않습니다. 우리가 흔히 '오픈마켓'이라고 부르는 이커머스 플랫폼들이 전형적인 통신판매중개업 방식이죠.

자, 여기서 빈틈이 발생합니다. 결제는 대행해 주지 않지만 판매자와 구매자 사이에 상품이 있다는 정보만 모아서 알려주는 사이트도 통신판매중개업에 해당하는데, 위에서 설명한 이커머스 프레임 시스템을 적용하면 여러 핵심 부분이 빠져 있는 서비스인 것이죠. 이게 바로 '메타 쇼핑몰 사이트'라고 불리는 서비스에 해당합니다.

메타 쇼핑몰 사이트란?

메타 쇼핑몰 사이트를 이해하려면 먼저 메타 데이터meta data라는 용어를 알아야 합니다. 메타 데이터는 여러 곳에 흩어져 있는 방대한 양의 데이터를 모아서 새로운 체계로 정리해 '재구조화한 데이터'를 말합니다. 다양한 형태로 존재하는 데이터들을 일관된 형태로 만들어 분석하고 분류하기 쉽게 한 것이죠. 이런 메타 데이터를 바탕으로 만든 서비스들이 '메타 정보 사이트'입니다. 흩어져 있는 정보를 모아 보여주는 서비스죠. 비슷한 서비스들이 많아지면 필연적으로 등장하는 서비스이기도 합니다. 즉 여러 곳의 쇼핑 정보를 모아서 보여주는 서비스가 '메타 쇼핑몰 사이트'입니다.

우리나라에는 역사적으로 두 번의 '메타 쇼핑몰 태동기'가 있었는데요. 첫 번째 시즌은 PC 시절 다나와, 에누리닷컴, 네이버 가격 비교 등이 자리 잡은 2006~2007년 무렵입니다. 서구권이 아마존에 접속해서 필요한 물건을 가격 비교할 때, 국내에서는 인터넷 요금 정액제라는 강력한 인프라 덕에 이커머스 수십 개의 가격을 비교하는 서비스가 발달한 거죠. 저는 오랫동안 국내 이커머스에 절대적 일인자가 없었던 이유가 바로 이런 가격 비교를 통한 고객의 분산 때문이라고 생각합니다.[72]

두 번째 시즌은 모바일이 나온 2014~2015년 무렵입니다. PC 시절과 마찬가지로 다양한 모바일 기반의 소셜커머스들이 나오면서 기존의 가격 비교에 포함되지 않은 상품들이 많이 생겼고 이를 기반으로 새로운 메타 쇼핑몰 서비스들이 출시된 거죠. '쿠차', '홈쇼핑모아' 같은 딜 중심의 메타 쇼핑몰이 대표적입니다.

메타 쇼핑몰 사이트는 겉보기에는 굉장히 편리한 '이커머스'처럼 보입니다. 고객의 머릿속에서 이커머스는 '상품 검색/비교 → 상품 상세 → 주문 결제'로 이어지는데, 메타 쇼핑몰 사이트도 이 흐름인 것은 틀림없죠. 단 상품상세부터 주문 결제까지는 원래 쇼핑몰 사이트로 이동해서 처리할 뿐입니다. 사용자 입장에서는 실제 주문할 때는 각각 사이트로 이동해야 하니 '상품을 고를 때만 편하고 주문할 때는 약간 불편한 이커머스' 정도로 인식되고 있습니다. 할인 경쟁을 하는 이커머스 세계에서 상품 비교를 쉽게 해주는 것은 유용한 장점이죠. 이게 바로 네이버 가격 비교가 지금까지 쇼핑 헤게모니를 쥘 수 있었던 주요한 이유입니다. 하지만 엄밀히 보면 '주문 → 결제 → 클레임 → 정산'의 구조가 없기 때문에 이커머스 시스템을 갖추지 않은 서비스라고 할 수 있죠.

수익 구조도 다릅니다. 직접 결제나 거래를 하지 않는 메타 쇼핑몰 서비스는 어떻게 돈을 벌까요? 판매 대금에서 거래 수수료나 마진을 남기는 이커머스와 달리 메타 쇼핑몰의 수익은 '어필리에이트affiliate 광고 프로그램'에서 나옵니다. 어필리에이트 광고란 제휴 형태로 트래픽을 몰아주고 여기에서 발생한 트래픽이나 거래에서 수수료를 받는 것입니다. 그래서 물건을 판매하는 이커머스와 달리 메타 쇼핑몰은 '광고 도메인'에 훨씬 가깝습니다. 그래서 만약 누군가가 메타 쇼핑몰을 보고 '적자가 넘치는 이커머스에서 흑자를 보는 대단한 서비스'라고 얘기한다면 이는 속사정을 모르고 하는 소리입니다. 메타 쇼핑몰의 효율은 이커머스가 아닌 광고 플랫폼과 비교하는 편이 더 적절합니다.

메타 쇼핑몰 서비스는 이런 방식으로 트래픽과 이익을 챙겨가며 크게 성장했습니다. 대표적인 곳은 역시 '네이버 가격 비교'입니다. 대형 오픈마켓도 네이버 가격 비교 트래픽이 50퍼센트에 육박할 정도로 의존도가 높다고 하죠. 무한경쟁을 하는 국내 이커머스의 특성상 쇼핑몰들은 네이버 가격 비교에 의지할 수밖에 없는 상황입니다.

메타 쇼핑몰의 미래는 이커머스
· · · · · · · · ·

그런데 사용자 입장에서 메타 쇼핑몰 서비스는 한계가 있습니다. 상품 비교를 위해 메타 쇼핑몰을 찾긴 하지만 좀 더 편리한 서비스에 대한 니즈가 생기기 마련이니까요. 그래서 메타 쇼핑몰 서비스의 과제는 결국 '통합 결제 서비스'를 만드는 데 있으며, 바로 이 부분이 회사의 명운을 가르는 결정타인 거죠.

결제 시스템을 만든다는 결코 간단한 일이 아닙니다. 고객의 결제가 붙는다는 것은 모아서 보여주던 메타 상품 정보를 가지고 '주문'을 만들어야 한다는 것이고, 이 주문 정보에는 판매자가 거래하기 위해서 필요한 정보들이 모두 포함되어야 합니다. 이런 정보는 생각보다 많습니다. 한 번이라도 스마트스토어에서 물건을 팔아보셨다면 상품을 등록할 때 엄청나게 많은 항목이 기억날 겁니다. 판매와 정산을 위해서는 그만큼 많은 정보들이 필요한 거죠. 게다가 기존의 메타 쇼핑몰은 쇼핑몰과만 제휴하면 됐는데 결제 중개를 하게 되면 각 판매자와 정산을 위한 계약도 따로 해야 합니다. 판매자와 거래가 생기고, 정산하고, 결제 체계를 만들면, 고객의 취소/교환/반품 클레임도 당연히 따라오겠죠. 굉장히 익숙한 그림 아닌가요? 맞습니다. '고작' 결제 시스템 하나 붙이려고 했는데 메타 쇼핑몰 서비스는 이커머스 프레임 시스템을 갖춘 '이커머스'로 비즈니스 모델을 전환하게 되는 겁니다. 비단 결제의 편의성만이 이커머스로 전환하는 목적은 아닌 데는 몇 가지 이유가 더 있습니다.

첫째, 성장의 관점에서도 이커머스 모델로의 전환은 필요합니다. 메타 쇼핑몰 서비스의 한계는 분명합니다. 상품에 대한 장악력이

스마트스토어 상품 등록의 일부

없어 아마존이 증명해 온 이커머스의 세 가지 중요한 요소인 상품 selection, 가격 lower Price, 사용자 경험 UX(배송)을 컨트롤할 수 없습니다. 결제를 붙이면 여타 플랫폼 기업처럼 무엇이든 거래할 수 있는 구조를 활용해 쉽게 영역을 확장해 나갈 수 있습니다.

둘째, 미래의 원유인 '데이터' 관점에서도 필요합니다. 메타 쇼핑몰 서비스가 확보할 수 있는 정보는 제한적입니다. 고객의 주소나 결제 정보, 주문할 때 선택한 옵션 등 세세한 정보는 알 수 없죠. 이커머스로 전환을 통해 활용 가치가 높은 고객의 정보를 모을 수 있습니다.

하지만 메타 쇼핑몰 서비스의 이커머스로의 전환에는 어려운 문제가 많습니다. 기업 입장에서는 비즈니스의 작동 방식부터 시스템의 구조까지 완전히 바꿔야 하는 일이니까요. 고도화된 고객의 니즈를 만족시킬 만큼 이커머스 성숙도를 높이는 것은 굉장히 어려운 일입니다.

그래서 정말 많은 메타 쇼핑몰 서비스가 이커머스 전환을 시도했으나 성공했다고 할 만한 곳은 많지 않습니다. 그나마 네이버 가격 비교와 지그재그를 들 수 있죠. 둘의 공통점은 '트래픽 장악력'이 굉장히 높았다는 점입니다. 네이버는 '스마트스토어'라는 자체 입점 플랫폼과 '스토어팜', '오픈 로그인' 같은 연결 서비스를 통해 N페이를 중심으로 새 판을 짤 수 있었죠. 이미 강력하게 '록인 lock-in'된 고객들이 있었기에 변화를 만들어낼 수 있었습니다.

문제는 강력한 트래픽이 없는 상태에서 이커머스 전환을 하려고 할 때 발생합니다. 앞서 설명했던 대로라면 해결해야 하는 문제는 세 가지입니다.

- ○ 기존에 제휴한 플랫폼이나 상품 판매자들과 새로운 계약 맺기
- ○ 자사 내의 '광고' 위주 시스템을 '이커머스' 형태로 전환하기
- ○ 이커머스 시스템을 구현하면서도 메타 쇼핑몰로서 강점을 유지하기

이 모든 문제는 인적 자원과 비용, 전략적인 면에 있어서 최상의 난이도라고 할 수 있습니다. 이커머스 시스템의 기능 모두를 짧은 시간에 모두 개발하기에는 만만치 않기 때문이죠. 힘들게 전환하더라도 이커머스를 오픈하는 순간부터 발생하는 '적자' 구조에 당황할 수밖에 없을 것입니다.

이렇게 어렵지만 메타 쇼핑몰 서비스들은 더 큰 성장을 위해 '이커머스'로 체질 개선을 시도합니다. 오래된 사례지만 2016년 오픈한 다나와의 자체 쇼핑몰인 '샵 다나와', 2022년도에 자체 결제 베타 서비스를 시작한 '홈쇼핑모아'는 모두 이런 시도들이죠.

'메타'가 대세라고 하지만 이커머스 세상에서 '메타 서비스'가 갖는 한계는 뚜렷합니다. 그렇기 때문에 아무리 어려워도 서비스를 전환하려는 시도는 계속될 것으로 보입니다. 이게 비단 이커머스 영역에만 해당하는 이야기일까요? 여러 서비스를 모으는 형태로 운영하는 다양한 영역의 '메타 비즈니스'에도 비슷한 고민이 있지 않을까 싶습니다.

셀러와 구매자 사이,
이커머스 플랫폼을
골치 아프게 만드는 문제들

공정거래위원회(이하 공정위)에 이커머스 관련 특강을 해달라는 제안이 들어왔습니다. 공정위에서도 이커머스를 포함한 온라인 산업에 대한 관심이 높아졌을 뿐만 아니라, 실무자의 생생한 이야기를 듣고 싶다는 의견이 많다고 하더군요. 현직 이커머스에서 일을 해온 사람으로서 공정위에 대한 양가감정이 들었습니다. 하지만 호랑이굴에 들어가 호랑이에게 쥐의 입장을 들려 드리는 것만으로도 의미가 있겠다는 생각이 들어 특강을 수락했습니다.

먼저 이커머스의 정의나 구조, 이커머스 기업들이 생각하는 성장 논리와 국내 이커머스 서비스들의 역사를 짚어보고, 마지막으로 이커머스를 운영하는 사람들이 겪는 문제를 사례로 엮어서 설명하는 시간을 가졌어요. 더불어 이커머스 플랫폼을 운영하는 사람의 입장도 잘 이해해 주십사 마음 깊이 부탁드렸습니다. 150여 명의 공정위 분들 앞에서 소개한 몇 가지 실무적인 고민을 여기서도 나눠봅니다.

통신판매업자와 통신판매중개업자, 그리고 책임
• • • • • • • • • •

이커머스는 물건을 제조하여 판매하는 것이 아니라면 대체로 양면 시장의 성격을 갖습니다. 상품을 입점시켜 물건을 판매하는 셀러와 이를 구매하는 소비자로 이루어져 있죠. 하지만 모든 이커머스 플랫폼이 동일한 책임 범위를 가지고 있지는 않습니다.

이를 구분하기 위해서는 통신판매업자와 통신판매중개업자에 대해서 알아야 합니다. 통신판매업자는 통신판매업의 판매 당사자로 상품에 대한 책임 범위가 넓습니다. 거래 자체에 대한 책임을 지기 때문에 배송, 취소, 교환, 반품에 이르기까지 처리해야 할 권한이 많죠. 통신판매중개업자는 말 그대로 중개업자입니다. 구매자와 통신판매업자 사이를 연결해 주는 역할을 하므로 판매 과정에서 생기는 배송, 취소, 교환, 반품에 대해서는 처리 권한이 없습니다.

그렇다면 이커머스 플랫폼은 통신판매업자와 통신판매중개업자 중 어느 쪽에 해당할까요? 어떤 포트폴리오를 구성해 상품을 판매하느냐에 따라서 둘 중 하나이거나 두 가지 모두에 해당할 수 있습니다. 그래서 구매자는 어떤 회사에서는 쉽게 고객 서비스CS 처리를 받을 수 있지만 어떤 곳에서는 셀러(판매자)에게 전화하라는 이야기를 듣게 되는 것입니다.

이렇게만 보면 통신판매중개업자로서 이커머스가 훨씬 더 쉬워 보입니다. 골치 아픈 고객 서비스 처리 과정을 맡지 않아도 되니까요. 하지만 실상은 그보다 복잡합니다. 왜냐하면 이커머스 기업은 상품 수를 많이 확보하기 위한 셀러와의 관계도 중요하지만 재방문을 위해 구매자에게도 좋은 경험도 심어주어야 하기 때문이죠. 게다가 국내 이커머스 역사를 보면 여러 문제가 있었기 때문에 사용자를 무시할 수 없는 상황입니다. 가장 컸던 건 한 대형 오픈마켓에서 개인 정보가 대량으로 유출되면서 생긴[73] 개인정보보호 문제였는데, 중개거래라 여러 법적 책임에서 벗어날 수 있었지만 2011년 개인정보보호법이 개정되면서 오픈마켓도 사용자들의 집단 고소를 당할 수 있게 되었습니다.

이후 계속해서 중개업체인 오픈마켓도 더 많은 책임 의식을 가지도록 사회적 분위기가 조성되었습니다. 2009년 '짝퉁 110퍼센트 보상제'를 기반으로 한 11번가의 엄청난 성장은 이런 분위기를 반증하죠. 통신판매중개업자에게도 통신판매업자만큼의 거래에 대한 책임을 갖게 하겠다는 취지의 기사가 심심치 않게 나왔죠. 하지만 2024년인 지금도 통신판매 중개자의 가품에 대한 법적인 책임을 강제하기보다는 권고 사항 정도로 그치고 있어 한계는 여전히 존재합니다.

여하튼 이커머스 플랫폼이 중개거래를 택하는 이유는 고객 서비스 처리 과정이나 법적 문제로부터 책임을 회피하기 위해서라기보다는 비용 문제와 상품 확보 문제가 더 큽니다. 상품을 매입해 판매하려면 창고가 있어야 하고 배송도 직접 처리해야 하므로 비용이 더 들어가죠. 게다가 실제 책임 범위가 높기 때문에 상품 확보에서도 승인과 검수 절차가 복잡해질 수밖에 없습니다. 그렇게 되면 상품 수를 빠르게 늘려서 큰 매출을 만드는 롱테일 전략을 취하기가 쉽지 않습니다. 매입한다는 것은 말 그대로 리테일의 영역에 해당하고, 구체적인 소싱 능력이 있는 게 아니라면 리테일은 조금 더 회사가 커지고 안정적일 때 선택하는 경우가 더 많습니다.

이렇기 때문에 이커머스 플랫폼이 중개거래업체로서 갖는 포지션은 미묘합니다. 이커머스 플랫폼이 힘 있고 막강하다면 '갑질'하기 쉬워 보이지만 입김이 센 입점 브랜드도 있기 때문에 꼭 그렇지만도 않습니다. 셀러도 확보하고 고객들의 불만도 줄이면서 법적 집단 소송을 당할 일도 만들지 말아야 합니다.

케이스1. 상품 정보가 충분치 않다고 불만을 토로하는 고객
· · · · · · · · · ·

양면 플랫폼으로서 이커머스는 매치메이커(중개자) 역할을 하므로 구매자 정보를 바탕으로 그들이 원하는 상품을 찾아줄 수 있는 서비스를 만드는 것이 무엇보다 중요합니다. 최근에는 사용자 행동을 로그 데이터로 쌓아놓고 멤버십 서비스를 통해 사용자 프로필을 만들거나 콘텐츠 서비스를 제공하여 다양한 데이터들을 모으는 추세인데요. 사용자 간 유사성을 기준으로 이들이 구매한 상품을 서로 추천해 주는 이러한 '협력적 필터링' 방식은 이미 고전적인 추천 방식으로 자리 잡았습니다. 이보다 정밀한 추천이 가능해지려면 실제 상품 정보가 많아야 하죠. 일례로 의류는 상품의 실제 핏이라거나 소재 질감, 스타일과 같은 다양한 정보가 필요합니다. 사용자도 기존의 상품 상세 정보 이상의 구체적인 정보를 검색 필터를 통해 찾기를 원하죠. 즉 아주 구체적인 상품 정보를 확보해야만 합니다.

하지만 그러려면 몇 가지 문제가 있습니다. 인기 브랜드를 많이 가진 셀러라면 상품을 한군데만 입점시키진 않을 것입니다. 이커머스 1위가 존재하지 않는 국내 상황에서 셀러들의 멀티 입점은 당연해졌고, 또 이를 지원하는 서비스도 많으니까요. 이커머스 플랫폼 입장에서는 이런 서비스 하나만 계약해도 신생 이커머스의 상품 수급과 입점을 빠르게 진행할 수 있습니다. 하지만 구체적인 상품 정보를 모으는 데는 큰 장벽이 되죠.

공정위에서는 이미 오래전에 이 부분에 대한 가이드라인을 제시했습니다. 2012년에 제정된 각 서비스에 적용된 상품 정보 제공 고시는 바로 이러한 문제의식에서 출발했죠. 상품 정보가 부족해 구매자들이 피해를 보지 않도록 40여 개의 카테고리를 나눠 소비자에게 꼭 필요한 정보를 입력하도록 한 것입니다. 모든 이커머스가 이러한 상품 정보 제공 고시 영역을 상품 설명 영역에 포함하고 있는데요. 문제는 여전히 실효성에 있습니다.

이 정보를 잘만 사용하면 고객들의 불편은 해소될 수 있겠지만, 여전히 많은 셀러가 상품 상세 이미지를 참고하라고 하는 경우가 많습니다. 성실하게 잘 작성한 셀러들의 정보도 데이터화하기에는 다소 애매한 텍스트로 되어 있어서 추천 데이터 활용으로는 적합하지 않을 때가 많습니다. 만약 공정위에서 상품 정보의 제공 항목만이 아니라 답변이 이루어지는 항목까지 가이드를 제시했다면 우리나라는 역대급 이커머스 선진국이 되었을지도 모릅니다.

문제를 해결하기 위해 이커머스 플랫폼은 어떤 선택을 할 수 있을까요? 기업에서는 이 문제를 해결하기 위해 돈을 씁니다. 내부에 인원을 많이 선발해서 상품 정보를 직접 수집하고 직접 등록 관리하는 방법을 택하는 거죠. 실제로 많은 기업이 상품 정보를 정제하는 조직을 가지고 있습니다. 아마존에 등록하는 업체들이 구체적인 데이터를 제공해서 검색에 노출되기 위해 애쓰는 것과는 대조적인 상황입니다.

케이스2. 주문 후 상품에 대한 임의 취소가 되는 경우
· · · · · · · · · ·

재고가 있다고 해서 주문했는데 셀러가 상품이 없다며 취소하는 경험 있으신가요? 상품 정보가 복제되어 여러 이커머스 플랫폼에서 판매되면서 실제 재고 상태와는 다르게 웹상의 재고가 뻥튀기되는 상황이 벌어진 것입니다. 고객 입장에서도 억울한 일이지만 이커머스 플랫폼 입장에서도 고민은 클 수밖에 없습니다. 상품 재고를 정확히 체크하는 것은 상품 정보처럼 인력을 투자해 해결할 수 있는 문제도 아니고, 취소를 못 하도록 강제하는 것은 통신판매업자로서 입점한 셀러의 고유 권한을 침범하는 일이 되기 때문입니다.

이커머스 플랫폼에서 할 수 있는 일이라고는 고작 셀러에게 패널티를 주는 방법 말고는 없습니다. 이런 문제가 자주 발생하는 상품의 판매를 일시적으로 제한하거나 셀러 신뢰도를 낮추는 등 고객에게 판단 기준을 제공해 불이익을 주는 것이죠. 소극적인 대처라고 볼 수밖에 없습니다. 2015년 전후로는 플랫폼이 물류센터에 직접 재고를 쌓아놓고 정확한 재고를 내부에서 관리하는 것도 대안으로 떠 올랐는데요. 물류센터에 입고시키는 과정부터 관리와 배송을 대행하는 과정 모두 구매자의 서비스 품질을 높이는 데 결정적인 요인으로 작용합니다. 하지만 물류는 이커머스의 대표적인 적자 원인으로 지목되고 있고, 비용으로 서비스 품질을 해결하는 것이기 때문에 모든 기업이 쉽게 시도할 수 있는 전략은 아닙니다.

케이스3. 고객이 취소를 원하는데 셀러가 원하지 않을 때

이번에는 반대 케이스입니다. 주문한 후 구매자가 뒤늦게 변심해 취소하려는 경우죠. 고객도 '배송 중'인지 여부를 파악할 수 있기 때문에 '발송 전이면 보내지 말아 주세요'라고 취소 요청을 할 수 있습니다. 하지만 셀러들이 이를 처리하지 않는 경우들이 있습니다. 이 경우 취소를 거부하는 셀러의 입장은 어떤 건지 세부적으로 살펴볼까요?

첫 번째는 내부에서 물류센터를 운영하는 경우입니다. 주문이 들어가면 상품을 픽업해서 포장하고 발송하는 과정을 거치는 물류의 이동이 일어나는데요. 물류창고를 운영하는 입장에서는 물류의 이동이 발생한 시점에 상품 주문이 취소되면 재고가 있던 원래 자리로 되돌려놓아야 하므로 인건비가 또 한 번 발생합니다. 그래서 단순 변심으로 취소하는 경우에는 반품비를 내라고 요구하는 것이죠. 단순 변심이라고 해도 아직 물건이 이동 전이면 보통은 취소에 대한 추가 비용을 받지 않는데, 물류창고가 있는 경우에는 주문 직후 상품이 창고 안에서 이동했기 때문에 취소되면 다시 원위치시켜 놓아야 하는 비용이 발생한다고 보는 것입니다. 그래서 셀러 입장에서는 물건이 창고를 떠나 실제 발송이 되지 않았어도 취소로 처리해 줄 수 없다고 말하는 경우들이 생기는 겁니다.

두 번째는 셀러가 일괄 처리 방식으로 처리하기 때문에 취소가 어려운 경우입니다. 셀러들은 다양한 방식으로 주문 건을 배송 처리하는데요. 소규모 셀러라면 한 건 한 건 처리하겠지만 주문량이 많아지면 엑셀로 주문 내역을 내려받아 한 번에 처리하는 툴을 사용하거나, 셀링툴에서 입점한 모든 쇼핑몰의 주문을 모아 한꺼번에 처리하는 경우가 많습니다. 이럴 경우 주문 취소가 발생하더라도 그 전에 뽑은 주문 리스트로 이미 물류 발송이 이루어진 경우가 생길 수 있습니다. 그래서 셀러가 취소 요청을 거부할 경우에는 이미 발송된 물품의 송장번호를 입력할 수 있도록 별도의 기능을 제공하는 경우가 많습니다.

그런데 셀러가 일부러 나쁜 마음을 먹고 이를 악용하기도 하는데 바로 '가송장'을 등록하여 취소를 거부해버리는 경우입니다. 가송장이란 실제 발송을 처리한 택배 송장번호가 아니라 아무 번호나 가짜로 등록해놓은 것을 의미합니다. 주문 처리 상태가 '배송 중'으로 바뀌기 때문에 고객은 취소 요청을 하고 싶어도 못하게 되죠. 이는 주문자를 기만하는 행위입니다.

중개업자로서 이커머스 플랫폼은 셀러의 의견을 존중해줘야 하는 경우가 많습니다. 셀러 역시 이커머스 플랫폼의 사용자이니까요. 그래도 배송 전인데도 취소를 승인하지 않는 경우가 잦다면 정책이 마련되어야겠죠? 이 정책은 대부분 셀러 입점 시 약관에 포함됩니다. 주문 후에 취소 요청이 있고 요청에 며칠간 대응하지 않으면 플랫폼이 취소 처리를 할 수 있게 한 것이죠. 하지만 이때도 셀러와의 조율이 이루어져야 하기 때문에 정책 결정은 조심스러울 수밖에 없습니다.

가장 큰 문제는 가송장을 이용한 어뷰징 문제입니다. 이 부분을 해결하기는 정말 어렵습니다. 일단 택배사의 진짜 송장이라고 해도 택배사로 전달되기까지 데이터상 비는 시점이 있기 때문이죠. 그래서 가송장의 판단 기준을 송장이 찍힌 후 이틀 동안 택배사 인계 데이터가 조회되지 않는 경우로 한정하는데요. 이런 일이 생겨도 사실 플랫폼에서는 셀러의 점수를 깎거나 패널티를 주는 것 외에는 할 수 있는 게 없죠. 이는 이커머스 플랫폼 입장에서는 큰 고민이 아닐 수 없습니다. 최악은 새로운 송장으로 물건을 발송해 버리고 등록했던 가송장 정보를 변경하지 않는 겁니다. 이 경우는 배송 조회도 되지 않기 때문에 구매자의 불편은 불 보듯 뻔하죠.

결국 이 문제를 해결하려면 배송 과정 자체를 셀러에게 맡기지 않고 이커머스 플랫폼 내부로 가져와야 하는데요. 비용이 많이 들긴 하겠지만 물류 보관에서 배송까지 주문 처리의 전 과정을 책임지고 대행해 주는 아마존과 쿠팡의 풀필먼트 서비스에 대한 필요성이 높아지고 있는 것은 바로 이런 배경이 있기 때문입니다.

케이스4. 주문 후 반품 처리 과정에서 일어나는 입장 차이
· · · · · · · · · ·

반품은 이커머스의 모든 클레임 중에서 해결이 가장 어렵습니다. 마음 상한 구매자와 셀러 사이에 끼어 있는 이커머스 플랫폼에도 가장 힘든 절차라고 할 수 있죠.

문제는 구매자와 셀러의 입장이 확연하게 다를 때 드러납니다. 예를 들어 고객이 상품 상세에서 기대했던 색상과 미묘하게 다를 경우 고객은 '제품 하자' 또는 '상품 정보 상이'와 같은 셀러 문제로 반품을 접수하는데 셀러가 이를 수용하지 않으면 문제가 심각해지는 거죠. 셀러가 반품을 승인하기도 전에 물건부터 반품처로 보내버리면 문제는 더더욱 커집니다.

물론 우리나라 전자상거래법은 구매자가 물건 수령 후 7일 이내에 반품할 수 있도록 하고 있습니다. 그래서 이커머스 시스템은 7일이 지난 8일 차에 자동으로 '구매 확정'을 처리하지요. 문제는 셀러역시 반품을 처리하는 주체자이기 때문에 이커머스 플랫폼 사에서환불과 반품 처리를 강제할 수 없다는 점입니다.

구매자가 물품의 하자를 이유로 반품 신청 후 반송했는데 셀러가 이를 받아들이지 못하는 경우가 생기면 긴 조정의 시간을 거치기도 합니다. 그래도 서로 협의가 되지 않으면 플랫폼 입장에서는중재할 방법이 없습니다. 결국 대치 기간이 길어지면 이커머스 플랫폼이 나서 양쪽에 보상 정책을 펴는 수밖에 없죠. 고객에게는 환불 처리와 함께 보상 쿠폰을 주고, 셀러에게도 상품 대금에 해당하는 비용을 보상해 주는 겁니다. 고객이 환불금 지연에 따른 이자 보상을 요구하면 이에 대해서도 계산해 주어야 합니다.

네, 결국 돈으로 해결하는 것인데요. 생각보다 이런 경우가 매우 많습니다. 명절이나 연말연시에는 어린이 한복이나 모피 코트를구매했다가 입고 나서 반품하는 경우도 많고, 명절 과일 세트를 주문해서 반은 먹고 나머지를 반품하기도 하죠. 이렇게 구매자가 빌런인 경우도 있지만 셀러가 빌런인 경우도 있습니다. 원만한 중재가 어렵다면 결국은 플랫폼 사가 양쪽에 보상비를 주고 해결하는수밖에 없습니다.

양면 시장의 유지를 위해 필요한 것, 돈
· · · · · · · · · ·

이커머스 플랫폼이 문제를 해결하는 방식은 바로 돈입니다. 한쪽의 불이익을 감수해 다른 한쪽의 이득을 높이면 안 되기 때문에 공정성을 위해 비용을 쓰는 것입니다.

많은 이커머스 기업이 트래픽을 높이고 거래량을 증가시키고 서비스 경쟁력을 갖추기 위해 비용을 지불합니다. 항상 적자를 면치 못하는 이유죠. 요즘은 시장의 투자금이 줄어들면서 비용으로 쓸 수 있는 돈도 줄어들고 있습니다. 이런 상황에서 양면 시장으로서 균형 감각을 갖기 위해 이커머스가 할 수 있는 방법들에는 어떤 것들이 있을지 고민해 볼 필요가 있습니다. 물론 셀러에게 지나치게 많은 압박을 가하거나 고객의 혜택을 일방적으로 삭제해서는 안 되겠지요.

이 내용들을 들은 공정위 분들은 어떤 생각을 하셨을까요? 조금이나마 이커머스 플랫폼의 어려움에 대해 공감해 주면 좋겠다는 생각이 들었습니다.

Chapter 05

IT 좀 아는 사람이
앱 좀 써보고 하는 말

IT Business World

나는 어떻게 집을
'온라인 충동구매'하게 됐나

'집'도 온라인 충동구매가 가능한 시대가 왔다

· · · · · · · · · ·

모든 사람에게 멋진 패션, 맛있는 음식, 살고 싶은 집은 영원한 숙제이자 삶의 의미입니다. 오늘도 저 세 가지를 위해서 힘들게 돈을 벌고 있으니까요. 이런 의식주에 대한 서비스는 온라인 세계에서도 항상 핫한 서비스가 분명합니다.

이중 '의'와 '식'에 해당하는 의류와 식품은 각종 추천과 배송 서비스를 통해 고객들에게 한 걸음 더 다가서고, 이커머스 업체들도 카테고리를 넘나들며 서비스 영역을 확장하려고 애쓰고 있습니다. 세상의 모든 물건을 판다는 아마존처럼 이커머스는 음식 배달로까지 영역을 넓혀 쿠팡은 쿠팡이츠를 선보이고 배달의민족, 요기요는 고객을 붙잡기 위해 강력한 할인 혜택을 주는 유료 회원제를 선보이고 있습니다. 하지만 의식주 중 '주'에 해당하는 시장은 좀 다릅니다. 한번 사면 쉽게 바꿀 수 없고 가장 많은 돈이 들어가니까요. 그런데 제가요. 아무 계획도 없이 한 달 만에 갑자기 이사를 하게 됐습니다. 그것도 온라인 서비스를 이용하다가 말이죠. 계획적인 구매로만 이루어질 것 같은 '하우스 쇼핑'을 어쩌다가 '충동구매'하게 된 걸까요? (땅 투기에 해당하는 부동산 거래와 구분하기 위해서 '하우스 쇼핑'이라고 지칭합니다.) 이 중심에는 두 개의 앱이 있었습니다. 바로 '직방'과 '호갱노노'입니다.

부동산 앱과의 만남

자취를 했다 해도 실제 본인이 팔 걷어붙이고 살 집을 알아보는 때는 아무래도 결혼을 앞둔 시점일 것입니다. 저 역시 몇 년 전 결혼을 하면서 '하우스 쇼핑'을 처음 접하게 되었습니다. 엄마는 계속 동네를 정해서 부동산에 들러보라고 하는데, 그 문턱을 넘기가 얼마나 힘들던지요.

부동산 안에 '쎄' 보이는 여사님과 능수 능란할 것 같은 사장님의 모습에 뭔가 큰맘을 먹어야 할 것 같은 기분이 들어 부동산 중개업소 앞에 붙어 있는 매물만 열심히 들여다보다 발길을 돌리고는 했죠. 그때 큰 도움이 됐던 게 '직방'이라는 앱이었습니다. 그 어려운

2014년의 직방의 모습

(출처 : https://blog.naver.com/kys7067/220219077776)

부동산 문턱을 넘지 않고도 어떤 집이 나와 있고 시세는 어느 정도인지, 무엇보다도 집 안이 어떻게 생겼는지 알 수 있다는 것이 정말 고맙고 신기했죠. 계약하려면 결국 부동산 중개인을 만나야 했지만, 정보를 알고 보는 것과 모르고 보는 것은 확실히 큰 차이가 있었습니다.

그렇게 처음 구한 집에서 4년을 보냈는데요. 사실 예산이 맞아 계약한 집이지만 녹물이 나온다는 걸 나중에야 알았고, 근처에 지금 살고 있는 집과 가격 차이가 별로 없는 새 빌라가 있다는 것도 뒤늦게 알게 되었습니다. 얼른 이사를 해야겠다는 생각에 저희 부부는 소비를 줄여가며 돈을 모으고 또 모았어요. 하지만 우리 부부가 힘겹게 목돈을 모으는 동안, 비슷한 시기에 대출을 잔뜩 당겨서 집을 산 지인들은 재산이 잔뜩 늘어 있었죠. 언제든 기회가 되면 매매를

핵심 기능에 충실했던 2016년 초의 호갱노노(출처 : https://blog.naver.com/sejin710/220589976388)

해야겠다는 생각이 가득했지만 어느 정도 돈이 모일 때까지도 막상 얼마나 더 모아야 하는지 알지 못했습니다. 원하는 집을 찾으려면 뭐부터 해야 하는지도 전혀 알 수가 없었어요.

아파트 청약도 알아보았는데요. 알다시피 부부만 딸랑 사는 상태로는 청약 가점이 낮아 당첨되기 어렵고, 어설프게 맞벌이로 일하면 재산도 없는데 특별 공급에서도 제외되어 버려 아파트 청약은 흐지부지되었습니다. (정책적으로 개선되기 전의 이야기입니다.)

그러다가 알게 된 앱이 '호갱노노'였습니다. 호갱노노는 이케아 상품 가격 비교 서비스였다가 부동산 정보 앱으로 방향을 바꾸면서 입소문을 타게 된 서비스입니다. 실제 앱 이름처럼 호갱노노는 국토교통부의 아파트 실거래가와 호가를 지도상에 표시해 줌으로써 시세를 몰라 소위 '호갱'이 되는 것을 막아주는 역할을 톡톡히 했습니다. 실거래가 밑에는 현재 매물로 올라온 호가가 한 눈에 보여서 집을 구하는 사람들에게 큰 정보가 되었죠. 상품 리뷰처럼 거주민들의 후기를 볼 수 있어 집의 장단점을 고려해 본 후 집의 구입 여부를 결정할 수도 있었고요. 제 경우 돈이 많이 부족했기 때문에 길을 가다 마음에 드는 집을 발견하면 저긴 얼마나 할까 검색해 보는 정도로만 사용했습니다.

하우스 쇼핑의 'Moment of Truth'

그렇다면 저는 왜 갑자기 집을 사게 됐을까요? 사람들이 온라인을 통해 어떻게 구매 결정을 하는지, 서비스를 접하고 구매 결정을 내리기까지 그 과정을 단계별로 정리하고 있는 '구매 깔때기 이론 Purchase Funnel'을 통해 온라인 하우스 쇼핑의 흐름을 살펴보았습니다.

구매 깔때기 이론에 따르면 고객이 무언가를 사기 위해서는 '인지-흥미-욕망-구매'라는 네 단계를 거칩니다. 마치 깔때기를 타고 내려가듯 단계가 지날수록 수가 줄어든다고 해서 '깔때기'라는 용어를 쓰는데요. 각 단계의 특징은 다음과 같습니다.

인지 (Awareness) 특정 서비스나 제품에 대해서 고객이 인지

흥미 (Interest) 유사한 서비스나 제품 그룹에 고객이 흥미를 느낌

| 선호(Desire) | 해당 서비스/제품 그룹에서 특정 서비스/제품을 선호하게 됨 |
| 구매(Action) | 특정 서비스나 제품을 구매 |

2005년 P&G에서 발표된 MOT^{Moment of Truth} 마케팅 방법°은 이 이론을 기반으로 고객이 상품과 만나게 되는 순간^{Moment}을 오프라인 구매를 기반으로 다시 정리한 것입니다. 여러 대중매체의 광고를 통해서 인지^{Stimulus}를 하고 난 후 매장에서 처음으로 인지된 상품을 만나게 되는 순간이 첫 번째 진실의 순간 FMOT^{First Moment of Truth}, 고객이 구매 후 처음으로 사용하는 순간을 두 번째 진실의 순간 SMOT^{Second Moment of Truth}라고 정의했죠.

구매 깔때기 이론은 맨 앞 단계인 '인지'에 가장 큰 방점을 두기 때문에 '대중 광고'를 중요하게 생각했습니다. 언제 어디에서 어떻게 인지했든 결국 매장에서 상품을 인지하면 매장에서 선택할 확률이 높다고 생각하는 것이죠. 반면 MOT 이론은 고객이 실제 상품을 접하게 되는 첫 순간이 중요하다고 말합니다. 모든 유사한 상품들이 똑같이 광고한다면, 결국 오프라인 매대에서 가장 좋은 느낌을 주는 상품이 선택받을 거라는 거죠. 그리고 구매 후의 사용과 사용감에 대해서 알음알음 입소문이 나면 그것이 또 하나의 '인지' 작용을 한다는 것입니다. 제조업인 P&G에서는 전략적으로 FMOT와 SMOT에서 좋은 경험을 주겠다고 강조한 셈이죠.

○   고객 서비스를 통해 기업을 접하는 고객이 기업에 대한 이미지를 형성하게 되는 결정적인 순간에 하는 마케팅 방법을 뜻합니다.

하지만 이 이론들은 온라인 시대의 소비자 행동 패턴을 설명하기에는 다소 부족한 감이 있습니다. 온라인이라는 매체의 특성상 소비자 행동이 과거처럼 단절되지 않고 연결되기 쉽기 때문입니다. 이에 대한 연구 결과로 2011년에 구글에서는 MOT 이론에 하나의 단계를 추가한 ZMOT^{Zero Moment of Truth}라는 이론을 발표합니다. 외부 자극에 의해서 제품을 인지하고, 제품의 구매가 일어나는 과정에서 제품을 보기 전에 온라인으로 먼저 정보를 알아보고 결정을 내린다는 것이 이 이론의 핵심입니다. 온라인 환경을 중심으로 네 단계를 다시 보면 이렇습니다.

첫 번째는 '자극^{Stimulus}의 시점'입니다. 특정 제품을 인지하거나 매력을 느끼게 되는 순간이죠. 과거에 MOT 이론이 처음 나올 때

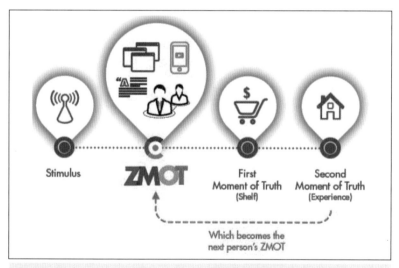

Google의 ZMOT(출처: https://www.thinkwithgoogle.com/marketing-resources/micro-moments/zero-moment-truth/)

는 TV 광고가 주를 이뤘고, 온라인 시대가 되면서 각종 SNS가 핵심이 되었습니다.

두 번째 시점이 바로 구글에서 제안한 ZMOT입니다. 온라인 시대가 되면서 인지하게 된 실제 물건을 만나게 되기 전에 0번째 단계로 이루어지는 MOT가 생깁니다. 블로그에서 후기를 본다거나 온라인에 등록된 상품의 상세 정보를 읽고 정보를 모으고 비교하게 되는 시점을 의미합니다.

세 번째가 실제 상품을 구매하게 되는 시점^{FMOT}이고, 마지막 네 번째는 구매한 상품을 사용하면서 느끼는 경험의 순간^{SMOT}이 됩니다. 그리고 구글은 이 네 번째 순간의 경험이 다시 온라인으로 전파되면서 또 다른 사람의 ZMOT에 영향을 준다고 하죠. 후기 등 피드백의 의견이 생기는 것만 지칭해서 세 번째 진실의 순간이란 의미로 TMOT^{Third Moment of Truth}라고 부르기도 합니다.

자, 다시 본론으로 돌아와서 하우스 쇼핑 이야기를 해보겠습니다. 집을 사는 데도 이러한 행동 이론이 통할까요?

하우스 쇼핑 시장은 온라인 쇼핑에서 '인지'와 'ZMOT'를 만들기 어려운 시장입니다. 아파트 대단지라고 해도 몇천 세대가 되지 않는 데다가 온라인에서 확인할 수 있는 정보 자체가 많지 않죠. 게다가 같은 단지라 해도 높이와 방향 등에 따라 품질에 차이가 나니 비교가 용이하지도 않고요. 가격이 과연 적당한지, 내가 최적의 쇼핑을 했는지, 제대로 된 상품을 샀는지를 파악할 수 있는 기준이 없었죠. 이런 이유로 자연스러운 온라인 쇼핑의 정보 순환고리가 이어지지 않았고, 그래서 즉흥적인 인지와 구매의 흐름 대신 개별 공인 중개사가 등록한 정보 기준으로 움직일 수밖에 없었습니다.

일단 시장에서 주목받고 있는 앱인 직방과 호갱노노를 보자면 둘 다 온라인 하우스 쇼핑 시장에서 즉흥적인 소비 패턴을 만들기에는 한계가 있었습니다. 직방은 부동산 중개업자들이 올려놓은 홍보성 글이나 사진을 알아서 필터링해 정보를 가려내야 했는데요. 그래서 인지 매매보다는 조건이 명확한 전세나 월세 위주로 서비스가 운영 되었습니다. ZMOT를 만들기에는 정보가 부족했고, 부동산 중개업 자를 만나야만 이루어지는 순간은 FMOT에 해당했죠.

호갱노노는 실거래가와 후기에 해당하는 ZMOT 정보를 제공하 지만 지도에 빼곡히 표시된 집들만큼이나 넘쳐나는 정보로 필요한 정보를 가려내기가 힘들었습니다. 매매를 많이 해본 사람이나 시세 에 능통한 부동산 전문가가 아니고선 제대로 활용이 어려워 보였어 요. 전세는 가기 싫고 적당한 가격에 매매를 하고 싶었지만 부동산 을 잘 알지 못하는 저 같은 평범한 사람들은 직방이나 호갱노노와 같은 앱은 알아도 하우스 쇼핑은 요원했습니다. 자금도 일부 모아 놓았고 대출도 가능했는데 쇼핑의 '트리거'가 되어줄 '진실의 순간' 을 온라인에서는 만나기 어려웠던 거죠.

프롭테크 시장의 반격이 시작되다

· · · · · · · · · ·

그런데 제가 이사를 했습니다. 이 순환고리의 시작점이 드디어 만들어졌기 때문이죠.

시작은 어느 휴일이었습니다. 평소처럼 우연히 멋진 건물을 하나 발견하고 호갱노노로 그 지역 일대를 검색했습니다. 그러다가 배너 하나를 보았죠. '모바일 입주 하우스'라는 새로운 서비스였습니다. 해당 단지의 매물 수와 금액대를 비롯해 부동산 입지 정보와 전문가 설명, 직원이 직접 발품을 판 '임장' 동영상에 평수 타입별로 VR 영상까지 있었죠. 저는 마치 장바구니에 물건을 담듯 '매물 안내 받기'를 누르게 됐고, 직방으로 연결된 부동산중개업소의 연락을 받게 되었습니다. 당시에는 호갱노노와 직방이 서비스 제휴를 맺었나 보다 생각했어요. 다음 날 직방에서 연결해 준 한 부동산에서 연락이 왔습니다. 저희가 선택한 아파트 단지의 여러 층을 타입별로 직접 방문하고 금액 조건을 들었습니다. 특히 아파트를 볼 땐 집의 방향과 앞 단지와의 거리 및 조망권 등을 고려해야 하는데, 이미 온라인을 통해 집안 구조와 조망권을 확인하고 나니 선택하기가 수월하더라고요. 물론 혹시 몰라서 다른 부동산도 방문해 보았는데요. 이미 집에 대한 많은 정보를 알고 나니 중개업자의 말에 크게 동요되지 않았습니다.

제 경험을 온라인 쇼핑의 행동 패턴이라는 관점에서 하우스 쇼핑을 바라보면 상당한 의미가 있습니다. 온라인의 여러 영상 정보로 인지^{Stimulus}와 ZMOT가 동시에 이루어진 저에게 직방을 통해서 중개업소가 연결되어 FMOT로 전환될 수 있었고, 입주라는 SMOT 가 코앞에 닥친 상황인 거죠. 온라인의 소비자 행동 패턴으로 하우스 쇼핑이 이루어진 것입니다.

온라인 쇼핑의 흐름을 잘 설계했다고 느끼고 있던 차에 '모바일 모델 하우스'라는 서비스에 대해 조금 더 알게 되었습니다. 저는 이 서비스를 호갱노노에서 처음 접했지만 사실 이 서비스는 직방에서 시작한 광고 서비스였습니다. 즉 공급자인 건설사가 직방을 통해서 광고 서비스를 만들고, 이를 호갱노노로 연결해 호갱노노에서 지역을 중심으로 매매를 고려하는 사람들에게 광고와 정보를 동시에 제공한 것이죠.

ZMOT 이론에 맞춰서 보면, 고객 입장에서는 이 서비스 하나로 '인지'와 ZMOT가 동시에 일어날 수 있으니 부동산^{Property}에 기술 ^{Technology}을 접목한다는 프롭테크^{PropTech} 시장에서 의미 있는 전략이라고 생각합니다. 기존의 부동산 시장은 물건을 찾는 사람들이 주로 이용하고 중개인들을 통해서만 정보를 얻는 형태의 수요자 중심의 시장이라서 사실 공급자는 보이지 않았습니다. 공급자가 적극적으로 나서서 고객에게 인지와 ZMOT를 제공한다는 점에서 이 서비스는 좀 더 플랫폼다운 온라인 서비스라고 볼 수 있죠. 소비자 입장에서는 정보를 얻을 수 있어서 좋고, 건설사 입장에서는 분양 전단과 대중 광고에서 벗어나 좀 더 온라인 쇼핑다운 판매 전략으로 접근했다고 볼 수 있습니다.

그리고 저는 이런 서비스가 우연이 시작된 것이 아니라 명확한 전략에 의한 것으로 생각합니다. 제가 7월 4일에 이 서비스를 접하고 부동산중개업소를 연결받아 집을 보러 간 날이 7월 6일인데요. 바로 3일 후인 7월 9일에 전월세 거래를 이어주는 직방, 실거래 매매가를 찾아보기 쉬운 호갱노노, 사무실 임대에 특화된 네모, 셰어하우스를 중개해 주는 우주의 대표가 한 자리에 모여 기자 간담회를 열었습니다.

　현재 이들은 한배를 탄 사이인데요. 2018년 직방이 호갱노노를 인수하는 것을 시작으로 최근 네모를 운영하는 슈가힐까지 인수하면서 1~2년 새에 프롭테크에서 기업 그룹이 만들어졌습니다. 세분된 부동산 시장을 촘촘히 연결했다고 볼 수 있지요. 실제 이 간담회에서 직방 대표는 4개 사의 힘을 모아 2022년에는 부동산에 관심 있는 사람이라면 직방을 모두가 이용하는 사이트로 만들겠다는 비전을 밝혔습니다. 4개 회사에서 모인 빅데이터를 바탕으로 시행, 분양, 인테리어, 금융 등 부동산 관련 업종과의 협업을 진행할 예정이라고도 했죠.[74] 하우스 쇼핑의 선순환 구조를 만들겠다는 포부를 밝힌 것이나 다름없는데요. 앞으론 옷이나 음식을 넘어 내가 살 집도 충동구매를 하게 되는 날이 멀지 않았습니다.

　그런데 이런 광고에 흔들려서 이사하는 저는 '호갱'일까요, 아닐까요? 이 글이 나갈 때쯤에는 이미 이사가 완료되어 있겠네요. 당분간 하우스 쇼핑을 할 일은 없겠지만, 말로만 듣던 프롭테크가 O2O 방식의 중개에서 벗어나 하우스 쇼핑까지 온라인 서비스가 되어가는 것을 몸소 경험할 수 있었습니다.

　ps. 2024년 현재에 다시 보면, 코로나 시기와 맞물린 부동산 시장은 극 호황기를 지나 호갱노노-직방-다방 등 프롭테크 앱들은 인지도와 정체성이 공고해진 상황입니다. 하지만 코로나 시기 부동산은 호황이었어도 사무실 수요는 줄어들고 투기성 부동산이 늘어 앞서 2019년에 이야기한 빅데이터를 활용한 혁신에 대해서는 뚜렷한 성공 사례가 보이진 않고 있습니다. 또한 2023년 이후 부동산 시장이 침체기로 전환됨에 따라서 기존과 같은 거래량으로 올라오지 않기 때문에 부동산 중개소 자체가 폐업한 곳도 많습니다. 부동산 거래 절벽에 대한 이야기도 심심치 않게 나오면서 프롭테크 시장 자체에 대한 위기감도 높았습니다. 하반기에 들어서며 조금씩 거래량도 늘고 있습니다.

자유도가 높은 게임은
메타버스가 될 수 있을까?

'오픈월드' 게임의 '자유도'

· · · · · · · · · ·

〈위처3〉, 〈GTA5〉, 〈젤다의 전설-야생의 숨결〉, 〈모여봐요 동물의 숲〉, 〈사이버펑크 2077〉, 〈데스 스트랜딩〉, 〈레드 데드 리뎀션2〉.

이 리스트는 저와 같이 사는 분이 했던 게임들입니다. 게임 DNA를 어릴 때 키우지 못해서 지금도 게임 세계에 발을 들여놓지 못하는 저와 달리, 이분은 게임 DNA를 장착한 전형적인 코리안 집돌이인데요. 저는 종종 이렇게라도 게임을 하는 이분을 관찰하며 제가 모르는 세계에 대해 배울 수 있어 좋았어요. 그런데 몇 년간 이분이 하는 게임을 보다 보니 과거와 다르게 눈에 띄게 나타나는 특징이 보였습니다. 마치 게임 속 세상에서 살아가는 것처럼 보이는 거예요.

우선 〈젤다의 전설-야생의 숨결〉이란 게임이 있었는데요. 닌텐도 스위치를 통해 시작한 이 게임은 분명 스토리라인을 따라 퀴즈를 풀어야 하지만 꼭 모든 과정을 통과해야만 하는 게임은 아니었습니다. 남편은 두 번에 걸쳐서 이 게임을 정말 꼼꼼하게 정복했는데, 한 번은 그냥 시나리오 위주로 플레이를 하고 두 번째 진행할 때는 숨어 있는 모든 미션을 찾아서 100퍼센트 클리어를 하는 것에 집중했습니다. 심지어 메인 스토리인 '젤다'라는 공주를 구하는 과정을 일부러 늦추면서까지 말이죠. 제 눈엔 남편이 실제로 여행지를 돌아다니는 것 같아 보였어요. 게임에서 말을 타고 산과 계곡을 타고 다니고, 괴물을 잡고, 글라이더를 타고 날아다니며 플레이하고 나면 답답한 마음이 뻥 뚫리는 기분이라고 하더군요.

〈GTA5〉나 〈레드 데드 리뎀션2〉 게임을 할 때는 마치 그 세계에 들어가 있는 것처럼 보였습니다. 일반적인 게임이 정해진 길 외에 다른 길은 모두 막아두거나 이미 지나온 길로 되돌아가지 못하게 한다면, 이 게임들은 수많은 NPC^{Non-Player Character}(게임 속에서 상호작용을 하지만 특정 목적으로만 존재하는 캐릭터들)들과 상호작용 하면서 자유롭게 움직일 수 있습니다. 미션을 선택하거나 풀어나가는 과정 모두 자유로운 거죠. 이게 바로 '오픈월드'라는 게임의 형태에 해당합니다.

오픈월드 게임은 '자유도'가 높아 게이머가 고를 수 있는 선택지가 넓을 뿐만 아니라 하나의 세계를 창조하는 개념에 가깝습니다.

수많은 선택지 중에서 무엇을 먼저 실행하느냐와 어떤 선택을 했느냐에 따라 게임이 이어지는 것이죠. 게임하는 시간은 이 자유도를 얼마나 즐기고 싶으냐에 따라 계속해서 길어지죠.

이 밖에도 요즘 '갓겜(God 게임. 최고의 게임을 말하는 인터넷 용어)'이라고 불리는 게임들은 이러한 자유도를 바탕으로 플레이어에게 선택권을 주고 조작의 재미를 높여주고 있습니다. 오픈월드 게임 〈사이버펑크 2077〉은 그런 의미에서 말이 많기도 했고요. 오픈월드를 지향한 큰 기대작이었지만 완성도가 떨어지면서 '자유도'에 대한 수많은 논쟁과 지적이 이어졌습니다. 그중 게임 개발자 출신 스트리머 '똘똘똘이'의 멘트가 인상적이었는데요. 사람마다 기대하고 느끼는 '자유도'는 다를 뿐 아니라 실제 인생이야말로 100퍼센트 자유도가 있는데도 쓰지 않는다는 말이었죠. '내가 이 세상에 행동하고 싶은 대로 영향을 미치는 것이 자유도다'라는 정의를 내렸는데, 이 멘트를 들으면서 핫하디 핫했던 그 키워드가 떠 올랐습니다.

진정한 메타버스의 정의는 3D 월드가 아니다
· · · · · · · · · ·

3D 캐릭터와 자유로운 조작, 세계관 하면 요즘은 게임보다 이 단어가 떠 오르는데요. 맞습니다. 바로 '메타버스'입니다. 한참 가장 핫한 마법의 단어였죠. 메타버스와 게임의 상관관계나 연관성에 대해 많이들 혼동하는데, 이런 질문이 떠오르더라고요.

'게임이 자유도가 높으면 그것을 메타버스라 할 수 있는가?'

흔히 메타버스라고 하면 가상의 캐릭터가 되어 가상의 3D 디지털 세계를 자유롭게 행동하는 것으로 생각하니까요. 언뜻 보면 '높은 자유도'는 메타버스의 척도처럼 보입니다. 실제로 자유도가 높은 게임을 만드는 회사를 메타버스 투자처로 생각하는 경우도 많아요. 이 부분을 이해하려면 먼저 메타버스를 제대로 알아야 합니다.

비영리 기술연구단체 ASF Acceleration Studies Foundation는 메타버스를 '증강과 시뮬레이션', '내적인 것과 외적인 것'이라는 두 축을 중심으로 '증강 현실 세계', '라이프 로깅 세계', '거울 세계', '가상 세계'라는 네 가지 범주로 나누고 있습니다. 이 중에서 우리가 3D로 떠올리는 메타버스의 세계는 '가상 세계'에 가깝습니다. 이 네 가지 정의에서 '거울 세계'와 '가상 세계'의 경계는 상당히 모호합니다.

거울 세계란 현실 세계의 논리가 그대로 반영된 형태의 세상을 말합니다. 대표적으로는 '구글맵'이나 '배달의민족'이 있습니다. 현실 속의 상점이나 현실 속의 지도를 그대로 온라인 형태로 옮겨놓아서 거울 세계 속 상호 교류에 시공간적 제약을 최소화해 주는 것이죠. 반면 가상 세계는 자체적인 세계관이 있고 그 규범에 따라 소통하는 곳입니다. 예를 들어 '제페토'°에서는 현실의 나이와 관계없이 '반모(반말모드)'를 한다는 점에서 이 세계만의 규칙이 있죠.[75] 메타버스 전문가 김상균 교수는 게이미피케이션과 메타버스가 어

°   네이버제트가 운영하는 증강현실 아바타 서비스를 말합니다.

떤 관계가 있는지 질문을 많이 받는다면서 핵심은 '소통과 상호작용'에 있다고 했습니다. 정지훈 교수 또한 한 인터뷰에서 '소통과 상호작용'에 대해 설명했죠. 정지훈 교수는 '포트나이트'와 '배틀그라운드'가 겉으로 유사하게 보인다고 해도 파티로얄에 있는 포트나이트는 메타버스가 되지만 디자인된 게임을 그대로 해야 하는 배틀그라운드는 메타버스가 아니라고 설명합니다. 바로 자유로운 상호작용이 중요한 것이죠. 그 배경으로 로블록스[ROBLOX]의 창업자 데이비드 바스주키[David Baszucki]가 발표한 메타버스의 여덟 가지 원칙 중 세 가지 필수 요소를 설명하는데요.[76 77]

1. 정체성(Identity)   2. 친구(Friends)   3. 몰입감(Immersive)
4. 저마찰(Low Friction)   5. 다양성(Variety)   6. 어디서나(Anywhere)
7. 경제(Economy)   8. 문명(Civility)

이 중에서 정지훈 교수가 해석한 세 가지 필수 요소를 좀 더 살펴보죠.

정체성(identity) 나에 대한 메타버스 속 디지털 카피본인 '나'가 있어야 한다. 여기서 '나'란 계정이나 아바타가 꼭 한 개일 필요는 없고 다면적인 내가 있을 수 있다.

세계와 세계관(friends, anywhere) 나와 다른 사람들이 상호작용할 방법과 원칙이 있어야 한다.

자유도와 경험(low friction, Variety) 내가 세계 속에서 만들어낼 수 있는 여러 가지 사건과 경험이 있어야 한다.

정지훈 교수는 여덟 가지 원칙 중 로블록스에서 중요시하는 또 다른 원칙 Civility의 성질인 'Civilly&Safely'에 대해서도 이야기합니다. Civily란 상호존중이 필요하다는 뜻이고 Safely는 안전해야 한다는 뜻으로 메타버스 세상의 구성원으로서 갖춰야 할 일종의 시민의식이 필요하다는 거죠. 바로 '자유도의 범위'가 제한될 필요가 있는 것입니다.

게임의 '폭력적 자유도'와 '생산적 자유도'
• • • • • • • • • •

오픈월드 스타일의 게임에서 상호작용은 다양한 방식으로 이뤄집니다. 꼭 정해진 캐릭터로 하지 않아도 되는 〈심즈〉나 〈모여봐요 동물의 숲〉 같은 오픈월드도 가능하죠. 그렇다고 해도 '자유도가 높은 게임이 과연 메타버스일까'에 대해서는 여전히 회의적입니다. 바로 게임에서 나타나는 '비인간성' 때문입니다.

오픈월드 게임 내의 자유도는 대체로 '폭력성'과 연결되는 경우가 많습니다. 그래서 자유도가 굉장히 높다는 〈레드 데드 리뎀션2〉나 〈GTA2〉는 모두 19세 이상만 이용할 수 있죠. 이 게임 안에서 자유도는 대체로 누군가를 공격하거나 폭력을 행사하고 도둑질을 하는 방식으로 나타납니다. 누가 죽어가거나 고통을 호소하는 순간에도 '아이템'을 찾아다니는 모습을 보면 이러한 비인간성이 잘 드러납니다. 온라인에선 익명성에 기대서 폭력적이거나 비열한 행동들을 쉽게 하기 마련이죠.

여기서 '게임이 메타버스가 될 수 있을까'라는 질문을 다시 떠올려보죠. 메타버스 안에서 '모두가 악당'으로 존재한다면 그 세계는 지속되기 어려울 것입니다. 그러므로 게임의 자유도가 아무리 높다 한들 메타버스로 존속할 수 있으려면 그 안에서 안정적으로 상호작용할 수 있는 규범이 있어야 합니다. 자극적이고 폭력적인 형태의 게임을 만드는 것과 지속 가능하고 안정적인 메타버스 세계관을 만드는 것은 다른 차원의 일인 거죠.

오히려 저는 다른 곳에서 메타버스의 가능성을 보았는데요. 바로 〈스타크래프트 유즈맵〉입니다. 2017년부터 스타크래프트 유저들이 맵을 만들어서 다양한 게임을 양산해 왔는데요. 최근 이를 통해 '음악 게임'을 함께하는 사람들의 영상을 볼 수 있었습니다. 〈로블록스〉, 〈심즈〉, 〈마인크래프트〉, 〈제페토〉의 공통점이라면 유저가 만들어낸 세계관을 가지고 있다는 점입니다. 그리고 이를 만드는 과정은 코딩을 하거나 게임을 하는 것과 유사해 보이죠. 즉 상호작용이 일어나기 위해서는 유저가 참여할 수 있는 구조와 자유도가 필요합니다. 이런 성향은 〈마리오카트〉에서 아바타를 만들어내는 것에서도 볼 수 있습니다. 모두가 익숙한 〈배달의민족〉의 캐릭터와 오토바이를 필요에 맞게 조정해 게임에서 상호작용을 즐겁게 만드는 모습도 볼 수 있었습니다. 즉 생산하는 자유를 이용하여 서로 다른 경험을 나누고 상호작용을 일으키는 것이죠. 일부러 만들어낸 메타버스가 아니고 일부러 계산해서 만든 자유도가 아니더라도 디지털 세상을 현실처럼 체험하고 느낄 수 있는 환경을 만들면서 서로 소통하는 것이 메타버스 같다고 느꼈습니다.

과열된 메타버스의 형태보다는 그 근본을 볼 수 있길
· · · · · · · · · ·

지금까지 오픈월드라는 게임의 트렌드와 메타버스에 대한 여러 생각을 나눠봤는데요. 3D 그래픽이라는 형태나 게임 안에서 느낄 수 있던 '비규범적인 자유도'를 메타버스로 혼동하고 있는 건 아닌지 우려되기도 합니다. 겉으로 보이는 형태보다는 디지털 세상에서 안정적으로 지속 가능한 소통이 이루어지고 상호작용이 일어나고 있는지를 기준으로 메타버스를 봐야 하지 않을까요? 새롭고 핫한 키워드를 여기저기 갖다 붙이기 전에 메타버스의 본질이 무엇인지 먼저 생각해 보면 좋겠습니다.

2024년 오픈월드는 챗GPT로 촉발된 생성형 AI들의 등장으로 큰 발전을 앞두고 있습니다. 생성형 AI를 통해서 학습된 NPC들은 입력된 대로 행동하는 게 아니라 정말 인간과 유사하게 행동할 수 있으니까요. 그 시점에 우리는 어떤 오픈월드를 만나고 어떤 식으로 활용하게 될까요? 몇 년 후가 기대됩니다.

부모님의 G메일 계정 수는
지금까지 쓴 스마트폰 수?

부모님의 G메일 계정이 몇 개인지 알고 있나요? 부모님이 온라인에 익숙하지 않고 따로 살고 있다면 부모님의 G메일 계정 수는 지금까지 사용하신 휴대폰의 개수만큼 있을 수 있습니다. 사실 저도 이 사실을 알게 된 지 얼마 되지 않았어요.

저희 부모님과 시부모님은 모두 50년대생이신데요. 지금껏 꽤 오랫동안 스마트폰을 써오셨는데 어쩌다 보니 두 분 모두 비슷한 시기에 스마트폰을 바꾸게 되었습니다. 액정에 잔흔이 남고 배터리 수명이 짧아져 더는 한계였죠.

저 같은 젊은 세대는 스마트폰을 살 때 온라인에서 사고 개통된 채로 택배로 받지만 어르신들은 직접 스마트폰 매장을 찾는 것이 일반적입니다. 가족 행사로 다 같이 모인 어느 날이었습니다. 마침

시아버지를 따라 매장을 찾았는데 그곳에서 큰 난관을 마주했습니다. 시니어층의 스마트폰 변경이 얼마나 어려운지 직접 체감한 순간이었습니다.

첫 번째 난관, G메일 계정을 찾아라
. . . .

평소 스마트폰 설정을 모두 휴대폰 매장 직원에게 맡기셨는지 개통하려면 꽤 시간이 걸린다고 하길래 이미 기기 변경을 여러 차례 해본 저는 요즘은 쉽게 할 수 있다며 폰 개통만 간단히 확인하고 들고 왔는데요. 기존 스마트폰의 데이터와 앱을 '갤럭시 스위치'라는 앱을 통해 옮겨드릴 생각이었어요. 그런데 중간에 갑자기 구글 ID와 삼성 계정을 로그인하라는 문자가 떴습니다.

"아버님, 구글 ID 계정 어떻게 되세요?"

"구글 계정? 몰라, 매번 스마트폰 가게에서 알아서 해줬어."

헉! 했습니다. 신규로 또 가입할까 하다가 그랬다가는 설정 정보를 옮기기가 쉽지 않을 것 같아서 기존 스마트폰을 뒤져서 이메일을 알아봤는데요. 이번에는 또 비번이 문제였습니다. 가입을 직접 하지 않으셨으니 당연히 비번도 아실 리가 없죠. 이미 로그인되어 있던 기존 폰을 와이파이에 연결해서 비밀번호를 재설정한 뒤 첫 단계를 넘어섰는데요. 다음에는 삼성 계정을 로그인해야 했습니다.

"아버님, 삼성 계정 아세요?"

"삼성 계정도 있어? 나는 잘 모르지."

삼성 계정 역시 기존 스마트폰에서 아이디를 알아냈습니다. 다행히 삼성 계정은 국내 서비스라서 '본인 인증' 후 이메일이나 SMS를 통해 비밀번호를 변경하면 되었어요. 이렇게 로그인하고 나니 깨달은 것이 있었습니다. 시니어층 구매자들은 누구의 도움 없이 혼자서는 절대 휴대폰 개통을 할 수 없다는 거였죠.

기존 스마트폰의 정보를 백업하는 과정에서 계정을 확인하는 것은 백업된 민감한 정보를 확인하기 위해서인데요. 젊은이들도 자주 로그인하지 않으면 비밀번호가 가물가물한데 하물며 부모님 세대에게 이 모든 과정은 엄청난 허들인 거죠. 그래서 기기 교체를 위해 매장을 방문할 때마다 직원이 이 모든 과정을 도맡아 해왔던 겁니다.

문제는 부모님이 매장을 찾을 때마다 매번 신규 계정을 만들어 개통을 해왔다는 거예요. 매장 입장에서는 그럴 수도 있겠다는 생각이 들었습니다. 스마트폰을 인터넷과 전화 용도로 주로 사용하는 어르신에게 굳이 복잡한 설명을 해드리느니 빠르고 원활한 개통을 위해 이런 식의 '서비스'가 이어져 왔을 겁니다.

디바이스가 바뀌어도 사용자 정보를 축적하려는 구글과 삼성 입장에서는 안타까운 상황이 아닐 수 없죠. 어쨌든 끙끙대며 아버님 폰을 복구하기 위해서 자녀 둘이 붙어 거의 한 시간 넘게 씨름해야 했습니다. 그런데 로그인 문제는 스마트폰을 교체할 때만 발생하는 것이 아니었습니다.

두 번째 난관, 백업은 됐지만 모든 앱이 로그아웃되었다!
· · · · · · · · · ·

스마트폰을 직접 교체했다는 말을 듣고 친정엄마네를 찾았습니다. 엄마는 매장에서 스마트폰 데이터 이동을 받은 덕에 시아버지와 같은 문제는 없었지만, 금세 난처한 표정이 되어 부탁하네요.

"네이버랑 은행 앱에 들어가서 쓰려고 하는데 뭔가 안 돼."

대체 뭐가 안 된다는 것인지 엄마의 앱을 보고 나서야 알았습니다. '로그아웃'된 상태였던 거죠. 새로 스마트폰을 바꾸면서 로그인이 모두 풀린 것입니다.

물론 삼성에는 이에 대한 대응책으로 '삼성 PASS'라는 지원 서비스가 있긴 합니다. 아이디와 패스워드를 모두 삼성 PASS라는 앱에 저장해두고 자동으로 불러오는 서비스입니다. 문제는 삼성 계정이 계속 일관되게 있어야 하고, 스마트폰이 바뀌면 최초 사용 시에 동의를 받아야 합니다. 이 부분이 어르신들에게는 절대 쉽지 않죠.[78]

결국 이번에도 비밀번호 찾기 대장정을 해야 했습니다. 네이버 아이디는 제가 가입해 드렸기 때문에 비밀번호를 찾았는데요. 은행은 난감했습니다. 70대 부모님이 주거래 은행으로 토스뱅크나 카카오뱅크를 이용할 확률은 거의 없습니다. 기존의 제도권 은행들을 이용하시죠. 그런데 제도권 은행 앱들은 대체로 공동인증서(구 공인인증서)를 통해 로그인하는 경우가 많습니다. ID, 패스워드 방식도 가능은 하겠지만 부모님께 물어보니 상황은 다르지 않았어요.

"엄마, 은행 ID 알아요?"

"아니, 그거 은행 직원이 만들어 적어줬는데 지금은 몰라."

은행 ID를 찾는 건 G메일 계정을 찾는 것보다 더 심각한데요. 공동인증서 다운로드 후에는 잊어버리는 경우가 훨씬 많기 때문입니다. 엄마는 작년까지 회사에 다니시며 매년 연말정산을 하셨는데 그때마다 은행에서 공동인증서를 새로 만드느라 새 ID를 만들어오셨다는 것이 기억나더군요. 어찌어찌 또 한 시간이 넘게 문자 본인인증을 대여섯 번은 하면서 간신히 로그인은 했습니다.

셋째, 만병통치약은 '스마트폰 가게 직원?'

스마트폰을 바꾸신 지 얼마 지나지 않아 시댁을 방문한 날, 아버님이 심각한 얼굴로 말씀하시더군요. "스마트폰을 바꾸니까 카톡이 와도 동그라미에 숫자 뜨는 거, 그게 안 뜬다."

일종의 애프터서비스 요청이었죠. 아버님 폰을 받아 이래저래 테스트하면서 만져보는데 정말로 위에 알림창에는 신규 메시지가 떠도 스마트폰 알림 배지가 뜨지 않는 거예요. 보통 이런 경우는 다음과 같이 처리를 하죠.

○ 스마트폰 설정에서 배지 알림을 껐다 켜본다.

○ 인터넷에서 해결책을 찾아보고 시도해 본다.

두 가지를 모두 시도하면서 거의 한 시간을 소비했지만 해결되지 않았습니다. 끙끙거리는 저를 보더니 시어머니가 한마디 하더라고요.

"안 돼? 그냥 휴대폰 매장 가서 물어봐."

시어머니는 스마트폰을 쓰다가 잘 안되면 매번 찾는 매장에 가서 물어보셨다고 해요. 스마트폰 앱을 만드는 일에 종사하는 며느리로서 당혹감을 느꼈습니다. 사용상의 불편에 대해서는 답해줄 수 있겠지만 지금처럼 앱에 버그가 생겼을 때는 그 앱을 만든 개발자도 원인을 바로 알기 어렵기 때문입니다.

결국 저는 최후의 선택으로 카카오톡을 삭제하고 재설치했습니다. 그리고 또다시 로그인 타임을 가져야 했죠. 이번 로그인은 쉬웠습니다. 지난번 스마트폰을 변경할 때 모든 앱의 비밀번호를 싹 다 일치시키고 '노트' 앱에다 기록을 남겨두었거든요.

시니어의 '웃픈' 상황들, 하지만 사실 심각하다
· · · · · · · · · ·

이 상황들, 어떻게 보시나요? 일상에서 흔히 있을 수 있는 가벼운 에피소드처럼 보이지만 사실 문제는 심각합니다. 왜냐하면 이 모든 과정에서 '스마트폰의 사용자'인 시니어는 철저하게 소외되어 있기 때문이죠. 스마트폰에 더 잘 적응하라고 말하기에는 유튜브로 음악 듣고 카카오톡으로 대화해주시는 것만으로도 감사한 것이 현실입니다.

서비스 기획을 하는 입장에서 '더 쉽고 편하게'라는 말의 의미가 정말 누구에게나 쉽다는 의미가 아니라는 생각이 듭니다. 기업은 이미 잘 쓰고 있는 다수의 젊은 층을 타깃으로 서비스를 기획합니다. 그 결과 스마트폰 자주 교체하지 않는 시니어는 철저하게 소외당하기 쉬운 집단인 것이죠.

최근 시니어에 대한 관심이 높아지면서 시니어를 위한 쇼핑몰도 점차 늘고 있는데요. 70대까지는 아니지만 코로나 시기를 지나면서 50대의 스마트폰 쇼핑 사용률은 급격하게 증가했고 40~50대 의류 쇼핑몰을 표방하는 '퀸잇'은 1년 만에 손꼽는 쇼핑몰로 성장했습니다. 2020년 말 마켓컬리의 60대 사용 증가율은 160퍼센트에 달했다고 해요.[79] 그런데 그분들의 가입은 정말 자발적이었을까요? 아마도 대부분은 자녀들이 초기 세팅을 해주었을 겁니다. 결제까지 세팅되어 있다면 장바구니에 담고 결제 버튼만 누르면 되니까요.

그렇다면 기업 입장에서 생각해볼 때, 실수로라도 로그아웃이 된 사용자들에게 다시 로그인시키는 것은 굉장히 중요한 문제라고 할 수 있습니다. 비밀번호를 갱신하지 않고도 할 수 있어야 합니다. 물론 이미 이 문제를 해결한 곳도 있습니다. 바로 오랫동안 시니어를 상대해온 '홈쇼핑' 서비스들입니다. 롯데홈쇼핑은 로그인 절차 중 하나로 '본인 인증을 통한 로그인'을 지원하고 있습니다. ID 찾기가 아닌 로그인 자체를 해주는 이유는 TV 홈쇼핑에서 거래했던 기록과도 연동시키기 위해서입니다. TV 홈쇼핑에서 모바일 할인을 많이 할 때 가입하고 로그인 정보를 완전히 잊어버리는 경우가 많아서 사용량이 꽤 많다고 들었습니다.

또 다른 문제는 시니어들이 모르는 것이 있을 때 물어볼 곳이 없다는 점입니다. 특정 앱을 사용하다가 문제가 생기면 보통 젊은 사용자들은 고객센터를 찾습니다. 앱스토어에 질문을 남기는 사람도 상당히 많고요. 그런데 시니어들은 동네 스마트폰 매장 직원이나 은행원들이 그 역할을 대신 해주는 상황입니다. 나머지는 자식들이 도와줄 수밖에 없죠.

시니어들이 비밀번호를 기억 못 하는 것도 문제입니다. 갈수록 복잡해지는 비밀번호의 설정 기준을 시니어 세대가 기억하기란 쉽지 않습니다. 저 역시도 부모님의 문제를 해결해 드리기 위해 궁여지책으로 스마트폰에 메모를 남겨놓았지만 비밀번호를 스스로 챙기고 관리할 수 없다는 건 정보 보안의 차원에서 위험한 선택일 수밖에 없습니다.

이러한 문제들은 활동적으로 새로운 일에 도전해 나가는 이른바 '액티브 시니어'를 대상으로 한 서비스가 많아질수록 빨리 해결해야 할 문제라고 생각합니다. 이 문제들이 해결되어야 우리가 나중에 시니어가 되었을 때 기상천외한 디바이스 세상에서 소외당하지 않을 수 있습니다. 몇 년 후 스마트폰을 교체할 때 이보다 상황이 좀 더 나아지길 기대해 봅니다.

넥스트 디바이스는 정말 자동차일까?
렌터카에서 생각한 미래

제주도에 가면 렌터카는 거의 필수입니다. 일반적으로 공항에 내리면 바로 차량 렌트부터 하죠. 하지만 '쏘카'나 '그린카'와 같은 차량 공유 앱을 통해 시간 단위로 빌리는 것이 가능해지면서 선택지가 넓어졌습니다. 물론 차야 어떻게 빌리든 상관없지만 렌트를 하는 입장에서 매번 한 가지 신경 쓰이는 것이 있었습니다. 바로 '음악 재생과 내비게이션'입니다.

렌트한 자동차의 커스터마이제이션
. . . .

별것 아닌 것 같지만 이 두 가지는 커스터마이제이션(제품을 특정 고객의 주문에 따라 생산·분류하고 묶는 과정을 이르는 말)의 상징이라고 할 수 있습니다. 이제 차는 단순한 이동 수단이 아닙니다. 그러므로 서비스를 설계할 때 사용자의 상황은 매우 중요하죠. 렌터카를 하나의 서비스로 생각해 보면, 여행지에서 렌터카를 이용하는 사용자는 이동하면서 많은 시간을 차 안에서 보낼 것입니다. 이때 가장 중요한 두 가지가 바로 음악 재생과 내비게이션입니다.

그런데 항상 이 두 가지가 골칫거리였습니다. 음악 재생부터 볼까요. 자동차에서 음악을 재생시키는 방법에는 세 가지가 있습니다. 라디오, USB에 담아온 Mp3, 그리고 스마트폰 연동입니다. USB는 생각도 못 할 테고 라디오는 옵션으로 생각하기에는 애매한 면이 있어 결국 대부분은 스마트폰으로 블루투스 연동을 하겠죠? 그런데 2017년 이전에 출시한 차 기종들이 블루투스 연동을 하려면 자동차에서 블루투스 기능을 켜고 페어링 준비를 한 후, 스프트폰에서 자동차를 찾아 선택하고, 자동차에 스마트폰 이름이 보이고 연결된 것을 확인하는 절차가 필요했습니다.

이렇게 하면 자동차 스피커에서 음악을 들을 순 있었지만 불편함은 여전했죠. 먼저 음악을 재생하는 스마트폰을 바꾸려면 이 절차를 또 거쳐야 하고요. 블루투스 세팅이 한 번 되고 나면 자동 연결이 되다 보니 처음 연결했던 폰이 제멋대로 연결되기도 했습니다. 무엇보다 가장 찜찜한 건 렌터카의 블루투스 연결 목록에 사용자의 스마트폰 연결 이력이 남는다는 겁니다. 개인 기록이 남아 있고 이를 누군가 보게 된다는 건 그리 유쾌한 일이 아니죠.

내비게이션은 어떨까요? 사실 2015년 이후 출시된 자동차에 내비게이션이 없는 경우는 거의 없습니다. 렌터카는 특히나 사용자 편의를 위해 필수로 장착되어 있죠. 그런데 문제는 이 내비게이션이 전혀 편리하지 않다는 데 있습니다. 자차를 모는 사람들도 차량 내 내비게이션 대신 티맵을 많이 이용합니다. 티맵은 스마트폰 내비게이션 시장에서 압도적 1위로 월간 이용자만 1,300만 명, 시장 점유율이 65퍼센트에 달합니다. 최근에는 수입차 또한 차량에 티맵 내비게이션을 내장할 정도죠.

렌터카를 쓸 때도 다르지 않습니다. 렌터카의 경우 티맵을 사용하면 이전에 조회한 기록들이 남아 있어 유용하게 쓰일 수 있습니다. 결국 스마트폰이 바빠집니다. 블루투스 연동으로 음악을 재생한 상태에서 티맵도 켜야 하니까요. 거치대와 충전기가 갖춰져 있지 않다면 사용자는 보조 배터리까지 준비해야 합니다. 여행지에서 길 찾기는 너무나 중요하니까요.

하지만 지금은 이런 문제들이 해결되고 있습니다. 2016~2017년 자동차 소프트웨어의 한 영역을 차지하기 시작한 '안드로이드 오토'와 '애플 카플레이' 덕분입니다.

자동차를 스마트폰으로 만들어주는 소프트웨어들
· · · · · · · · · ·

제가 휴가지에서 선택한 차는 기아의 2021년형 스포티지로 내부

디스플레이 화면이 넓게 자리 잡고 있었습니다. 언뜻 하나의 디스플레이처럼 보이지만 계기판으로 사용되는 디스플레이와 엔터테인먼트를 이용할 수 있는 디스플레이로 나뉘어 있었죠. USB로 스마트폰 연결 시 엔터테인먼트 영역에서 안드로이드 오토나 카플레이를 사용할 수 있게 연결해 줍니다.

애플의 카플레이는 애플에서 개발한 차량 통합 지원 소프트웨어로 2014년에 처음 상용화되었습니다. 처음에는 '애플카'라는 이름으로 개발했는데, 결국 소프트웨어 지원으로 개발 방향을 선회해 만들어진 프로젝트죠. 아이폰을 유선으로 연결해 실행시키며(일부 해외 기종의 차량에서만 와이파이로 연결 가능) 2018년 카카오내비를 시작으로 티맵과 아이나비 등 내비게이션을 모두 지원합니다. 애플 뮤직과 유튜브 뮤직, 멜론, 스포티파이 등을 지원하면서는 범용적인 소프트웨어로 자리 잡았습니다. 전화와 카카오톡, 문자 메시지 등 스마트폰 환경을 자동차에 맞춰서 그대로 사용할 수 있다는 특징이 있습니다.[80]

안드로이드 오토는 애플 카플레이보다 1년 늦은 2015년에 발표되었지만 기능은 애플의 카플레이와 거의 비슷합니다(안드로이드폰은 안드로이드10부터 안드로이드 오토를 지원하고 있습니다). 다소 폐쇄적인 애플이 한참 뒤에야 외부 개발 서비스앱을 오픈한 것과 달리 안드로이드 오토는 처음부터 생태계를 염두에 두고 만들었기 때문에 국내에 정식 출시된 2018년에는 카카오내비를 기본 앱으로 탑재했고, 2020년부터는 티맵을, 2021년부터는 네이버 지도까지 지원했습니다. 각종 음악 앱과 메신저 앱 등을 사용할 수 있는 건 물론이고요. 렌터카를 사용하는 입장에서는 훨씬 편리하게 사용자 환경을 커스터마이징할 수 있죠. 무엇보다 앞서 렌터카의 문제점으로 지적했던 모든 부분이 해결됩니다. 사용자의 문제를 해결한다는 건 서비스가 계속해서 사용될 가능성이 크다는 뜻입니다. 아마도 저는 여행을 가면 렌터카 기종이 이런 기능을 지원하는지를 보고 최소 2018년 이후에 출시된 자동차 기종을 선호할 게 분명합니다.

과거 넥스트 디바이스로서 자동차의 고민

2012년 무렵, IT 기업들의 초두의 관심은 '넥스트 디바이스'를 찾는 것이었습니다. 모바일 환경에서 밀려난 기업들은 더더욱 모바일 다음 세대를 목표로 삼았죠. 이때 사물인터넷IoT과 스마트스피커, 웨어러블 디바이스, 드론 등 다양한 시도가 이뤄졌습니다. 그중에서도 많은 사람이 넥스트 디바이스로 꼽았던 것은 다름 아닌 '자동차'였습니다.

스마트폰이 삶을 뒤바꿀 만한 디바이스로 작용할 수 있었던 건 항상 휴대 가능하고 네트워크를 통해 온라인에 연결되어 개인의 허브이자 컨트롤러 역할을 수행했기 때문입니다. 애플과 안드로이드가 만든 앱 생태계가 하나의 커다란 시장을 만들었죠. 사람들은 이와 가장 유사한 디바이스로 자동차를 지목한 겁니다.

자동차는 운전 중엔 손발이 묶여 있지만 자율 주행차가 출시되어 이 문제가 해결되면, 넓은 디스플레이에 이동성까지 갖추고 있어 넥스트 디바이스로 손색이 없습니다. 많은 미래 관련 영상에서 자동차가 넥스트 디바이스로 등장하는 것도 바로 이런 이유죠. 스마트폰과 달리 차 안에 있는 시간이 한정적이고 운전자 말고는 서비스를 공유하기 어렵다는 한계는 있지만, 자동차가 캘린더를 확인해 알아서 약속 장소로 데려다주거나 장보기 픽업을 대신 가는 것이 먼 미래의 일만도 아니라고 기대하고 있습니다.

넥스트 디바이스로서 가능성을 보여준 자동차도 나타났습니다. '테슬라'입니다. 테슬라의 자동 주차 및 자율 주행 기능은 넥스트 디바이스로서의 면모가 충분합니다. 마침 안드로이드와 애플 소프트웨어 중심으로 플랫폼 생태계도 형성되었고요. 완성도 있는 하드웨어와 소프트웨어를 갖춘 애플의 자동차 버전이 테슬라라면, 안드로이드의 자동차 버전은 애플 카플레이와 안드로이드 오토가 보여주고 있습니다. 애플의 카플레이가 디바이스를 만들려다가 소프트웨어 지원으로 선회한 것은 전략적인 변경으로 디바이스 중심의 삼성과 애플의 싸움은 자동차 판에서도 얼마든지 일어날 수 있습니다.

카셰어링 시장의 확장과 소프트웨어 생태계의 가능성
· · · · · · · · · ·

또 하나 고민해야 할 부분은 렌터카 시장의 확장입니다. 렌터카라는 말 대신 '마스^{MaaS, Mobility as a Service}'라고도 하죠. 차량 공유 시장은 크게 남의 차에 내가 승차하는 '라이드헤일링^{Ride Hailing}'과 남의 차를 내가 운전하는 '카셰어링^{Car Sharing}'으로 나뉩니다. 국내에서는 라이드헤일링 서비스와 관련한 오랜 싸움이 있었습니다. 대표적인 서비스인 우버는 일찌감치 국내 진출을 포기했고, 카카오T나 타다와 같은 서비스들은 오랜 기간 법적인 분쟁을 겪었으나 택시 회사와 공존하는 형태로 어느 정도 자리를 잡았습니다.

카셰어링은 초창기에는 예상보다 큰 성장을 하지 못했다는 평가가 있었으나[81] 2021년부터는 성장 가능성을 높게 보고 있습니다. 미국의 시장조사 기관인 〈IHS오토모티브〉에 따르면 글로벌 차량 공유 시장은 2025년 2,000억 달러에서 2040년 3조 3,000억 달러 규모로 성장할 것으로 추정됩니다. 삼성증권연구원에 따르면 1인 가구 증가가 신차 구매 감소로 이어지면서 카셰어링에 영향을 줄 거라고도 했죠. 이를 바탕으로 쏘카는 높은 기업가치 평가를 받기도 했습니다.

한동안 악재로 작용한 신차 수급 문제나 고유가 문제, 세계적인 인플레이션 현상을 고려해 보면 카셰어링 시장의 성장 가능성은 무시할 수 없습니다. 일단 신차를 타고 싶어도 구하기가 어려운 상황에서 신차 렌트가 비교적 용이한 카셰어링 서비스는 일단 젊은 소비층들에 소구력을 갖고요. 종종 자동차 제조업체에서 신차 출시 프로모션으로 카셰어링 업체에 체험 서비스 쿠폰을 뿌리기 때문에 상생 관계는 더욱 오래 유지될 것입니다.

또한 높은 유가는 일시적으로 카셰어링 서비스의 경쟁력을 높일 수 있는 치트 키로 작용합니다. 이번에 제가 휴가 때 빌린 차는 쏘카를 통해서였는데요. 기존의 렌터카는 반납 시에 일정 부분 기름 게이지를 채워놔야 하는데 쏘카는 쏘카가 설치해 둔 신용카드로 기름값을 결제하게 되어 있습니다. 주행거리에 따른 비용이 정해져 있기 때문에 고유가 기조가 이어진다면 확실히 쏘카를 이용하는 것이 직접 유류비를 부담하는 것보다 유리합니다. 물론 운영비가 증가하면 쏘카도 그 비용을 인상할 수는 있겠지만 이 부분은 분명 '규모의 경제'를 통해 해소가 가능할 거예요. 예를 들어 쏘카는 무조건 SK주유소에서만 기름을 넣는다는 조건을 붙이고 서로 프로모션해서 유류비를 낮출 테니까요. 이 모든 것을 가정해 볼 때, 카셰어링 서비스를 이용하는 사람들에 대한 소프트웨어적인 커스터마이징은 굉장히 중요해집니다. 이를 가능하게 하는 것이 바로 앞서 소개한 애플 카플레이나 안드로이드 오토이고요.

WWDC 2022 행사에서 애플은 차세대 카플레이 형태를 공개했는데요. 오디오와 내비게이션 기능 외의 다양한 기능을 선보였습니다. 대표적으로 계기판 인터페이스를 애플 IOS 운영체제로 대체하고 자동차의 실내 공기 및 온도를 자동으로 조절하는 제어 기능을 갖추었을 뿐만 아니라 연료량이나 최대 주행 거리 등도 모두 카플레이를 통해서 볼 수 있었습니다. 아예 자동차 인터페이스 자체를 제공하는 거죠. 이미 자동차 열쇠를 대체하는 기능은 카플레이를 통해 구현된 상태입니다.

현재 시장의 흐름대로라면 앞으로 나올 자동차들은 그 어떤 자동차를 카셰어링하더라도 애플과 안드로이드를 연결하는 순간 자신에게 꼭 맞는 커스터마이징이 가능해질 것입니다. 핸들의 위치나 의자와 페달의 간격 같은 것도 조정값을 가지고 있다가 연결하는 순간 자동으로 맞춰질 거고요. 반도체 수급이 잘되지 않는 상황에서는 자율주행 전기차보다 카셰어링이 더 빠른 미래 모습으로 다가올지 모릅니다. 30분을 빌려 타더라도 내 차처럼 타는 세상이 오는 것이죠!

이렇게 생각해 본다면 넥스트 디바이스로서의 자동차에 대한 고민의 답은 더 명확해진 것 같네요. 앞으로도 여전히 우리의 허브는 스마트폰일 것입니다. 다만 그 허브를 중심으로 확장되는 디바이스로 스마트와치, 스마트스피커에 이어 자동차가 들어오지 않을까요?

스레드, 쓰팔열차와 온라인 콜럼부스 시대

메타^{META}에서 만든 스레드^{Thread}(인스타그램의 새로운 텍스트 앱)가 오픈하고 닷새 만에 1억 명을 돌파하며 큰 돌풍을 일으켰습니다. 너무나 핫한지라 클럽하우스(오디오 채팅 사회 연결망 서비스 앱)처럼 금방 시들 수 있다는 의견도 있지만, 스레드에는 흥미로운 부분이 있었습니다. 바로 '쓰팔열차'입니다.

스레드에서 서로를 팔로우하는 것을 '쓰팔'이라고 하고, 스레드 팔로우를 빠른 속도로 늘려주는 전략을 '쓰팔열차'라고 하는데요. 기존 SNS가 친구들이나 관계 형성을 통해 팔로우를 늘렸다면 스레드는 팔로우 여부와 관계없이 세 시간 간격으로 메인 피드에 관심을 가질 만한 글들을 보여줍니다. 임의의 방법으로 팔로우 수를 늘리게 하는 방법이죠. '쓰팔열차'를 만드는 사용자들의 목표도 댓글을 다는 사람들과 마찬가지로 팔로우 수를 늘리는 것이라고 할 수 있습니다. 스레드가 생겨난 지 얼마 되지 않았기에 규모 있는 팔로워를 거느린 사용자가 없고, 기존 SNS처럼 팔로우가 많으면 할 수 있는 것이 많다고 생각하기 때문에 이런 현상이 생겨난 거죠. 하다 못해 팔로우 수가 많은 계정은 판매도 가능하니까요.

언제부터 SNS의 팔로워는 권력이 되었을까?

유튜브, 인스타그램, 블로그의 공통점이 뭔지 아시나요? 좀 더 일찍 시작했더라면 좋았을 것이라는 후회를 하게 만드는 플랫폼이라는 겁니다.

일찍이 네이버 검색 엔진의 힘을 등에 업고 네이버 블로그가 만들어낸 파워블로거의 시대가 있었는데요. 개인 콘텐츠가 수입을 만들 수 있다는 신호탄을 쏘았죠. 2008년부터 매년 파워블로거를 뽑았고, 파워블로거로 뽑히기 위해서 다들 리뷰와 후기를 올리고 블로그 이웃을 모으려고 했습니다. 직접적인 광고 수익이 없었을 때도 파워블로거들은 팔로워와 트래픽을 바탕으로 상품을 무료로 제공받고 리뷰를 써주는 일이 많았습니다. 육아나 가전 관련 블로그를 운영하는 파워블로거들은 협찬을 받는 것만으로도 엄청난 수입이 되었죠. 하지만 일부 블로거들이 자신의 팔로워를 등에 업고 사회적으로 물의를 빚는 사건들이 터져 나오면서 '블로거지'라는 호칭도 생겨났습니다. 결국 지나친 협찬으로 블로그 전체가 대가성 리뷰 글로 넘쳐나면서 블로그 콘텐츠의 질적 하락이 일어났고, 파워블로거에 대한 반감이 커지면서 네이버 블로거의 상징이었던 파워블로거의 시대도 2016년에 막을 내리게 됩니다.[82]

한참의 시간이 흐르고 블로거들을 심사해서 뽑고 '작가'라는 호칭을 달아준 카카오의 '브런치'가 등장했습니다. 브런치는 개인의 취향과 개성이 담긴 콘텐츠를 출판이나 강연 등으로 연결하는 등용문 역할을 했습니다. 온라인에서는 '브런치 작가 되기 클래스'까지 있을 정도였습니다.

이후 2019년 유아 채널 유튜버 '보람튜브'의 수익이 공개되며 유튜브의 시대를 알렸습니다. 보람튜브는 그야말로 유튜브 채널이 홍수처럼 쏟아져 나올 때 등장해 1년도 안 되어 유아 부문 유튜버로 1위를 차지한 채널입니다. 강남의 95억 빌딩을 75억 대출을 받아서 구매했다는 소식이 나오면서 매스컴에서 엄청난 화제를 불러 모았죠.[83] 이때부터 '모든 직장인의 꿈은 유튜버'라는 말이 나오기 시작했습니다. 2019년 이후로는 브이로그가 유행하면서 더더욱 많은 사람들이 유튜브에 뛰어들었고, 수많은 팔로워를 모으면서 이제 주요 미디어로 진출하는 모습을 보입니다. 대표적으로 평범한 직장인이자 증권맨이었던 '슈카'가 유튜브를 기반으로 성장해서 개인 기업으로 성공했습니다. 웹툰 작가 이말년이 변신한 '침착맨'의 금병영도 이런 기업이죠. '천재 이승국'이나 '곽튜브' 같은 유튜버는 TV 진출도 활발하고 영향력도 상당히 큽니다. 이와 같은 영향력의 원

천은 다름 아닌 팔로우와 조회 수이고요. 이제는 연예인이나 정치인도 유튜브 채널을 만들어 운영하고, 영향력 있는 개인 유튜브 채널에 출연을 희망하는 모습도 보입니다.

마지막으로는 인스타그램입니다. 2010년 만들어진 인스타그램이 국내에 대세로 자리 잡은 것은 2019년 전후입니다. 페이스북 사용자가 점점 줄어들면서 이들이 그대로 인스타그램으로 옮겨갔죠. 인스타그램은 텍스트보다는 이미지 중심의 SNS입니다. 멋진 이미지를 보면 인스타그래머블instagramable하다는 표현을 쓸 만큼 인스타그램은 개인의 라이프스타일을 이미지로 보여주는 것에 초점이 맞춰져 있습니다. 그리고 구독자 수가 영향력을 판가름하는 척도가 될 만큼 팔로워 수는 하나의 권력이 되어 많은 인플루언서들을 낳았습니다. 이들은 기존의 파워블로거들보다 훨씬 더 강한 영향력을 발휘하는데요. '팔이피플'이라고 낮춰 부르기도 하지만, 자신이 공개한 라이프스타일을 동경하고 지지하는 팔로워들이 늘어날수록 이들의 영향력은 점차 커졌습니다. 시중에는 인스타그램에서 팔로우 수를 늘리는 노하우를 담은 책이나 강의들이 넘쳐날 뿐만 아니라 팔로워를 임의로 늘려주는 업체까지 있을 정도입니다.

혜성처럼 등장한 클럽하우스와 본디의 인기와 실패

• • • • • • • • • •

그러던 중 2020년 '클럽하우스'가 혜성처럼 등장했습니다. 음성 기반 SNS로 포럼의 형태를 띠었죠. 초반의 큰 인기는 아주 빠르게 사그라졌습니다. 당시 클럽하우스의 인기를 포모^{FOMO, Fear of missing out} 증후군(뒤처지는 것에 대한 두려움)으로 설명하기도 했는데요. 초대권이 있어야 진입할 수 있었기 때문입니다.[84] 하지만 지금 와서 생각해 보면 포모만은 아니었을 수도 있겠다는 생각이 듭니다. 당시 클럽하우스에는 수많은 연예인과 유명인이 들어왔는데, 그중 한동안 매스컴에서 잘 보이지 않다가 클럽하우스에서 모더레이터로 활동을 준비 중인 셀럽분이 이런 말을 하더라고요.

"나는 클럽하우스 모더레이터로 제2의 전성기를 만들 거야."

이 말을 듣고 저는 클럽하우스를 이끄는 건 포모가 아니겠구나 하는 생각이 들었습니다. 바로 '신대륙 정복'인 것이죠. 클럽하우스라는 신대륙에서 팔로워를 모으고 하루빨리 영향력을 키우기 위해서 접속한 것입니다. 그리고 그것을 체감할 기회가 또 한 번 있었습니다. 바로 '본디'입니다.

아바타로 소통하는 메타버스 콘셉트인 본디는 2023년 2월에 갑자기 인기를 끌다가 한 달도 되지 않아서 개인정보 관련 이슈로 탈퇴 러시가 이어진 불운의 SNS 서비스인데요. 애초에 사람들이 본디에 가입한 이유는 무엇이었을까요? 그리고 탈퇴한 이유가 꼭 개인정보 때문이었을까요? 저는 아니라고 봅니다.

본디와 동일한 상황으로 개인정보에 대해 더 큰 우려를 받아온 '틱톡'은 여전히 위상은 높고 사용자도 많으니까요. 틱톡이 하루아침에 사용자들을 떠나보낸 본디와 다른 행보를 보이는 데는 그만한 이유가 있습니다. 본디는 오픈된 팔로우십이 아닌 최대 50명만 친구를 가질 수 있는 폐쇄성을 가지고 있었기 때문입니다. 즉 틱톡에서는 팔로워를 늘려 영향력을 키우면 또 다른 형태의 인플루언서가 될 수 있지만 본디는 구조적으로 인플루언서를 만들어낼 수가 없는 구조인 것이죠.

스레드의 '쓰팔열차' 현상 역시 같은 맥락에서 볼 수 있습니다. 사람들은 자신들이 발견한 신대륙에 하루빨리 깃발을 꽂으려고 애를 씁니다. 특히 인스타그램에서 인플루언서의 최상위 위치를 빠르게 선점하지 못한 사람들은 원점에서 새로운 게임을 할 기회를 얻은 셈이죠.

스레드가 과연 성공할지에 대해서는 아직 미지수입니다. '쓰팔열차'는 분명 여러 제약 조건이 생기면서 철마가 멈추겠지요. 신대륙을 이제 막 밟은 콜럼버스들이 이곳을 정복 가능한 곳으로 삼을지도 두고 보면 알게 될 것입니다.

인사이트는 남았습니다. 이제 SNS를 설계할 때 '관계'라는 관점에서 프로덕트를 설계하는 것은 시대적으로 맞지 않다는 겁니다. 사람들은 이제 온라인 활동을 통해 이익을 추구할 줄 알고 이를 당연하게 생각합니다. SNS에 올린 개인 콘텐츠를 통해서 개인의 영향력을 높이는 것이 새로운 삶의 기회가 되고 있습니다. 어쩌면 누구나 도전 가능한 마지막 계층 사다리가 되지 않을까요?

Chapter 06

IT 좀 아는 사람이
인생 사는 법

IT Business World

직장인들의 만성질환,
정보 폭식증과 거식증

　'99+'가 항상 찍혀 있는 오픈 채팅 단톡방, 언제부터 읽지 않았는지 기억나지 않는 이메일 뉴스레터, 읽어야 한다는 압박이 가득한 브런치, 미디엄, 커리어리, 하루에 두세 쪽 보기도 버거운 무제한 독서 서비스들, 잔뜩 올라와 있는 페이스북의 알림은 오늘도 뭔가 세상에 많은 일이 일어난 것만 같습니다. 솔직히 쳐다보기도 싫습니다. 그나마 댓글이 달렸다는 반가운 알림에 인스타그램에 들어가 스크롤을 하면, 어느새 광고가 뜨고 제가 무심결에 본 뉴스의 키워드를 물고 늘어지며 무언가를 더 해야 한다고 이야기합니다. 무언가를 채워야 할 것만 같은 압박감에 인스타그램 '릴스'로 고개를 돌리면 시간은 어느새 훌쩍 지나가 버리고 맙니다. 아예 작정하고 유튜브나 넷플릭스로 넘어가 버리기도 하죠.

이는 요즘 저의 스마트폰에서 벌어지는 모습입니다. 우리는 스마트폰의 수많은 정보 속에서 교묘하게 정보 소비를 피해 다니는 이상한 정보 과잉의 시대에 살고 있습니다. 얼마 전 〈유퀴즈〉에 현재 온라인상에서 얻을 수 있는 정보가 1980년대 후반 정보 수집 능력을 자랑하는 미국 펜타곤(국방부) 수준이라는 말을 한 출연자가 있는데요. 저처럼 IT 업종에서 일하는 사람들이 체감하는 정보량은 그 몇 배는 되는 것 같습니다.

세상이 너무 빨리 변하니 하루라도 흐름을 놓치면 안 될 것 같아 어떤 날은 폭식증에 걸린 사람처럼 정보를 마구 모아대기도 합니다. 폭식증에 걸린 사람에게 거식증이 반복적으로 찾아오듯이 어떤 날은 뉴스를 쳐다보기도 싫습니다. 특히 정보나 뉴스, 인사이트를 모아서 보여주는 서비스에 대한 강박과 피로도가 굉장히 높은데요. 아무래도 IT 업종에서 일하는 많은 사람들에게 공통으로 나타나는 고질병 같습니다. 클럽하우스, 페이스북, 각종 뉴스레터와 큐레이션 서비스 등이 어떻게 정보의 폭식증과 거식증을 유발하는지 살펴보겠습니다.

클럽하우스 음성 기반 소셜 미디어 플랫폼

· · · · · · · · · ·

코로나로 발이 묶였던 2021년 설 명절에 정말 많은 사람이 새벽까지 클럽하우스를 달렸습니다. 앞서 말했지만 클럽하우스는 고작

2개월 사이에 대부분의 사용자가 떠나가 버릴 정도로 굵고 짧은 인기를 보여줬습니다.

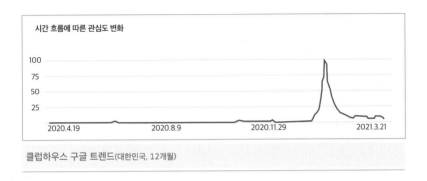

클럽하우스 구글 트렌드(대한민국, 12개월)

구글 트렌드를 보면 정말 단 한 달 사이에 '인싸'들의 모임이 짜게 식어버렸다는 게 보입니다. 클럽하우스가 처음 등장했을 땐 정말 굉장했죠. 초대장 방식으로 아이폰 사용자만 쓸 수 있다는 점이 특별한 느낌을 주기도 했습니다. 클럽하우스를 통한 유명인들과의 대화는 신선하면서도 새로운 경험을 선사했고, 성대모사 등 서비스에 어울리는 코드도 만들어졌지만, 어쩐지 인기는 오래 유지되지 못했습니다.

많은 분이 클럽하우스의 인기 하락 요인으로 포모FOMO,를 유발하던 소수가 어느새 다수가 되어버렸기 때문에 더 이상 포모를 일으키지 못한 것을 이야기합니다. 또 대화의 룰을 깨는 이른바 '꼰대'들의 등장으로 일명 '꼰대하우스'로 변질돼 MZ 세대가 등을 돌렸기 때문이라는 해석도 있고요.[85] 하지만 저는 '인사이트의 향연'이 문제였다고 생각합니다. 초기 클럽하우스에 가장 적극적인 그룹은 스타트업씬이었습니다. 테슬라의 일론 머스크가 직접 클럽하우스에 참여한다고 했을 때는 서버가 터져버릴 정도였죠. 스타트업 대표들의 방에 너도나도 참가하고, 만나보기 어려운 업계 현직자의 얘기를 들을 수 있다는 말에 대학생들도 귀를 쫑긋하며 들어왔습니다. 가뜩이나 IT 구인난이 심각한 상황에서 국내 IT 인력들이 클럽하우스를 많이 이용한다고 하니 기업들도 클럽하우스에 '구인을 위한 방'을 마련할 정도였죠. 업무적으로 난해한 부분에 관해 토론의 장이 벌어지기도 했습니다. 클럽하우스에 참여한 많은 사람이 입을 모아 많은 것을 배울 수 있는 시간이었다고 했죠. 참여한 전문가들도 별다른 준비 없이 편하게 자기 생각을 전할 수 있다는 생각에 흥분했습니다.

클럽하우스의 인기 요인으로 지목되는 포모 증후군은 사실 IT 스타트 업계에 있는 사람이라면 한 번쯤 느껴봤을 겁니다. "너 어제 클럽하우스에서 그 이야기 들었어?"라는 대화를 들을 때면 가뜩이나 속도가 빠른 이 업계에서 뒤처질 것만 같은 공포를 느끼게 되죠. 네, 바로 제 이야기입니다.

이후 교수, 유명 지식인까지 속속 참여하면서 클럽하우스의 지식은 임계치를 넘어섰습니다. 새벽 두세 시까지 클럽하우스를 했다는 사람들이 속출했죠. 그런데 이때부터 이탈자들이 보이기 시작했습니다. 클럽하우스 중독 현상의 핵심은 끊이지 않고 귀로 꽂혀 들어오는 훌륭한 지식이었는데요. 잠금장치 없는 수도꼭지처럼 계속 물배를 채우다 더 이상 마실 수 없는 상태가 온 거죠. 어느 순간 페북에는 클럽하우스를 끊었다는 글들이 가득해졌어요. 사람들이 슬슬 이런 식의 지식 습득에 회의를 느끼게 된 것입니다.

페이스북

. . . .

사실 이러한 퍼주기식 지식 정보 공유의 장은 원래 페이스북이 원조였습니다. 자신의 일상을 올리던 이용자들은 거의 인스타그램으로 이주해 버리고, 페이스북은 특정 영역에 관심을 가진 사람들이 무리를 형성하면서 말 그대로 '뉴스피드'로서의 역할을 하게 되었죠. 데모데이, 밋업을 방불케 하는 스타트업씬 사람들 간의 교류가 일어나는 곳이기도 하죠. 페이스북도 '그룹'을 밀어 주기 시작했는데요. 모바일 앱과 사이트 내에 그룹 페이지를 확대하고, 그룹들이 소통하기 좋도록 다양한 기능을 추가하는 등 페이스북 그룹의 게시글이 활발히 소통될 수 있는 구조를 만들었습니다.

그런데 2020년 11월의 자료를 보면 이용자들의 페이스북 체류 시간이 2019년에 비해 20퍼센트나 감소했습니다. 체류 시간이 확연히 줄어든 것은 클럽하우스와 유사한 정보 과잉에 대한 거부감 때문이 아니었나 싶습니다.[86]

페이스북에서 이뤄지는 정보 공유 활동에 대한 정확한 자료는 없습니다. 하지만 2018년부터 꾸준히 광고 효율이 떨어지고 있다는 말들이 나오고 있습니다. 이후 불거져 나온 페이스북의 타깃 광고 논란만 봐도 분명 사용자들에 대한 정보량이 줄었음을 추정해 볼 수 있습니다. 그렇다면 페이스북을 통해서 뉴스와 소식을 공유하던 사람들은 모두 어디로 갔을까요? 그들은 여러 서비스로 흩어졌습니다. 최근에는 링크드인의 피드로 간 사람도 많이 보이죠.[87]

구독형 뉴스레터

· · · · · · · · · ·

2019년부터 2022년은 뉴스레터의 시대라고 해도 과언이 아닙니다. 아웃스탠딩부터 북저널리즘, 스타트업 위클리, 뉴스를 새롭게 다듬어서 전달하는 뉴닉, 1인 정보 매체로 많은 독자를 모은 썸원레터, MZ 세대 트렌드를 알려주는 캐릿까지, 정말 다양한 뉴스레터가 등장했고 사람들은 여기저기 구독 버튼을 눌렀습니다. 대부분의 서비스는 뉴스와 정보를 큐레이션 하거나 쉬운 말로 설명해 주는 형식이죠.

문제는 뉴스레터가 쌓이는 속도가 읽는 속도보다 빨라지기 시작하면서부터 일어났습니다. 제 메일함 한쪽에는 수많은 뉴스레터가 사실상 방치되고 있습니다. 계속 구독을 하다 보니 소화불량 상태가 된 거죠. 뉴스레터가 얼마나 많아졌는지는 뉴스레터 솔루션 매체인 스티비나 메일리maily.so의 성장만 봐도 알 수 있습니다.[88]

커리어리

. . . .

한쪽에서는 이러한 정보를 플랫폼으로 옮겨 짧은 인사이트를 전달할 수 있는 매체도 만들어졌는데요. 대표적인 서비스로는 '커리어리'가 있습니다. 커리어리는 페이스북에서 이루어지던 뉴스 공유 방식에 아예 판을 깔아준 것처럼 보였습니다. 많은 현직자를 끌어들여 뉴스 링크에 자신의 인사이트를 짧게 붙여 공유할 수 있게 했죠. 페이스북에서 뉴스를 공유하던 사람들은 페이스북과 다르게 개인 브랜딩화에 신경을 쓴 커리어리를 선호했습니다. 보는 사람들 입장에서도 정보를 공유해주는 사람의 직업이 오픈되어 있고, 수락 없이도 구독할 수 있다는 점이 장점으로 작용했습니다.[89]

여기에서 흥미로운 점은 정보 소비에 지친 사람들이 큐레이션을 택해 이동했다는 점입니다. 믿을 만한 사람이 알려주는 핵심 정보만 소비하고 싶어진 거죠. 그런데 커리어리가 정보 제공자를 모두 오픈하면서 문제가 발생합니다. 이용자들이 많은 사람을 일단 구독하고 보자는 태도로 덤벼들자 또다시 정보 과잉 문제가 생겨난 것입니다. 이제 커리어리에 접속하면 동일한 뉴스에 대한 여러 사람의 비슷한 인사이트가 피드를 가득 채우는 일이 종종 일어납니다. 또 정보 제공자가 많아지다 보니 페이스북의 '좋아요'에 해당하는 '도움이 됐어요' 수도 줄어든 것처럼 보이죠. 결국 커리어리는 직업으로 검색해서 해당 영역의 정보 제공자를 모두 구독할 수 있던 '한 번에 구독하기' 버튼을 없앴는데요. 구독의 허들을 다시 높여 서비스의 질을 높이기 위한 것으로 보입니다.

정보 과잉에서 제발 구해줘
. . . .

지금까지 IT업계 사람들이 겪는 정보 폭식증이 도리어 정보 거식증으로 바뀌는 현상에 대해 정리해 보았는데요. 급격한 산업의 변동이 개인에게는 성장에 대한 압박으로 다가올 수 있습니다. 사람들은 성장에서 뒤처질 수 없다는 마음에 정보를 마구 수집하는 폭식증을 보이다가 정보가 쌓이면 쳐다보기도 싫은 거식증적인 패턴을 반복해서 보입니다. 결국 중요한 것은 스스로 정보 소비에 대한 주도권을 갖는 것입니다. 주어진 정보 중 지금 내게 필요한 정보를 선별하는 눈을 키워야 합니다. 말하자면 집중력이 필요한 시기죠.

반대로 서비스를 만드는 사람의 입장에서도 과제가 있습니다. 플랫폼이 잘 유지되려면 정보의 질과 양을 적절하게 조율해야 합니다. 이제 다음에 나올 서비스는 정보의 양뿐 아니라 질과 형태, 수준, 소비주기까지도 정리할 수 있게 도움을 주는 형태가 되지 않을까요?

〈최강야구〉를 보면서 느끼는 프로덕트 매니저의 역할론

최근 재밌게 보고 있는 프로그램은 〈최강야구〉입니다. 그런데 야구 경기를 예능 프로그램으로 보다 보니 다르게 느껴지는 점이 있었습니다. 프로리그 경기를 볼 때는 응원하는 팀의 최종 성과에 집중해 보게 되는데 예능으로 보니까 각 선수의 감정과 상황이 화면을 통해 그대로 전달되더라고요.

투수 스타일 PM, 타자 스타일 PM은 라운드가 다르다

야구에는 공수교대(공격팀이 쓰리아웃을 당해 양 팀이 공격과 수비의 임무를 바꾸는 일)의 명확한 타이밍이 있는데요. 야구장에서 승부 위주로 경기를 보면 오로지 공격에서 점수가 나느냐에만 관심을 두는 경우가 많습니다. 수비하는 장면은 눈에 잘 안 들어오죠.

기억을 돌이켜보면 저도 타자들이 나올 때는 주제가를 따라 부르고 율동하며 신나게 응원했지만, 수비할 때는 미리 사둔 치킨을 먹느라 정신이 없었습니다. 야구의 점수를 내는 과정을 IT 기업의 기획자^{Product manager}(이하 PM)와 비교한다면 어떨까요?

'그로스^{Growth}'라는 말이 뜨면서 2022년 토스^{Toss} 이승건 대표가 직접 진행하는 PO 세션은 프로덕트 성장에 초점을 맞춰 사용자가 늘어나도록 유도하는 프로덕트를 만드는 내용이 중심을 이뤘습니다. 또 많은 콘퍼런스에서 서비스를 성공적으로 론칭하거나 서비스의 사용자를 크게 늘리는 전략을 총거래액이나 구매 전환율, 사용자의 재방문 수치처럼 직접적으로 성과를 내는 부분을 강조해 기업의 가치를 높이고 서비스의 규모를 확장해야 한다고 했죠. 새로운 서비스를 만들고 성장시키면 많은 주목과 박수를 받는 PM이 될 수 있습니다. 마치 공격수로 기업의 점수를 내는 역할을 하는 것처럼 말이죠.

반면 성장 중심의 PM이 항상 성공하기는 어렵습니다. 그런데 이 모습조차 공격하는 야구의 타자와 비슷합니다. 〈최강야구〉에서 LG 트윈스 영구 결번 출신의 박용택 선수는 잘하는 타자의 기준에 관해서 이야기했는데요. 열 번 타석에 서면 일곱 번은 못 쳐도 세 번만 제대로 치면 그게 기억에 남는다고 합니다. 〈최강야구〉를 보다 보면 박용택 선수는 삼진아웃이나 병살을 당해 '광고택' 또는 '찬물

택'이라 불릴 때도 있지만 중요한 순간에 2루타나 홈런을 날려 엄청난 점수를 올리기도 합니다. 그렇다면 수비의 중심인 투수형 PM은 어떨까요?

쿠팡, 티몬, 위메프는 2015년 전후로 많은 사용자를 모으며 급부상했습니다. 하지만 이들의 행보는 달랐습니다. 쿠팡은 현재 티몬과 위메프와는 비교할 수도 없게 성장했죠. 쿠팡의 성장 요인으로 보통은 로켓배송을 떠올리기 쉬운데 사실은 고도화된 프로덕트 시스템이 갖추어져 있었기에 가능했습니다.

2016년 전후로 이커머스 강자들이 비용 전쟁을 벌이며 소셜커머스 3사를 압박할 때 적자가 가장 컸던 곳은 쿠팡이었습니다. 배송 서비스는 소셜 3사 모두 초반에 비슷하게 투자했고요. 일각에서는 '슈퍼마트' 서비스를 먼저 시작한 티몬의 우세를 점치기도 했습니다. 하지만 결국 쿠팡이 이 둘을 압도했죠. 그 이유는 기존의 '딜 상품' 중심의 시스템을 오픈마켓 시스템으로 개편했기 때문입니다. 이를 위해 쿠팡은 오래전부터 꼼꼼히 준비를 해왔다고 하죠. 쿠팡의 이런 전략은 야구에서 수비를 탄탄히 하는 것과 같습니다.

최근 IT 기업들에 대한 투자 시장이 많이 위축되었습니다. 이럴 때일수록 기업들은 신사업을 벌이기보다 기존 서비스의 내실을 다지는 방법들을 고민합니다. 아마존웹서비스AWS 같은 클라우드 서버에 쌓이는 불필요한 자원을 줄여 고정 비용을 아낀다거나, 플랫폼이 모두 부담하던 비용을 셀러와 분담하는 형태로 만들거나 하는 거죠. 좀 더 이익을 많이 낼 수 있는 상품을 판매하기도 합니다. 이런 과정 모두가 서비스의 내실을 다지는 과정입니다.

〈최강야구〉에는 다양한 투수가 등장합니다. 구속은 느리지만 제구를 잘하는 유희관 선수도 있고 어린 나이에도 157km/h의 구속으로 드래프트 기대주로 주목받는 덕수고 심준석 선수도 있습니다. 스타트업에 대한 많은 오해 중 하나가 무조건 속도가 중요하다고 보는 것인데요. 속도가 아무리 빨라도 조준점이 정확하지 못하면 스트라이크를 만들 수 없습니다. 유희관 선수의 제구력과 심준석 선수의 속도를 비교할 수는 없지만 중요한 것은 스트라이크를 많이 만들어서 타자를 아웃시켜야 하는 것이죠. 투수의 진짜 역할은 포수가 계획한 정확한 프레임 안에 공을 넣어 스트라이크를 많이 얻는 것이니까요. 투수형 PM의 덕목은 정확히 계산된 방법으로 서비스의 내실을 다지는 것입니다. 때론 속도가 느리더라도 말이죠.

팀플레이의 핵심은 목표를 공유하는 것

〈최강야구〉의 유튜브 채널에서 본 비하인드 영상 중 한화 시절 김성근 감독은 투수가 실점하고 내려왔을 때 표정을 본다는 내용이 있었습니다. 모자나 글러브를 집어 던지거나 화를 내는 모습이 보이면 가차 없이 혼을 내는데, '야수들에게 미움받는다'는 이유에서였다고 해요. 이는 단순히 욕을 먹는가의 문제가 아닙니다. 〈최강야구〉에서 감독을 맡고 있는 이승엽 감독은 실점으로 기가 죽은 투수들에게 뒤에 있는 야수들을 믿고 자신 있게 던지라고 말합니다. 또 북일고와의 1차전에서 1루수를 맡고 있는 서동욱 선수는 심수창 선수에게 무엇이든 다 받아낼 테니 안심하라는 메시지를 보내기도 하죠.[90]

내야수, 외야수 등 야수들은 투수와 포수가 해결하지 못하고 밖으로 나온 공들을 받아내며 상대편이 점수를 내지 못하도록 하는데요. 이들은 투수를 보완해 준다는 점에서 안정감을 줍니다. 그런데 만약 투수가 실책했다고 야수를 탓하기 시작한다면 아무리 본인 역할이라지만 몸을 아끼지 않는 슈퍼세이브를 해주고 싶지는 않겠죠.

저는 이런 점이 프로덕트 팀 내에서 PM이 협업하는 모습과 똑같다고 생각했습니다. PM 혼자 기획하고 디자이너나 개발자가 수행하는 게 아니라 서로 서비스를 함께 만들어 나가는 방식을 추구해야 합니다. 이때 목적을 명확하게 공유하면 각자 자기 위치에서 더 적극적으로 움직일 수 있고, PM 혼자만의 성과가 아니라 팀의 성과라는 것을 공감하는 환경을 만들어낼 수 있습니다.

그러나 협업을 통해서 더 좋은 성과를 만들려면 서로를 탓하지 않는 업무 분위기 형성이 중요합니다. 이를 위해 프로덕트 팀은 서로의 일을 이해하고, 회고를 통해 서로 일하는 방식을 개선해 나가기도 하죠. 이는 구글이 조사했던 성공하는 팀의 다섯 가지 특징과도 일맥상통합니다. 든든한 버팀목이 되어준 팀이라는 울타리 안에서 팀원 모두 명확한 목표를 공유하며 원활히 소통해 온 것이 성과로 이어진 것입니다.[91] PM이 스트라이크에 해당하는 기획을 만들어내지 못하고 볼이나 실투를 던졌어도, 야수들이 힘을 내준다면 삼자범퇴로 이닝을 종료시킬 수 있는 셈이죠. 그리고 그 밑바탕에는 서로 간의 신뢰와 탓하지 않는 마음이 필요합니다!

어쩌면 홈런보다 도루가 더 효과적인 프로젝트다
· · · · · · · · · ·

〈최강야구〉에서 서비스의 성장에 대한 교훈도 느낄 수 있었는데요. 홈런이나 완벽한 안타가 많이 나오지 않아도 점수를 낼 수 있다는 사실이었어요. 바로 '발'을 이용해서 말이죠.

〈최강야구〉 첫 회 덕수고와의 경기를 볼 때 놀라웠던 것은 박용택 선수의 첫 도루와 정근우 선수가 도루할 때 슬라이딩하는 모습이었습니다. 도루는 야구에서 중요한 플레이지만 프로야구를 볼 때는 안타나 홈런에 비해 강한 인상을 받진 못했어요. 하지만 〈최강야구〉를 보면서 생각이 바뀌었는데요. 정말 센스 있게 플레이를 잘한다는 게 이런 거구나 깨닫게 되었습니다.[92]

온라인 서비스 역시 마찬가지입니다. 어떤 서비스가 오픈을 했다고 가정해 봅시다. 보통은 서비스가 성공을 거두기 전까지는 관심을 받기 어려울 것입니다. 처음부터 엄청난 반응을 얻고 단기간에 서비스가 성공한다면 '홈런'이겠죠. 2018년 오픈한 '카카오뱅크'가 캐릭터를 잘 활용해 기존 금융과 차별화된 경험을 제공함으로써 단기간에 엄청난 성장을 했던 것처럼요. 하지만 대부분의 서비스는 그렇지 못합니다. 트래픽을 끌어모으기 위해 광고나 무료 체험 등 비용을 들여 사용자를 만들어가죠. 하지만 한번 방문한 고객을 계속해서 재방문하게 만드는 게 무엇보다 중요합니다. 그러려면 '큰 거 한 방'과 같은 홈런처럼 새로운 기능을 계속 만들어내는 게 능사는 아닙니다. 고객의 목소리를 분석하고, 기존의 기능을 정리하고, 문제들을 고치는 지루한 과정도 필요합니다. 한 번에 서비스를 완벽히 변화시키지 못해도 도루가 쌓여서 득점 기회가 생기는 것처럼 그런 과정들이 안타나 홈런의 성과를 극대화시켜 줍니다.

어쩌면 서비스를 운영하는 대부분의 지루한 과정들은 도루에 필요한 눈치싸움, 센스 싸움이기도 합니다. 홈런이나 안타처럼 눈에 띄는 활약이나 변화는 아니지만 서비스가 성장할 수 있는 '티핑 포인트'에 다다를 때까지 한 방울 한 방울 채워주는 역할을 하는 것이니까요. 그리고 어쩌면 〈최강야구〉의 해석처럼 '서비스에 진심일 때' 도루처럼 작은 프로젝트를 PM이 최선을 다해서 기획할 수 있는 것이라는 생각도 하게 되었습니다.

이번에는 제가 좋아하는 예능 프로그램인 〈최강야구〉를 보면서 느낀 점들을 PM의 종류, 협업, 운영과 관련지어 이야기해 보았는데요. 팬심이 많이 담긴 해석이었지만 저는 정말로 제 직무에 필요한 가치관을 〈최강야구〉에서 많이 배웁니다. PM이 아니라 다른 업무를 보는 분들에게도 〈최강야구〉 정주행을 추천해 드려요. 각자 입장에 따라 다른 점을 배울 수 있을 것입니다.

재택근무와 출산율의 상관 관계

대한민국에서 가장 시급한 사회적 문제 중 하나는 '인구 절벽'입니다. 대표적인 노령화 국가인 일본의 2021년 출산율이 가임여성 한 명당 1.3명, 우리나라는 0.78명에 불과합니다. 15세에서 29세 사이의 가임 여성 한 명당 낳을 것으로 기대되는 평균 출생아 수가 명백하게 줄어들고 있는 거죠. 남녀가 만나서 결혼을 해도 열 쌍 중 두 쌍은 아이를 갖지 않는 셈입니다.

이미 많은 언론에서 출산율이 낮은 이유에 대해 많은 지적과 의견이 오갔는데요. 그중 오래된 통념 중 하나가 고학력이거나 일하는 여성이 늘어날수록 이들이 출산을 기피한다는 것입니다. 하지만 이 가설은 여러 연구에서 유효하지 않다는 것이 밝혀졌습니다. 오히려 반대였죠. 전미경제연구소[NBER]에서 2022년 4월에 공개한

〈출산의 경제학: 새로운 시대〉 보고서는 OECD 회원국 중심으로 40여 개국의 여성 경제 활동 참여율과 남성 육아 분담률의 상관관계를 조사한 결과 여성의 경제 활동이 활발한 나라에서 출산율이 높았다고 밝혔습니다. 교육 수준 역시 무관했죠. 오히려 남성의 육아 분담이 낮은 탓이 더 크다는 결론이었습니다.[93]

고소득이 오히려 출산율을 높인다는 연구 결과도 있습니다. 2022년 6월 한국보건사회연구원이 기혼 부부 중 자녀가 없는 이유에 대해 연구한 보고서를 발표했는데요. 자발적으로 아이를 갖지 않은 경우와 아이를 낳을 의사는 있지만 뜻대로 되지 않은 비자발적인 경우로 분류해서 조사를 한 결과, 비자발적으로 아이를 갖지 못하는 부부가 일부러 아이를 갖지 않는 딩크족에 비해 소득 수준이 높게 나왔습니다. 소득이 높은 부부일수록 아이를 가질 의사가 더 높다는 거죠. 여성의 교육 수준과 출산 기피 현상이 정비례했던 것은 1970년대까지의 이야기이며, 1980년대 말 이후에는 그런 관련성이 낮아졌고, 2000년대가 되면서는 오히려 고학력일수록 아이 출산 계획이 더 많아졌다는 걸 알 수 있습니다.[94]

결혼 후 7년간 아이를 갖지 않은 제 입장에서도 굉장히 공감 가는 이야기예요. 30대 부부들이 출산을 기피하거나 미루는 가장 큰 원인은 아마도 금전적 문제 때문일 것입니다. 한마디로 '자리 좀 잡은 후 출산을 생각해 보자'라는 거죠. 실제로 인구보건복지협회가 2022년 9월에 발표한 '저출산 인식 조사'를 보면 남성의 38.7퍼센트, 여성의 35.2퍼센트가 출산 의향이 없는 이유로 '사회가 아이를 잘 키울 수 있는 환경이 아님'을 꼽았습니다. 아이 하나를 키우기 위해서는 마을 하나가 필요하다는데, 출산과 육아를 사회적 배려 없이 개인의 책임으로만 돌린다면 저출산 문제는 쉽게 해결되지 않을 것입니다.

국가적 저출산의 기조에서 결혼 후 7년 만에 저는 임산부가 되었어요. 그리고 나니 어떻게 이런 선택이 가능했을까 생각해 보게 되었습니다. 경력 단절에 대한 공포와 세계적인 불황을 목전에 두고 제가 임신을 선택할 수 있었던 것은 재택근무가 가능했기 때문이었죠. 그리고 보니 재택근무가 가능한 IT 기업의 30대 후반 여성들의 출산 사례가 여기저기 눈에 들어왔습니다. 재택근무와 출산율은 어떤 관계가 있을까요?

사회적 이동이 제한된 고립이 출산율을 높인다?

코로나 팬데믹 시기에 일부 나라에서는 폭발적인 베이비붐이 일어날 것이란 예상을 했습니다. 2010년 미국 동북부가 폭설로 인해 도로와 철도가 막히면서 장기간 고립된 적이 있었는데 아홉 달이 지나 출산이 증가하는 '폭설 베이비붐' 현상이 나타났었거든요. 이 사례를 근거로 2020년 팬데믹 이후 출산율을 기대하는 흐름도 있었습니다. 하지만 현실은 정반대였죠. 오히려 결혼 건수는 17퍼센트, 출산율은 4.3퍼센트 더 줄어들었습니다.

상황은 해외도 마찬가지였습니다. 2020년의 미국 출산율도 7.2퍼센트가 줄었고, 영국도 8.1퍼센트 줄었습니다. 이탈리아는 무려 21.6퍼센트가 줄었습니다. 오히려 이혼율이 늘어났다는 외신도 있었습니다.[95] 집에만 딱 붙어 있었는데 결혼한 부부에게 어째서 아이가 생기지 않았을까요? 그건 바로 팬데믹으로 인한 경제적 타격이 컸기 때문입니다. 팬데믹 기간 온라인 산업은 엄청난 유동 자금의 은혜를 받으면서 급성장했지만 오프라인 업계와 자영업 종사자들은 일자리를 잃으며 죽음의 계곡과도 같은 시간이었습니다. 이런 상황에서 아이를 갖기란 쉽지 않죠.

재택근무가 출산을 결심하게 만든 이유는 무엇일까?
• • • • • • • • • •

2021년 이후 IT 기업들의 재택근무는 복지가 아니라 필수 사항이 되었습니다. 네이버도 신사옥을 만들면서 하이브리드 재택근무를 공고히 했죠. 물론 투자가 줄고 기업의 위기 의식이 높아지는 시기가 오면 언제 뒤집힐지 모르는 트렌드이긴 합니다.[96]

다시 제 주변의 사례들로 돌아와 보죠. 자율 재택근무가 가능해지면서 저는 출산 휴가 후 육아휴직을 짧게 쓰고 복직하는 사례가 늘고 있음을 목격하고 있습니다. 팬데믹 이전 주 5일을 꽉 채워서 출근하던 시절에 출산 후 육아휴직을 얼마나 낼 수 있을지와 육아휴직 후의 자리보전, 즉 경력 단절에 대한 걱정이 있었는데 말이죠.

육아휴직과 경력 단절에 대한 고민은 이율배반적으로 보일 수 있지만, 아이와 떨어져 있어야 한다는 불안이 크게 작용한다는 점에서 공통점을 가지고 있습니다. 육아휴직이 길어질수록 아이와 있는 시간은 늘지만 가정 경제에 미치는 타격을 고려하지 않을 수 없고, 회사로 돌아가자니 아이를 남의 손에 맡긴 채 출근하는 게 마음처럼 쉽지 않습니다. 이 상황에서 재택근무는 새로운 대안이 될 수 있습니다.

지인 중 한 명은 출산 휴가만 갖고 육아휴직은 따로 내지 않고 복직했는데요. 재택근무를 하는 덕분에 돌봄 도우미와 친정엄마가 아이를 돌보더라도 틈틈이 아기 손이라도 잡아줄 수 있어 안정감을 느낄 수 있었다고 하더군요. 또 다른 한 명은 출산 이후 빠른 업무 복귀로 자신의 업무 정체성을 빠르게 되찾을 수 있었다고 이야기했습니다.

미국 경제 전문지 〈포브스〉의 조사에 따르면 재택근무 직원들의 생산성이 47퍼센트 높았습니다. 우리나라에서도 한국은행 조사국 고용 분석팀이 분석한 결과 재택근무로 생산성이 높아졌다는 결과가 있습니다. 그리고 출산 여성이 고학력의 고소득을 받는 고급 인력이라면 육아 휴직 기간에 대체자를 찾을 수 없기에 이들의 빠른 복귀는 기업 입장에서도 더 이득이라고 볼 수 있죠.

실제로 재택근무와 탄력 근무제를 도입하여 출산율을 높인 사례가 있습니다. 일본의 이토추 상사는 2013년 '아침형 근무 제도'를 도입했는데요. 오전 5시부터 8시 사이에 재택근무를 하고 9시에 출근해 집중적으로 업무를 본 후 오후 3시부터 퇴근이 가능한 제도를 만든 것이죠. 재미난 점은 이 제도가 시행되자 여직원들의 출산율이 높아졌다는 겁니다. 2021년에 조사에 따르면 해당 해의 일본 출산율 평균인 1.33명보다 훨씬 높은 1.97명의 출산율을 보였습니다. 이 근무 제도 시행 전에는 0.94명이었으니 엄청난 변화가 일어난 거죠.

유효했던 점은 바로 퇴근 시간이 당겨졌다는 점입니다. 아침에는 어린이집이나 유치원에 보내면 되지만 하원하고 오후 시간이 되면 다른 대안이 없거나 아이 돌봄 비용이 많이 들 수 있습니다. 실제 회사에 다니면서 난감한 순간이 아이가 아파서 어린이집을 빠져야 하거나 육아를 도와주는 부모님이나 도우미분이 갑자기 일이 생겨 어린이집에서 아이를 직접 하원시켜야 할 때입니다.[97]

일본의 이 기업이 보여주는 재택근무가 출산율에 미치는 영향은 분명해 보입니다. 재택근무가 수입과 육아라는 두 마리 토끼를 잡을 수 있게 해주기 때문이죠. 특히 한국이나 일본처럼 남편의 육아 참여율이 낮은 환경이라면 더더욱 출산율 증가에 큰 도움이 될 수 있습니다.

또한 재택근무는 출퇴근 시 지옥철로부터 해방해 주기도 합니다. 지하철 만원으로 서서 가야 하거나 사람들 사이에서 배가 압박당하는 일이 없도록 해주는 것도 재택근무가 주는 큰 장점이거든요.

문제는 직원 형평성, 역차별 문제(미혼 여성과 남성)
● ● ● ● ● ● ● ● ● ●

그렇다고 재택근무가 임신 여성이나 출산 후 기혼 여성에게만 주어진다면 또 다른 문제를 불러올 수 있겠죠. IT 기업들은 장치 산업이나 서비스 산업에 비해 인력의 숙련도와 역량이 집약적인 경우가 많습니다. 소규모 IT 스타트업은 회사에서 먹고 자며 '허슬hustle'한 직장 생활을 이상적으로 보는 경우도 있고, 재택근무를 허용하는 이유 또한 상당 부분 야근이 많기 때문이니까요. 그렇다고 숙련된 기혼 여성을 입사에서 배제하자니 회사 성장에 중요한 인력을 잃는 것이겠고, 기혼 여성에게만 재택근무의 기회를 주자니 다른 직원들은 불만이 생길 수밖에 없습니다. 재택근무를 남자 직원에게는 허용하지 않는다면 이 또한 형평성에 어긋날 거고요.

성별 문제만이 아닙니다. 한 인스타툰 작가가 육아 때문에 일찍 퇴근하는 기혼 여성 때문에 미혼 여성 직원들이 잔업을 나누어서 해야 하는 상황이 불공평하다는 글을 올려 논란이 된 적도 있습니다. 육아에 들어가는 절대적인 시간을 기업에서 인정한다고 해도 타 직원에게 업무가 몰리는 상황이 되면 누구라도 피해자가 될 수 있죠. 결국 출산 후 재택근무를 선택한 당사자가 역할을 온전히 해낼 수 있는 환경이 되어야 합니다. 수익도 지키고 경력도 쌓으면서 업무 성과를 내야 육아가 더 의미가 있습니다. 안타까운 점은 재택근무자의 근무 성과를 제대로 파악할 수 없는 구조라면 재택근무자를 늘리기가 쉽지 않을 것이라는 것입니다.

저는 이미 자유로운 재택근무를 한 지 2년이 넘었습니다. 그런 저에게 '재택근무가 정말 일이 잘 되느냐고' 묻는 사람들이 여전히 많은데요. 기업이 정책적으로 또 문화적으로 재택근무에 익숙해지지 않는다면 재택근무를 통한 출산율 상승은 요원할 것입니다. 즉 재택근무를 통해 생산성을 높이기 위해서는 기업이 먼저 제반 환경 마련에 힘써야 하죠. 그런 점에서 고소득, 고학력 여성일수록 기업에 근무할 확률이 높고, 오히려 이들 중 상당수가 출산을 고려하고 있다면 약간의 변화만으로 출산율을 조금은 높일 수 있지 않을까요? 결국은 개인에게 득이 되는 방향과 국가가 원하는 방향이 일치하는 정책이 필요합니다.[98]

ps. 코로나 시대가 막을 내리면서 2024년은 재택에서 다시 출근 위주의 사회로 많이 전환되었습니다. 출산율은 이 글을 처음 쓰던 당시의 0.78명에서 더 낮아져서 0.68명이 되었고요. 물가는 상승했는데 재택근무뿐 아니라 여기저기 구조조정도 무섭게 불어닥쳤습니다. 저는 출산 후 50일 만에 재택으로 빠르게 복직하여 경력 공백 거의 없이 아기를 돌이 될 때까지 무사히 키울 수 있었는데요. 저 역시 출근을 기본으로 근무하게 되면서 둘째에 대한 생각은 완전히 접어버렸습니다.

출처 및 참고 문헌

1   Netflix Algorithm: Everything You Need to Know About the Recommendation System of the Most Popular Streaming Portal-Recostream, Recostream, Arkadiusz Krysik, 2021. 08. 03., https://recostream.com/blog/recommendation-system-netflix

2   How Netflix Pays for Movie and TV Show Licensing, Investopedia, NATHAN REIFF, 2023.09.26., https://www.investopedia.com/articles/investing/062515/how-netflix-pays-movie-and-tv-show-licensing.asp

3   Look How Much Netflix Saves by Producing Its Own Originals, The Motley Fool, Adam Levy, 2018.03.21., https://www.fool.com/investing/2018/05/20/look-how-much-netflix-saves-by-producing-its-own-o.aspx

4   ㅇㄷ'를 박고 싶은 지식 플랫폼에 있는 두 가지, 아웃스탠딩, 이미준, 2019.05.15., https://outstanding.kr/ward20190515

5   삼성 클라우드 서비스 내년 6월 종료…"MS 원드라이브 쓰세요", 디지털데일리, 백지영, 2020.09.13., http://www.ddaily.co.kr/news/article//?no=201633
    구글포토 무제한 무료 저장, 내년 6월 1일 종료, 한겨레, 최민영, 2020.11.12., http://www.hani.co.kr/arti/economy/it/969702.html

6   here's A Dark Cloud On Dropbox's Horizon, Forbes, David Trainer, 2020.10.12, https://www.forbes.com/sites/greatspeculations/2020/10/12/theres-a-dark-cloud-on-dropboxs-horizon//?sh=638f748461b9

7   데이터센터에 대한 일반 상식, 2012.10.16., https://d2.naver.com/helloworld/176039 .

8   메일함 속 불필요한 메일만 지워도 탄소배출 확 준다, 한국일보, 김진주, 2021.12.08., https://m.hankookilbo.com/News/Read/A2021120714070004737

9   이색 장소의 데이터센터, 비쥬얼데이터 공식 블로그, 2019.06.20., https://blog.naver.com/visualdata/221566778087
    구글은 어떻게 데이터센터를 100% 무탄소화시키는가?, 임팩트온, 김효진, 2022.04.14., https://www.impacton.net/news/articleView.html?idxno=3839

10 국민건강보험 EDI서비스, https://edi.nhis.or.kr/homeapp/wep/o/ediIntroduce.do
    유비케어 의사랑, 의사 영원한 동반자?, 데일리메디, 백성주, 2013.07.16., https://www.dailymedi.com/detail.php?number=769456
    연 매출액 1,000억 돌파한 의료주는 유비케어. 비결은?, 한경코리아마켓, 한경탐사봇, 2019.03.12., https://www.hankyung.com/finance/article/201903124631M

11 출판사는 어떻게 수익을 얻는가, 2020.02.03., https://blog.naver.com/chjeon/221795115008

12 아마존의 플라잉휠 전략, 티타임즈, 배소진, 2018.02.14., https://1boon.kakao.com/ttimes/ttimes_1709011905

13 15년차 개발자가 바라보는 '개발자 연봉 거품 논란', 아웃스탠딩, 주현, 2020 05.25.,
    https://outstanding.kr/codersalarybubble202205025

14 토스 리더가 말하는 PO가 꼭 알아야 할 개념, 유뷰브, 토스, https://www.youtube.
    com/watch?v=tcrr2QiXt9M

15 광고비를 늘리면 MAU가 올라갈까··· 데이터로 살펴봤습니다, 아웃스탠딩, 이민재,
    2023.07.11., https://outstanding.kr/mauexpense20230711
    '오늘회'의 위기는 '왓챠'와 다르지 않습니다, 아웃스탠딩, 이성봉, 2022.08.10., https://
    outstanding.kr/onulwatcha20220810

16 오롤리데이가 말하는 '브랜드'가 되는 법, 아웃스탠딩, 김요한, 2022.05.27., https://
    outstanding.kr/ohlollyday20220527
    500억 투자받은 마르디 메크르디가 '동사무소 티'를 넘어 꿈꾸는 것, 아웃스탠딩, 조혜
    리, 2023.10.26., https://outstanding.kr/mardimercredi20231026

17 당근마켓은 부동산 직거래 시장에서 살아남을 수 있을까, 아웃스탠딩, 이수민,
    2023.01.13., https://outstanding.kr/directcarrot20230113

18 토스 알뜰폰 요금제가 생각보다 비싼 이유, 아웃스탠딩, 이수민, 2023.02.03., https://
    outstanding.kr/tossmno20230203

19 '돈 먹는 하마' 쿠팡플레이는 어떻게 쿠팡의 무기가 됐는가, 아웃스탠딩, 남궁민,
    2023.08.28., https://outstanding.kr/coupangplay20230828
    엔터사 설립한 쿠팡, 대체 어디까지 보고 있는 걸까, 아웃스탠딩, 정의민, 2023.09.27.,
    https://outstanding.kr/coupang20230927

20 페이스북이 망가지고 있다는 3가지 징조, 아웃스탠딩, 정의민, 2023.10.25., https://
    outstanding.kr/facebook20231015

21 이커머스에 게임을 넣으면 돈이 될까요?, 아웃스탠딩, 이성봉, 2023.09.25., https://
    outstanding.kr/gamecommerce20230925

22 똑닥 이용자로서 유료화를 받아들이는 이유, 아웃스탠딩, 이미준, 2023.08.22.,
    https://outstanding.kr/ddocdoc20230822

23 토스는 흑자를 달성할 수 있을까요?, 아웃스탠딩, 이재용, 2023.05.12., https://
    outstanding.kr/tossmakeblack20230512

24 산율 10년 새 1.5배 늘어···주수에 맞게 건강하게 출산하려면?, 하이닥뉴스, 윤새롬,
    2023.04.16., https://www.hidoc.co.kr/healthstory/news/C0000781585
    높아지는 쌍둥이 출산율, 한경, 서화동, 2022.08.30., https://www.hankyung.com/
    opinion/article/2022083087121

25 임부를 위한 조기 진통 증상 관리 애플리케이션의 개발 및 평가, 서울대학교 대학원, 장
    혜영, 2020

26 애플, 내년부터 공공 또는 비영리 단체에 앱 등록 수수료 면제키로, 뉴스비전, 정윤수,
    2017.12.21., http://www.nvp.co.kr/news/articleView.html?idxno=122887

27 R&D만 10년, 나이키의 '백투더 퓨처' 운동화 비하인드 스토리, 아웃스탠딩, 장혜림,
    2016.09.23., https://outstanding.kr/nike20160923/

28 나이키 하이퍼어댑트 1.0 사이즈 필독정보, 노햐의 신발부림, 2018.01.17., https://
    joker22.tistory.com/183

29　"나이키, 웨어러블 기기 사업 철수", 지디넷코리아, 임민철, 2014.04.19., http://www.zdnet.co.kr/view/?no=20140419095951&from=Mobile
'디지털 세상' 물 만난 나이키, 경쟁자는 아디다스 아닌 구글, 매일경제, 이승윤, 2017.05.19., https://www.mk.co.kr/news/business/view/2017/05/334050/

30　Puma wants to let you try its new Fi self-lacing shoes, engadget, Richard Lai, https://www.engadget.com/2019/01/30/puma-fi-self-lacing-shoes-sneakers-exclusive/#/

31　UPDATE: More Info On The Nike Adapt BB Sneaker , complex, https://www.youtube.com/watch?v=yqwOdzRkq4Q

32　나이키는 왜 이렇게 '백투더퓨처 신발'에 집착하는 걸까요, 아웃스탠딩, 이미준, 2019.06.25., https://outstanding.kr/nikefuture20190625/

33　헤지스, 中서 매년 두 자릿수 성장…LF몰은 1300여 개 브랜드 판매, 한경, 민지혜, 2019.06.06., https://www.hankyung.com/economy/article/2019060626561
패션 이커머스 플랫폼 '하프클럽'의 성장비결(권성훈 트라이씨클 대표 인터뷰), 브런치스토리, 호타로, 2018.11.30., https://brunch.co.kr/@hotaro/18

34　LF, 동아TV 지분 98% 취득…답은 '콘텐츠+커머스', 더벨, 전효점, 2019.03.25., https://www.thebell.co.kr/free/content/ArticleView.asp?key=20190322010004159 0002635&lcode=00

35　취미로 수집한 음반 팔다 창업…年 700만 명 찾는 日 최대 패션몰로, 한경, 유승호, 2018.12.27., 2018.12.27., https://www.hankyung.com/international/article/2018122759241
일본 최대 패션커머스 기업 ZOZO의 마에자와 유사쿠, 그는 누구인가, 아웃스탠딩, 금동우, 2019.02.25., https://outstanding.kr/zozoceo20190225

36　独自調査で分かったゾゾスーツ失敗の深層、量れなかった女心, 니케이 XTECH, 染原 睦美, 2019.03.25.

37　ZOZOが足のサイズを計測する新技術　その利便性や精度、狙いとは？, WWDJAPAN, https://www.youtube.com/watch?v=PR6xnLpLeVI&t=1s

38　API 없이도 넷플릭스의 어깨에 올라탄 서비스들, 아웃스탠딩, 이미준, 2020.12.31., https://outstanding.kr/apinetflix20201231
웹2.0 시대! 포털→플랫폼 '인터넷 진화', 머니투데이, 전필수, 2006.01.09., https://news.mt.co.kr/mtview.php?no=2006010817533184961&outlink=1&ref=https퍼센트3A퍼센트2F퍼센트2

39　Private, public API의 정의, Tech Target, TechTarget Contributor, 2018.08., https://whatis.techtarget.com/definition/private-API

40　[자바] Open API에서 xml 파싱하기, 통일장 엔진, 2020.12.17., https://grand-unified-engine.tistory.com/37

41　[인터뷰] 맥킨지 "트랜스포메이션 도전 기업 70%가 이것 때문에 실패", 중앙일보, 박수련, 2019.10.07., https://www.joongang.co.kr/article/23596610

42　우리은행 '위비톡' 서비스 종료한다… 수십 억 사업비만 낭비, 시장경제, 김태영, 2020.09.18., https://www.meconomynews.com/news/articleView.

html?idxno=45541

43 8년 만에 문 닫은 구글플러스… 구글 알고 보니 '서비스 종료 대마왕', 한경, 배태웅, 2019.04.08., https://www.hankyung.com/it/article/2019040802051
네이버 '폴라' 이어 '디스코'도 종료, IT 조선, 차현아, 2019.09.20., http://it.chosun.com/site/data/html_dir/2019/09/20/2019092000854.html

44 4,300만 명이 쓰는 금융권 통합멤버십… 혁신금융의 첨병, 아시아경제, 김민영, 2020.03.05., https://www.asiae.co.kr/article/2020030511195206679

45 퀴비, 시작은 창대했으나 끝은 미약했다, 바이라인 네트워크, 홍하나, 2020.10.22., https://byline.network/2020/10/10222/
Quibi의 실패에서 배울 수 있는 것, https://ichi.pro/ko/quibiui-silpaeeseo-baeul-su-issneun-geos-97217708246284

46 디지털 위안화 도입과 알리페이/위챗페이의 미래, 아웃스탠딩, 김마야, 2021.07.01., https://outstanding.kr/digitalrmb20210701
틱톡 이후 중국에서 국민앱이 나타나기 힘든 이유, 아웃스탠딩, 이승운, 2020.12.31., https://outstanding.kr/posttiktok20201230https://outstanding.kr/card20201217

47 구글, 풍선 띄워 인터넷 보급하는 '프로젝트 룬' 중단, 뉴시스, 양소리, 2021.01.22., https://mobile.newsis.com/view.html?ar_id=NISX20210122_0001315024
메타의 무료 인터넷 사업… 알고 보니 유료였다, 테크플러스, 2022.01.27., https://m.blog.naver.com/tech-plus/222632887315

48 "은행이 필요없다"… 현금 없는 사회 '최선진국'은 케냐, 연합뉴스, 2018.05.15., https://www.yna.co.kr/view/AKR20180515058200009

49 금융서비스 선진화를 위한 모바일송금시스템 '엠페사' 운영(케냐), 서울연구원, 2021.11.24., https://www.si.re.kr/node/65328

50 Netflix Kills Off Its Public API, Takes A Few Applications Down With It, 테크크런치, Greg Kumparak, 2014.11.16., https://techcrunch.com/2014/11/16/netflix-api/
넷플릭스, 공용 API 닫는다, ZDNET Korea, 2014.06.14., https://zdnet.co.kr/view/?no=20140614104714

51 Netflix Party lets long distance friends watch together, 테크크런치, Matt Burns, 2016.03.18., https://techcrunch.com/2016/03/28/netflix-party-lets-long-distance-friends-watch-together/
Hulu officially launches its co-viewing feature, Watch Party, 테크크런치, Sarah Perez, 2020.11.02., https://techcrunch.com/2020/12/02/hulu-officially-launches-its-co-viewing-feature-watch-party/

52 '넷플릭스 파티'하는 법…함께 보는 재미, 테크플러스, 2020.03.27., 전다운, https://blog.naver.com/tech-plus/221875534510

53 굿노트5 VS 노타빌리티, 아이패드 필기 앱 끝판왕은?, 앱스토리, 2020.03.30., https://v.daum.net/v/5e7d9d1a4f1c9a256d6a01bb

54 굿노트용 스티커 붙이는 방법, 유튜브, 레이나, https://www.youtube.com/watch?v=sYF-XmZcIhE

55 '가방 새로 사지 말고 교환하자!' 프라이탁, 'S.W.A.P' 가방 교환 플랫폼 선보여, 디지털조선일보, 김경희, 2019.11.20., https://digitalchosun.dizzo.com/site/data/html_dir/2019/11/20/2019112080033.html
SHOPPING WITHOUT ANY PAYMENT, FREITAG, https://www.freitag.ch/en/swap

56 알리바바 대박 상장… 수년간 年 30~40% 성장해야 주가 유지, 한국일보, 조철환, 2014.09.21., https://www.hankookilbo.com/News/Read/201409211427711917

57 유통의 미래, 新유통의 현장 허마센성 리뷰, 유튜브, 호야로그, https://www.youtube.com/watch?v=k-XX1ZZiTPg

58 중국 알리바바가 오픈한 최신 로봇 레스토랑, 유튜브, 미래채널 MyF, https://www.youtube.com/watch?v=RcEiASvbY8Q

59 중국 알리바바, 허마센성 이은 차별화 4개 신모델 유통 매장 론칭, 뉴스핌, 2019.03.26., http://www.newspim.com/news/view/20190325000881

60 "한번 검색하면 날밤 샌다"… 악마의 백과사전 나무위키, 아웃스탠딩, 최용식, 2018.07.26., https://outstanding.kr/namuwiki20180726

61 한국인이 아닌데, Kpop 스타가 될 수 있을까요?, Quora, https://www.quora.com/How-do-I-become-a-K-pop-star-if-Im-not-a-Korean

62 프로페셔널을 위한 소셜 Q&A 서비스, 쿼라(Quora), 인터비즈, 2018.12.03., https://blog.naver.com/businessinsight/221411458663

63 [스타트업] 중국판 '지식인', 지식공유플랫폼 즈후(知乎), 뉴스핌, 이동현, 2017.08.17., https://www.newspim.com/news/view/20170807000176

64 중국 스타트업처럼 비즈니스하라, 김희종/유채원 지음, 2018. 10. 20, 초록비책공방

65 이과장, 유튜브, https://www.youtube.com/channel/UCtfriFvle5gIe8wRWb8UTMg

66 네비버 카페에서 커머스 기업으로! 중고나라를 살펴보자, 아웃스탠딩, 최준호, 2017.12.27., https://outstanding.kr/jonggonara20171227

67 회원이 서 말이라도 꿰어야 보배지, 브런치스토리, 도그냥, https://brunch.co.kr/@windydog/215

68 대법원 "웹사이트 무단 크롤링은 불법", 비즈니스워치, 김동훈, 2017.09.27., http://news.bizwatch.co.kr/article/mobile/2017/09/27/0023

69 '컬리페이' 나오나?…마켓컬리, PG업체 인수, 서울경제, 백주원, 2021.09.06., https://www.sedaily.com/NewsVIew/22RCXR5IBK

70 마켓컬리 CCO에게 물었다.. "큐레이션 맛집 컬리, 결국 오픈마켓하나요?", 아웃스탠딩, 정지혜, 2021.09.28., https://outstanding.kr/kurly20210928

71 서비스 기획자가 설명하는 소셜커머스/ 종합몰/ 오픈마켓, 브런치스토리, 도그냥, 2019.06.22., https://brunch.co.kr/@windydog/239

72 4기-가격 비교 트레져헌터의 탄생(2006~2007), 브런치스토리, 도그냥, 2016.09.23., https://brunch.co.kr/@windydog/22

73 통신판매중개업자, 소비자 피해 연대배상 책임, 연합뉴스, 2011.12.29., https://n.news.naver.com/mnews/article/001/0005443581?sid=101

74 직방·호갱노노 모여 부동산 산업 혁신 선언, 스카이데일리, 문용균, 2019.07.09.,
    https://www.skyedaily.com/news/news_view.html/?ID=86673

75 메타버스에 대한 부정적 생각들 게임과의 상관관계, 네이버 블로그, 게임유저 유형권,
    2021.07.06., https://blog.naver.com/goodmoon13/222422563137

76 Roblox CEO Dave Baszucki believes users will create the metaverse, Xsolla,
    https://venturebeat.com/2021/01/27/roblox-ceo-dave-baszucki-believes-
    users-will-create-the-metaverse/

77 줌이 지겨워 만들었는데 떼돈 버는 메타버스는?, 유튜브, 티타임즈TV, https://www.
    youtube.com/watch?v=02Gzx6_smsA1

78 당신을 인증하는 또 다른 방식, 삼성패스, https://www.samsung.com/sec/apps/
    samsung-pass/

79 퀸잇, 300만 영포티 사로잡아 초고속 성장세, 한국섬유신문!, 나지현, 2021.12.24.,
    https://www.ktnews.com/news/articleView.html?idxno=122045
    마트 안 가고 앱으로… 5060세대, 모바일 쇼핑 '큰손', 브라보 마이 라이프, 이효성,
    2021.02. 23., https://bravo.etoday.co.kr/view/atc_view/12053

80 '차 키'와 CarPlay. 출발부터 도착까지 스마트한 주행, 애플, https://www.apple.com/
    kr/ios/carplay/

81 [애널리스트의 마켓뷰]車 공유 경제 확산… 관련 수혜주 주목, 동아일보, 이
    경록, 2021.06.22., https://www.donga.com/news/Economy/article/
    all/20210621/107566453/1
    [ER인사이드] '10년차' 차량 공유 서비스, 생각보다 못 큰 이유, 이코노믹리뷰, 최동훈,
    2021.01.06., https://www.econovill.com/news/articleView.html?idxno=513525

82 [Why] '블로거지' 들이 망친 파워블로그… 끝내 제 무덤 파다, 조선비
    즈, 곽아람, 2016.04.23., https://biz.chosun.com/site/data/html_
    dir/2016/04/22/2016042201898.html

83 "월 40억 수익 보람튜브, 상대적 박탈감"…제재 청원 등장, 머니투데이, 한민선,
    2019.07.26., https://news.mt.co.kr/mtview.php?no=2019072608580631689

84 '인싸 SNS' 클럽하우스 "새 시대 열풍" vs "FOMO 광풍", 여성경제신문, 김정
    효, 2021.02.22., https://www.womaneconomy.co.kr/news/articleView.
    html?idxno=99460

85 [e면엔] 클럽하우스, 인싸 앱에서 두달 만에 '아싸'된 이유, 노컷뉴스, 김연지,
    2021.04.19., https://www.nocutnews.co.kr/news/5537199

86 한국인 앱 체류시간 증가율 1위 넷플릭스... 페이스북은 20% 감소, 서울경제, 정혜진,
    2020.11.03., https://www.sedaily.com/NewsView/1ZA9I9VMTU

87 페이스북 "애플, 사생활 보호 내세워 소기업 파괴…반경쟁적", 연합뉴스, 정성호,
    2020.12.17., https://www.yna.co.kr/view/AKR20201217032800091
    페이스북 타깃 광고 사기 논란 휩싸여, 매일경제, 신현규, 2020.12.25., https://www.
    mk.co.kr/news/world/9667438

88 [스타트업] 2,000만 독자의 솔루션, 스티비의 임호열 대표, 조선일보, 임경업,
    2021.10.12., https://www.chosun.com/economy/smb-venture/2021/04/17/

OKCV2QS3CRBJ7KOE7ZYSCV322I/?utm_source=naver&utm_
medium=referral&utm_campaign=naver-news

89   일하는 2030을 위한 SNS '커리어리', 석달 만에 사용자 4배 늘어, 조선일보, 진중언,
      2021.03.02., https://www.chosun.com/economy/tech_it/2021/03/02/
      FCJGQ7EYCBFOLE7G5HHH7JTRH4/?utm_source=naver&utm_
      medium=referral&utm_campaign=naver-news

90   야수들 도움 덕분에 심수창 아웃 카운트 잡아가는 중, 유튜브, JTBC Entertainment,
      https://www.youtube.com/watch?v=usS6AlDn9go

91   Google has found that its most successful teams have 5 traits in common,
      BUSINESS INSIDER, Richard Feloni, 2015.03.13., https://www.businessinsider.
      com/google-explains-top-traits-of-its-best-teams-2015-11

92   [골라 봐야지] 이 사람들 진심이다.. 도루부터 태그업까지! 은퇴한 야구 선수들
      의 몸 사리지 않는 플레이, 유튜브, JTBC Voyage, https://www.youtube.com/
      watch?v=TheTn_xxJ-M

93   출산율 '꼴찌' 한국… 남성 육아 분담 낮은 탓도, 조선일보, 김은경, 2022.05.03.,
      https://www.chosun.com/national/education/2022/05/03/62MCAK4IWZGTDEN
      FXV3ZYMCXYQ/

94   고소득 고학력 여성일수록 아이 낳을 확률 높다, CBS노컷뉴스, 이은지, 2022.06.07.,
      https://www.nocutnews.co.kr/news/5768023

95   [팩트맨] 코로나19 재택근무로 베이비붐 온다?…사실은, 채널A뉴스, 2022, https://
      tv.naver.com/v/21173544
      팬데믹에 이혼하는 세계의 부부들…왜?, 경향신문, 박용하, 2022.01.31., https://m.
      khan.co.kr/world/world-general/article/202201311127001#c2b

96   네이버와 카카오를 통해 본 변화하는 근무 환경...재택시대 본격화?, 업다운뉴
      스, 조근우, 2022.07.05., http://www.updownnews.co.kr/news/articleView.
      html?idxno=301821

97   새벽 재택근무 후 출근, 오후 3시 퇴근… 출산율 기적 일어났다, 조선일보, 성호철,
      2023.12.04., https://www.chosun.com/international/japan/2022/10/14/
      YBATWWEXY5EQXPFXELYFRKVKVQ/

98   "저는 사무실 출근보다 재택근무가 더 좋습니다" 아웃스탠딩, 정의민, 2021.05.14.,
      https://outstanding.kr/remotework20210514